DuMont's Grosses Katzen-Buch

DuMont's Grosses
Katzen-Buch

Wesen und Verhalten · Anschaffung
Pflege und Ernährung · Krankheiten
– Zucht · Rassen · Katzenausstellungen –

Paddy Cutts

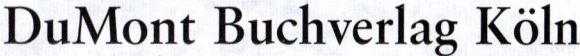

WIDMUNG

Für Michael, Freund und Katzenliebhaber, der starb, während ich dieses Buch schrieb, und die Mitarbeiter des London Lighthouse, die ihn mit solch liebevoller Fürsorge gepflegt haben.

BILDNACHWEIS

*Fotos von Paddy Cutts, Animals Unlimited.
Der Verlag und die Autorin möchten den folgenden Personen und Organisationen für zusätzliches Bildmaterial danken: Cat Survival Trust, S. 12; ET Archives, S. 8–9; Larry Johnson, S. 131 oben, 161 unten, 170 oben links, 171 Mitte, 177, 192, 193, 197, 198, 205 oben, 213 unten, 223; Sal Marsh, S. 97; Dr. K.L. Thoday, Royal (Dick) School of Veterinary Studies, Universität Edinburgh, S. 118 unten links, 120 oben rechts; Murray Thomas, hintere Umschlaginnenklappe; Edward Young, S. 30, 238, 240 oben.*

Die Deutsche Bibliothek – CIP-Einheitsaufnahme

Cutts, Paddy:
DuMont's grosses Katzenbuch : Wesen und Verhalten, Anschaffung, Pflege und Ernährung, Krankheiten / Paddy Cutts. [Aus dem Engl. von Beate Felten . . .]. – Köln : DuMont, 1993

Einheitssacht.: The complete cat book <dt.>
ISBN 3-7701-3251-3

Aus dem Englischen von Franca Fritz, Heinrich Koop, Peter Schild (S. 1–105); Beate Felten (S. 128–219); Birgit Lamerz-Beckschäfer (S. 106–127, 220–251)

Copyright der englischen Ausgabe:
Copyright © 1992 Anness Publishing Limited, Boundary Row Studios,
1 Boundary Row, London SE1 8 HP
Titel der englischen Originalausgabe: The Complete Cat Book

Copyright der deutschsprachigen Ausgabe:
Copyright © DuMont Buchverlag, Köln 1993
Alle deutschsprachigen Rechte vorbehalten
Satz: Fotosatz Froitzheim, Bonn
Printed in Hong Kong   ISBN 3-7701-3251-3

INHALT

DAS WESEN DER KATZE	6
WO FINDE ICH EINE KATZE – WELCHE NEHME ICH	22
DIE RICHTIGE PFLEGE FÜR IHRE KATZE	48
GEFAHREN FÜR IHRE KATZE	70
KATZENZUCHT	86
GESUNDHEITSPFLEGE	106
KLASSIFIKATION DER KATZENRASSEN	128
LANGHAARKATZEN VOM PERSERTYP	136
LANGHAARKATZEN VOM TYP NICHT-PERSER	154
BRITISCH UND AMERIKANISCH KURZHAAR	164
ORIENTALISCH KURZHAAR	178
ANDERE KURZHAARKATZEN	186
BURMESEN	208
SIAMESEN	220
KATZENAUSSTELLUNGEN	234
WEITERFÜHRENDE LITERATUR	252
NÜTZLICHE ADRESSEN	253
REGISTER	254
ERLÄUTERUNG DER FACHBEGRIFFE (GLOSSAR)	256

DAS WESEN DER KATZE

Die Katze ist wahrscheinlich das beliebteste Haustier der heutigen Zeit, aber über die Gründe dafür kann man nur spekulieren. Katzen sind nicht gehorsam wie Hunde. Wir können ihnen keine Kunststückchen beibringen oder sie lehren, uns die Pantoffeln zu apportieren, und in den meisten Fällen dienen sie uns nicht mehr als Mäusefänger. Sie sind unabhängig und vermitteln uns den Eindruck, als seien sie zum Überleben nicht im geringsten auf uns angewiesen. Katzen haben etwas Geheimnisvolles; wir glauben vielleicht, unsere Katze zu kennen, aber tun wir das wirklich? Ihre ganze Haltung scheint uns zu sagen: »Glaube ruhig, daß du mich verstehst – ich weiß es besser.« Was eine Katze zu einer Katze macht, ist schwer auf den Punkt zu bringen: Jeder, der sein Heim mit einem dieser preziösen Wesen teilen darf, wird Ihnen auf diese Frage eine andere Antwort geben.

DAS WESEN DER KATZE

DIE GESCHICHTE DER HAUSKATZE

Das Verhältnis von Katzen und Menschen erlebte im Laufe der Jahrhunderte viele Höhen und Tiefen.

Einige der frühesten Hinweise auf die Hauskatze finden sich im Alten Ägypten, wo man Katzen als Götter verehrte und für das Töten einer Katze die Todesstrafe verhängt wurde. Die Begräbniszeremonien für Katzen waren eines Pharaos würdig – man mumifizierte nicht nur verstorbene Menschen, sondern auch Katzen. Durch diese Tiermumien haben wir viel über die frühen Hauskatzen erfahren. Das Britische Museum in London besitzt zahlreiche Beutestücke der Grabräuber-Archäologen aus der

Im Alten Ägypten war die Katze ein hochverehrtes Wesen, da sie als die irdische Verkörperung der Katzengöttin Bast galt. Mumifizierte Überreste verraten uns, daß diese frühe Hauskatze ein bräunliches Tabby-Fell mit Ticking hatte, wie auf diesen ägyptischen Wandmalereien deutlich zu sehen ist: Eine kleine Katze kauert unter einem Hocker und beobachtet ein schachspielendes Paar (oben); (links:) *Eine Katze begleitet eine Familie auf ihrem Jagdausflug und scheucht Vögel in den Nilmarschen auf* (Theben, ca. 1400 v. Chr.).

Das Wesen der Katze

Zeit der Jahrhundertwende, darunter auch viele mumifizierte Katzen. Als die Mumienbinden entfernt wurden, zeigte sich, daß die Katzen einander alle sehr ähnlich waren: kleine, kurzhaarige Tiere mit einem bräunlichen Fell und mit Ticking, die der heutigen Abessinierkatze glichen.

Im Alten Ägypten noch als Götter verehrt, wurden Katzen im Mittelalter als ›Vertraute‹ der Hexen betrachtet: Hexe und Katze erlitten dasselbe Schicksal und starben auf dem Scheiterhaufen. Schwarze Katzen wurden schon immer mit Zauberei in Verbindung gebracht. Dadurch entstand der Aberglaube, daß eine schwarze Katze, die den Weg eines Menschen kreuzt, ein schlechtes Omen bedeutet. (Manche Menschen halten schwarze Katzen allerdings auch für Glücksbringer.)

In Burma und Thailand erfreuten sich Katzen schon immer höchster Wertschätzung. Die Rassen, die wir heute unter den Namen Burma, Siam und Korat kennen, haben hier ihren Ursprung. Die Siamkatze war als ›Königliche Katze Siams‹ bekannt, und nur Fürsten und Mitglieder des Königshauses durften ein solches Tier besitzen. Eine Siamkatze galt als besonders ehrenvolles Geschenk, und sie wurde für gewöhnlich nur Würdenträgern aus anderen Ländern überreicht, die in der Gunst des Königs standen. Das begrenzte Genreservoir in jenen abgelegenen Regionen war vermutlich der Grund dafür,

Oben:
Katze mit Fisch; indisches Kalighat.

Rechts:
Kätzchen und Wollknäuel, von Murata Kokodu, 1866. Dieses reizende japanische Gemälde zeigt eine Katze mit der für die Japanese Bobtail typischen Fellmusterung und dem charakteristischen kurzen Schwanz.

Links:
Yoshifuji, die Hexenkatze von Okabe an der Tokkaido-Straße. Das schelmische Katzenpaar zeigt die klassische Mi-ke-Färbung: weiß, rot, schwarz.

DAS WESEN DER KATZE

Oben:
Die heute weltweit beliebte Manx zählt zu den bekanntesten schwanzlosen Rassekatzen. Sie stammt von der Isle of Man vor der Westküste Englands, wo sich diese Rasse aufgrund der isolierten Lage der Insel und des dadurch bedingten eingeschränkten Genreservoirs entwickeln konnte.

daß diese Katzen des öfteren deformierte Schwänze besaßen.

In Japan gab es ähnliche Inzuchtprobleme. Durch die Isolation auf einer Insel hatte die einheimische Katzenpopulation keine Gelegenheit, sich mit fremden Artgenossen zu paaren, so daß die Fehler im Genmaterial mit jeder neuen Generation verstärkt zutage traten. Auf diese Weise entstand die heute als Japanese Bobtail (Japanische Stummelschwanzkatze) bekannte Rasse.

Als der Schiffbau sich weiterentwickelte und immer längere Reisen möglich wurden, veränderte dies auch die Zukunft der Katzen. Katzen waren gute Mäusefänger, und auf den meisten Schiffen gab es darum eine Schiffskatze. Da Katzen aber auch begnadete Ausreißer sind, kam es vor, daß die Schiffskatzen auf Landurlaub gingen und verschwanden. Die Besatzung nahm statt dessen eine ortsansässige Katze als Ersatz an Bord und brachte diese mit nach Hause.

Vor der Westküste Englands liegt in der Nähe der Hafenstadt Liverpool die Isle of Man. Auf dieser kleinen Insel ist die schwanzlose Rasse der Manxkatze zu Hause: Man vermutet, daß ihre Ahnen mit dem Schiff aus Ostasien kamen. Bei Sturm, wenn die Schiffe nicht in Liverpool einlaufen konnten, legten sie auf der Isle of Man an; dabei wird gelegentlich eine Katze an Land gegangen sein. Selbst heute noch sind die meisten Katzen auf der Isle of Man schwanzlos, obwohl hin und wieder auch Junge mit Schwanz geboren werden.

DIE ENTWICKLUNG DER HAUSKATZE

Alle Katzen, von der reinrassigen Zuchtkatze bis zu unserem Haustiger, stammen von ihren größeren, wilden Verwandten ab, deren Erbgut sich teilweise noch in der modernen Hauskatze findet.

Die Evolution bescherte der Katze ein Tarnfell, das sie vor Raubtieren schützt, denn in der freien Wildbahn schläft eine Katze am Tage und geht erst im Schutze der Dunkelheit auf die Jagd. Wie erfolgreich diese Tarnung ist, bestätigt ein Besuch im Zoo: Löwen leben in trockenen Regionen mit spärlicher Vegetation und besitzen deshalb ein sandfarbenes Fell; Schneeleoparden sind fahl-weißlich, um mit ihrer verschneiten Umgebung zu verschmelzen; Dschungelkatzen sind für gewöhnlich gefleckt oder gestreift, um die wechselnden Lichtverhältnisse auf dem Waldboden nachzuahmen. Eine genauso raffinierte Mimikry zeigt das Fell der heimischen Schildpattkatze – für ein Weibchen mit Jungen ist ein Tarnfell besonders wichtig, und ihre Tortie-Zeichnung läßt sie an einer Vielzahl von Orten fast völlig mit dem Hintergrund verschmelzen. Aus diesem Grund ist das Schildpatt-Gen geschlechtsspezifisch und kommt normalerweise nur bei weiblichen Katzen vor.

Da Katzen meist tagsüber schlafen, haben sie zusätzlich zum Tarnfell einen weiteren Verteidigungsmechanismus entwickelt, der auch bei den heutigen Hauskatzen zu finden ist: Zwischen dem oberen Augenrand und den Ohren haben Katzen nur einen sehr geringen Haarwuchs; bei einer schlafenden Katze wirken diese fast kahlen Stellen wie geöffnete Augen. Dadurch wird der Eindruck erweckt, die Katze sei hellwach, auf der Hut und angriffsbereit – ein einfacher, aber sehr effektiver Schutzmechanismus.

Das Wesen der Katze

Rechts:
In freier Wildbahn ist eine gute Tarnung als Schutz vor Raubkatzen über- lebensnotwendig. Hauskatzen besitzen wie ihre größeren wilden Verwandten Fellzeichnungen und Farbmuster, die sie mit ihrem natürlichen Umfeld verschmelzen lassen, wie diese Schildpattkatze überzeugend demonstriert.

Links:
Obwohl ihre Augen fest verschlossen sind, erweckt diese schlafende Burma- katze den Anschein, als sei sie hellwach: Dieser Eindruck entsteht durch die schwach behaarten, hell schimmernden Stellen direkt über den Augen, die Raubtieren vortäu- schen sollen, die Katze sei wach und auf der Hut.

Das Wesen der Katze

WILDKATZEN

Wenn Sie Katzenbesitzer fragen, warum sie ihr Leben mit einer Hauskatze teilen, so werden die meisten Ihnen antworten, daß sie die Unabhängigkeit ihrer Katze bewundern. Bei diesem Charakterzug handelt es sich um das Erbe der Wildkatzen, jener selbständigen, von der Evolution so hervorragend ausgestatteten Geschöpfe, die sich so meisterhaft an die Lebensbedingungen in allen Gebieten der Erde angepaßt haben: warme oder kalte Klimazonen, Schnee oder Sonne, Regenwald oder Wüste, Gebirge oder Flachland – jede Region hat ihre typische Katze, die sich perfekt in die Umgebung integriert.

Oben links:
Die Jungen der indischen Wüstenkatze besitzen ein ausgeprägtes Fleckenmuster, das jedoch bei erwachsenen Tieren völlig verschwindet.

Unten:
Die Schottische Wildkatze hat als Schutz gegen rauhe Wetterverhältnisse ein dichtes, wasserabweisendes Fell entwickelt; Raubtiere schreckt sie mit ihrem furchterregenden Gesichtsausdruck ab.

Links:
Die Bezeichnung ›Dschungelkatze‹ ist eigentlich nicht ganz korrekt, da diese Rasse aus den Wüstengebieten Ägyptens stammt; mit ihrem blassen Fell und dem Ticking verfügt sie in Wüstenregionen über eine gute Tarnung.

Rechts:
Die La-Lang wird häufig auch als Leopardenkatze bezeichnet. Der natürliche Lebensraum dieser Spezies sind dunkle Wälder und Regionen mit hohem Graswuchs, Gegenden, in denen sie ihre großen Augen benötigt. Ihr geflecktes Fell erinnert an das gesprenkelte Lichtmuster auf einem Waldboden.

DAS WESEN DER KATZE

wurde. Aus diesem Grund wird in tropischen Regionen das Fell von Langhaarkatzen während der heißeren Monate geschoren, und für die Katzenrassen aus dem Fernen Osten, die in kühleren Gegenden leben müssen, dreht man in den kalten Monaten die Heizung höher.

DAS VERHALTEN DER KATZE

Die heutige Hauskatze zeigt noch viele Verhaltensweisen, die an ihre wilden Vorfahren erinnern, was zu Spannungen zwischen Mensch und Tier führen kann: Katzen sind sehr revierorientiert, und ein Großteil ihres Verhaltens erklärt sich aus dem Bedürfnis nach Abgrenzung ihres Territoriums. Dies zeigt sich besonders deutlich bei nicht kastrierten Tieren.

Oben:
Die Siamkatze stammt aus tropischen Regionen; ihr typisches glattes, seidiges und helles Fell ermöglicht ihr bei großer Hitze eine schnelle Wärmeableitung.

Länge und Beschaffenheit des Haarkleides einer Katze sind abhängig vom Ursprungsgebiet ihrer Rasse. Die Schottische Wildkatze besitzt ein dickes, dichtes Fell, das sie selbst im härtesten schottischen Winter noch warm hält. Aus demselben Grund entwickelten auch Perser- und Angorakatzen, die aus den Hochlandgebieten des Iran und der Türkei stammen, ein langes, dichtes Fell, denn in den gebirgigen Regionen wird es nachts und im Winter empfindlich kalt. Dagegen hat das bleiche Fell der Siamkatze eine feine, seidenartige Textur, die bei hohen Temperaturen für schnelle Abkühlung sorgt. Die Russisch Blau, die angeblich aus Archangelsk stammt, besitzt z. B. ein eigenartiges ›doppeltes‹ Fell, das sie selbst im arktischen Klima warm hält.

Katzen werden schon seit vielen Jahrzehnten importiert und exportiert und leben daher nicht immer in den Klimazonen, für die ihr Haarkleid ›konzipiert‹

Oben:
Burmesen sind eine anpassungsfähige Rasse. Die ersten kamen tatsächlich aus Burma, mittlerweile haben sie sich jedoch auch an die härteren Winter der nördlichen Regionen akklimatisiert.

Unten:
Die Perserkatze tauchte zuerst in den nördlichen Hochlandregionen des Iran auf. Da dort die Temperaturen während der Nacht und im Winter weit unter den Gefrierpunkt sinken, benötigen die Katzen ein dichtes Fell zum Schutz gegen die Kälte.

Das Wesen der Katze

Links:
Diese Katzenfamilie aus Vater, Mutter und Tochter widmet sich intensiver Fellpflege. Das männliche Tier zeigt freundliches väterliches Interesse an dem Kätzchen – die Situation sähe völlig anders aus, wenn sich ein fremder Kater dem Jungen nähern würde.

In freier Wildbahn ist ein solches Revierverhalten sehr wichtig, besonders in Notzeiten oder bei Dürre, wenn es nur wenig Nahrung gibt. Das Männchen markiert sein Revier, um Eindringlinge fernzuhalten, die seine Lebensgrundlage rauben könnten. Diese Revierabgrenzung wird noch wichtiger, wenn der Kater ein Weibchen mit Jungen versorgen muß. Es kommt sogar gelegentlich vor, daß ein Kater die Jungen einer anderen Katze angreift. Ein streunender Kater kann ein ungeschütztes Junges mit Leichtigkeit töten – selbst in Ihrem Garten.

Zur Revierabgrenzung benutzen Katzen chemische Markierungen, die allen anderen Artgenossen mitteilen, sich aus diesem Gebiet fernzuhalten. Die verbreiteste Art des Markierens besteht darin, konzentrierten Urin an die Grenzen des Reviers zu spritzen. Dieser für Menschen besonders unangenehmer Geruch weist

Das Wesen der Katze

Links:
Die Norwegische Waldkatze besitzt ein dichtes, warmes Fell, das sie in den rauhen Wintern ihrer Heimat Nordskandinavien schützt. Außerdem kann sie – selbst für Katzenverhältnisse – außergewöhnlich gut klettern.

Unten:
Katzen und besonders Kater markieren ihr Revier durch das ›Spritzen‹, das dieser siamesische Zuchtkater recht deutlich vorführt.

Oben:
Katzen markieren ihr ›Eigentum‹ durch Duftstoffe, die sie auf unterschiedliche Arten verteilen können. Mit ihren Drüsen hinter den Ohren hinterlassen sie einen für jede Katze spezifischen, für den Menschen aber nicht wahrnehmbaren Geruch. Hier wurde der menschliche Mitbewohner einer solchen ›Auszeichnung‹ für würdig erachtet.

überdeutlich auf einen Kater hin – ein weiterer guter Grund für eine Kastration. Allerdings findet man dieses Verhalten auch bei unkastrierten, meist rolligen Weibchen und gelegentlich sogar bei kastrierten Tieren. Wenn eine Katze, die den Winter über im Haus gehalten wurde, das erste Mal wieder ins Freie darf, wird sie wahrscheinlich in alle vier Ecken des Gartens spritzen: Die Kälte hat alle Spuren der früheren Duftmarken vernichtet, so daß sie ihr Gebiet neu abstecken muß, ehe eine andere Katze ihr zuvorkommt.

Solange die Katze dieses Verhalten nur im Freien zeigt, werden wir nicht allzusehr dadurch belästigt. Erst wenn sie im Innern des Hauses spritzt, wird es für uns unerträglich. Aber im allgemeinen spritzt eine gut angepaßte, in die Familie integrierte kastrierte Katze nur in Ausnahmefällen in die Wohnung.

Eine dieser Ausnahmen ist dann gegeben, wenn eine weitere Katze in den Haushalt aufgenommen wird. Die ansässige Katze sieht darin eine Bedrohung und wird ›ihr‹ Heim mit einer persönlichen Duftnote markieren. Dies kann auch dann geschehen, wenn ein gebrauchtes Möbelstück ins Haus kommt, das nach einer anderen Katze riecht. Instinktiv bespritzt die angestammte Katze dieses Möbelstück, um es als Teil ihres Heims zu kennzeichnen.

DAS WESEN DER KATZE

Doch Katzen benutzen auch andere, für den Menschen angenehmere Methoden der Reviermarkierung. Sie besitzen Duftdrüsen, die an einigen Stellen des Körpers, vor allem im Bereich des Hinterkopfs, konzentriert sind. Wenn eine Katze um Ihre Beine streicht und dabei den Kopf an Ihnen reibt, markiert sie Sie damit. Auf diese Weise hinterläßt sie für andere Katzen eine Nachricht mit ungefähr folgender Bedeutung: »Das ist mein Mensch; Pfoten weg!« Aus dem gleichen Grund reiben sich Katzen an Einrichtungsgegenständen und Möbeln.

Dasselbe Verhalten kann man auch im Freien beobachten. Hierbei handelt es sich jedoch eher um eine ›Unterhaltung‹ zwischen benachbarten Katzen, wozu allseits abrufbare Nachrichten in einer Art von ›totem Briefkasten‹ hinterlassen werden. Durch das Reiben an Wänden, Bäumen und Zäunen kann das einzelne Tier die

Links:
Auch wenn sie an häusliches Leben gewöhnt sind – nicht kastrierte Kater haben das Bedürfnis, in ihrem Revier zu ›patrouillieren‹, wobei sie häufig spritzen, um Geschlechtsgenossen aus ihrem Revier fernzuhalten.

Oben:
Katzen besitzen auch an ihren Pfoten Duftdrüsen, so daß sie beim Krallenwetzen an einem Baum gleichzeitig Nachrichten für andere Artgenossen hinterlassen.

16

DAS WESEN DER KATZE

örtliche Katzenbevölkerung auf dem laufenden halten: ›Susie‹ ist momentan rollig, ›Sam‹ ist gerade kastriert worden... Selbst beim Krallenwetzen an einem Baum hinterläßt die Katze mit Hilfe der Duftdrüsen zwischen ihren Pfotenballen eine Botschaft.

Vor allem nachts streunen Kater laut miauend umher, auf der Suche nach einem rolligen Weibchen, das sich seinerseits lautstark bemerkbar macht. Während dieser nächtlichen Streifzüge ist die Wahrscheinlichkeit besonders groß, daß ein Kater in einen Kampf mit einem Geschlechtsgenossen verwickelt wird, suchen doch beide dasselbe – ein paarungsbereites Weibchen. Daher entschließen sich die meisten Katzenhalter, ihren Familienliebling kastrieren zu lassen und nachts in der Wohnung zu behalten: Das sichert die gutnachbarlichen Beziehungen und erspart teure Besuche beim Tierarzt.

Unten:
Diese Katze nimmt gerade eine ›Duft-Nachricht‹ auf, die ein Artgenosse an der Wand hinterlassen hat.

KÖRPERSPRACHE

Eine eingeschüchterte oder verängstigte Katze sträubt ihr Fell und besonders die Schwanzhaare, um auf diese Weise größer zu erscheinen.

Eine angriffsbereite Katze nimmt eine aggressive Haltung ein: Die Schnurrhaare sträuben sich, die Muskeln sind angespannt, das Tier lauert in geduckter, sprungbereiter Haltung.

Eine Katze, die sich auf den Rücken rollt und den Bauch, ihre verletzlichste Stelle, darbietet, unterwirft sich dem Angreifer.

DAS WESEN DER KATZE

JAGDINSTINKTE

Flach an den Boden gepreßt, belauert die Katze ihre Beute.

Verstohlen schleicht die Katze näher.

Mit einem plötzlichen Sprung stürzt sich die Katze auf ihr Opfer.

Einsatz erfolgreich beendet: Die Katze hat die Maus gefangen.

DIE KATZE ALS HAUSTIER

Eine Katze ist kein zahmes Haustier – selbst wenn es uns manchmal so erscheinen mag. Sie können Ihrem Stubentiger zwar Beschränkungen auferlegen, aber eine Katze wird immer eine Katze bleiben und ein gewisses Maß ihres ursprünglichen wilden Verhaltens beibehalten. Auch wenn man sie kastriert, in der Wohnung unter Verschluß hält und gut füttert, werden Katzen ihren Streunerinstinkt behalten, werden jagen und Beute machen wollen, obwohl sie gerade erst eine Mahlzeit verspeist haben. Wir können daran nichts ändern; wenn Sie einen Katzenliebhaber fragen, werden Sie ohnehin feststellen, daß er dieses Verhalten gar nicht ändern will. Für die meisten von uns besteht der Reiz am gemeinsamen Leben mit einer Katze gerade darin, unsere Wohnung mit einem kleinen, beinahe wilden Tier zu teilen. Falls Sie einen gehorsamen, wohlerzogenen, verläßlichen und treuen Gefährten wollen, dann schaffen Sie sich besser einen Hund an. Wenn Sie aber einen Freund fürs Leben suchen, der Sie erwählt, Ihnen Gesellschaft leistet, instinktiv Ihre Stimmung erspürt und sich dennoch seine eigene, unabhängige Persönlichkeit bewahrt, dann ist eine Katze genau das Richtige für Sie.

Das Wesen der Katze

Rechts:
Katzen sind Gewohnheitstiere und überzeugte Anhänger einer nachmittäglichen Siesta – nicht nur während der warmen Jahreszeit. Diese Katze hat sich für ihr Nickerchen einen schattigen Platz gewählt.

Links:
Die Angehörigen der Spezies ›Felidae‹ sind wahre Sauberkeitsfanatiker; einen großen Teil ihres Tages verbringen sie mit Putzen, um ihr Fellkleid in tadellosen Zustand zu versetzen.

DAS WESEN DER KATZE

DIE SINNE DER KATZE

Weil Katzen ursprünglich Nachtjäger waren, haben sich ihre Sinnesorgane in hohem Maße entwickelt. Diese Sinne dienen nicht nur der Jagd, sondern schützen die Katze auch ihrerseits vor Raubtieren. Obwohl die meisten Katzen heutzutage in einer sicheren häuslichen Umgebung heranwachsen, zeigen sie immer noch viele Verhaltensweisen aus jener Zeit, in der Jagd und täglicher Existenzkampf ihren Lebensrhythmus bestimmten.

• SEHVERMÖGEN •

Es stimmt nicht, daß Katzen im Dunkeln sehen können; ohne Licht erkennen sie auch nicht mehr als wir. Bei schwachen Lichtverhältnissen ist ihr Sehvermögen jedoch erheblich besser als das des Menschen, da ihr Auge anders konstruiert ist: Der Augapfel ist runder, Linse und Hornhaut befinden sich näher an der Retina, wodurch die Katze viel schärfer sieht. Die Pupille kann sich stärker vergrößern und läßt dabei mehr Licht auf die Retina; dadurch kann die Katze bei schwachem Licht besser sehen. Aufgrund der Position der Augen, die weiter auseinanderstehen als beim Menschen, verfügt die Katze über ein größeres Sichtfeld.

• GEHÖR •

Obwohl die Ohren der verschiedenen Katzenrassen ziemliche Größenunterschiede aufweisen können, befinden sie sich doch stets auf dem Kopf und nicht, wie bei Menschen und Affen, an den beiden Gesichtsseiten. Der externe Teil des Ohrs, die Ohrmuschel, ist beweglich und ermöglicht der Katze, alle Geräuschquellen besser zu orten. Da die inneren Gehörgänge größer sind als beim Menschen, kann die Katze Töne hören, die außerhalb unseres Hörvermögens liegen, besonders solche im Hoch- und Niederfrequenzbereich.

Unten:
Bei hellem Licht zieht sich die Pupille des Katzenauges bis auf einen winzigen Schlitz zusammen. Da sie sich aber bei schlechten Lichtverhältnissen viel weiter ausdehnen kann als die des menschlichen Auges, sehen Katzen im Halbdunkel besser.

Unten:
Da die beweglichen Katzenohren auf dem Kopf statt an den Seiten des Gesichts sitzen, können sie die Herkunftsrichtung von Geräuschen orten. Die Ohrmuschel variiert stark in der Größe; bei den Siamesen ist sie z. B. recht groß.

20

Das Wesen der Katze

DAS SCHNURREN

Wie und warum Katzen schnurren, ist umstritten. Tatsächlich hat noch niemand eine wissenschaftliche Begründung für diese typisch kätzische Verhaltensweise gefunden, doch gibt es verschiedene Lösungsansätze:

So hält man das Schnurren für das Resultat eines im Gehirn erzeugten elektrischen Impulses, der, über das zentrale Nervensystem verbreitet, bestimmte Muskeln, besonders diejenigen in der Umgebung des Kehlkopfes, zur Kontraktion anregt und dabei in Schwingung versetzt. Das so erzeugte Schnurren läßt sich als Vibrieren des ganzen Körpers wahrnehmen und ist besonders aus Mund und Nase der Katze hörbar.

Warum Katzen schnurren, ist allerdings eine andere Geschichte; hier einige Theorien:

● Das Schnurren sorgt für eine bessere Blutzirkulation und hält so die Katze gesund.
● Ein leises Schnurren ist eine Bitte, ein lautes ein Dankeschön, mit dem die Katze anzeigt, daß sie bekommen hat, was sie wollte.
● Das Schnurren fungiert als beruhigendes Signal der Mutterkatze an ihr Junges.
● Das Kätzchen wiederum bestätigt der Mutter durch Schnurren, daß es ihm gut geht.
● Eine höherrangige Katze schnurrt, um der untergeordneten zu zeigen, daß sie sie nicht angreifen wird.
● Katzen schnurren, wenn sie Angst haben oder bedroht werden. Auf diese Weise zeigen sie, daß sie harmlose kleine Wesen sind, die keine Gefahr darstellen.
● Kranke oder verletzte Katzen schnurren, um sich selbst zu trösten und anderen mitzuteilen, daß es ihnen nicht gut geht.
● Das Schnurren weist auf eine fröhliche, glückliche und zufriedene Katze; dieser weitverbreiteten Begründung würden wahrscheinlich auch die meisten Katzen zustimmen. Schnurre, und dein Besitzer gibt dir alles, was du willst, sei es auch die letzte Garnele vom Mittagstisch – Katzen sind schließlich nicht dumm.

•GERUCHSSINN•

Die Katzennase verfügt über hochspezialisierte Geruchsrezeptoren, die noch so geringe Duftspuren in der Luft feststellen können. Die aufgenommenen Informationen werden an die Geruchslappen im Gehirn weitergeleitet, dort identifiziert und in entsprechende Handlungen umgesetzt. Diese Geruchslappen sind im Verhältnis bei Tieren viel größer als beim Menschen, wo sie fast vollständig verkümmert sind.

•FLEHMEN•

Das Flehmen findet man bei vielen Säugetieren: Die Oberlippe wird dabei hochgezogen, damit das Jacobsonsche Organ, das im hinteren Gaumenbereich sitzt, mehr chemische Duftstoffe und Aromen aufnehmen kann. Dieses Organ ermöglicht es den Wildkatzen, ihre Umgebung zu sondieren und andere Lebewesen oder gar Raubtiere zu orten. Da diese Fähigkeit für Hauskatzen nicht so überlebensnotwendig wie für ihre wilden Verwandten ist, flehmen sie weniger offensichtlich.

Oben:
Eine Katze benutzt auf ihrem Streifzug ihren hochentwickelten Geruchssinn, um von Artgenossen hinterlassene Duftspuren aufzunehmen.

Links:
Beim Flehmen zieht die Katze ihre Oberlippe hoch, damit sie bestimmte chemische Aromen und Gerüche besser mit dem Jacobsonschen Organ aufnehmen kann. Dieses Organ sitzt im hinteren Gaumenbereich an der Verbindung zur Nasenhöhle und ist mit Geruchsnerven versehen, die in direkter Verbindung mit denjenigen Teilen des Gehirns stehen, die für das Geschlechtsverhalten und den Appetit zuständig sind.

Wo finde ich eine Katze – welche nehme ich

Ob ›blaublütig‹ oder ›bürgerlich‹, Kätzchen oder ausgewachsenes Tier, aus dem Tierheim oder vom Züchter, Lang- oder Kurzhaar – wenn Sie gerne eine Katze hätten, sind die Möglichkeiten schier unermeßlich. Sie sollten Ihre Wahl auf alle Fälle gut überdenken, denn Sie gehen mit dieser Entscheidung auch eine lebenslange Verpflichtung ein.

› KATZENFINDUNG ‹

Oben:
Niedliche flauschige Kätzchen wachsen nur allzuschnell zu erwachsenen Katzen heran, und ein verantwortungsbewußter Besitzer darf bei der Pflege des Tiers weder Zeit noch Mühe scheuen. Langhaarige Perserkatzen sind äußerst attraktiv und sehr liebe Hausgenossen, bedürfen aber der täglichen, zeitintensiven Fellpflege.

Rechts:
Selbst kurzhaarige Kätzchen, die gerade erst von der Mutter entwöhnt sind, profitieren davon, wenn sie vom neuen Besitzer regelmäßig gekämmt werden.

Bevor Sie sich endgültig für eine Katze entscheiden, bedenken Sie bitte folgendes: Eine Katze ist eine Lebensaufgabe. Sie kann zwanzig Jahre und älter werden, was in etwa dem Zeitraum entspricht, den die meisten Kinder im Schoß der Familie verbringen. Die meisten Menschen planen die Gründung einer Familie sehr sorgfältig – und ebenso gründlich sollte die Anschaffung einer Katze überdacht werden. Das niedliche Fellknäuel, das man sich aus einer Laune heraus zugelegt hat, entwickelt sich nur allzuschnell zu einer ausgewachsenen Katze. Es benötigt alljährliche Impfungen, es muß im Alter von sechs bis neun Monaten kastriert werden, und wenn es erkrankt, wird eventuell eine tierärztliche Behandlung nötig. Es gibt zwar – nicht gerade billige – Krankenversicherungen für Katzen, und vielleicht hilft in besonderen Fällen eine Wohltätigkeitsorganisation, aber im Grunde ist Ihr Veterinär ein ziemlich teurer Privatarzt.

Wahrscheinlich wollen Sie auch einmal Urlaub machen, doch gute Katzenpensionen kosten etwas. Im günstigen Fall werden Sie einen ›Cat-Sitter‹ für Wohnung und Urlaubsbetreuung finden oder ein ›Urlaubsaustauschprogramm‹ mit anderen Katzenbesitzern arrangieren, aber diese Möglichkeiten erfordern viel Zeit und Organisationsfreudigkeit. Falls die genannten Schwierigkeiten Sie immer noch nicht von Ihrem Entschluß abgebracht haben sollten, Ihr Leben mit einer Katze zu teilen, dann lesen Sie bitte weiter.

Alle Katzen benötigen eine sorgfältige Pflege. Kurzhaarkatzen sollten zwar auch regelmäßig gebürstet werden, doch gerade langhaarige Katzen müssen täglich mindestens fünfzehn Minuten gekämmt werden, sonst entstehen bald Filzknoten im Fell. Dies gilt für normale Hauskatzen ebenso wie für ihre ›adligen‹ Artgenossen.

Gerade zu Weihnachten ist die Verlockung groß, dem Wunsch eines Kindes nachzugeben und ihm ein Kätzchen zu schenken. Genau diese Tiere sind es dann jedoch meist, die nach Silvester ausgesetzt werden und im Tierheim landen. Daher sollten Sie lieber den Familienrat einberufen und gemeinsam entscheiden, ob eine Katze ins Haus kommt. Überlegen Sie genau, wer das Katzenklo reinigt, wer das Füttern übernimmt, wer für die Katze die Verantwortung trägt und wer die Rech-

› KATZENFINDUNG ‹

KATZEN UND SENIOREN

Katzen üben einen geradezu therapeutischen Einfluß auf ihre Besitzer aus. Das gilt besonders für ältere Menschen. Es ist bekannt, daß das durch sanftes Streicheln hervorgerufene beruhigende Schnurren der Katze den Blutdruck senkt und so Herzprobleme verhindern kann. Da Katzen sehr fordernd sind, halten sie ältere Menschen in Bewegung, sie bringen sie oder ihn schon dazu, endlich aufzustehen und ihr gefälligst eine angemessene Katzenmahlzeit zuzubereiten!

Unten:
Falls Ihre Familie nicht unbedingt ein Kätzchen haben möchte, sollten Sie ernsthaft überlegen, ob Sie nicht eine erwachsene Katze aus dem Tierheim holen. Sie braucht zwar eine längere Anpassungsphase, da sie schon eingefahrenere Verhaltensweisen besitzt, aber dafür wird sie auch besonders anhänglich sein.

nungen bezahlt. Verschenken Sie niemals ein Kätzchen, ohne den Beschenkten vorher zu fragen. Denn vielleicht mag der- oder diejenige zwar anderer Leute Katzen, will aber selbst keine Verantwortung für ein eigenes Haustier übernehmen.

Falls Sie jetzt immer noch nicht vor der moralischen Verantwortung oder den Kosten zurückschrecken, dann sollten Sie sich jetzt überlegen, für welche Katze Sie sich entscheiden wollen: Rasse- oder normale Hauskatze, erwachsenes oder Jungtier. Da man auf vielerlei Wegen zu einer Katze kommen kann, sollten Sie die verschiedenen Möglichkeiten sorgfältig und verantwortungsvoll abwägen.

Zu Beginn direkt eine Warnung: Natürlich liegt der Gang zur nächsten Tierhandlung nahe, wenn man ein neues Haustier erwerben möchte. Doch obwohl man dort alle Accessoires für die Pflege des neuen Hausgenossen erhält, ist die Zoohandlung keine geeignete Umgebung für die Aufzucht eines Tieres. Junge Kätzchen aus der Zoohandlung sind häufig zu früh von der Mutter getrennt worden und werden bereits zum Verkauf angeboten, wenn sie für die nötigen Schutzimpfungen oder Wurmkuren noch viel zu jung sind. Hinter dem Verkauf von jungen Rassekatzen in Tierhandlungen steckt häufig ein verantwortungsloser Züchter, der zu viele Kätzchen aufzieht. Kein seriöser Katzenzüchter

Oben:
Katzen und Kinder sind einander ideale Gefährten. Allerdings sollte sich die gesamte Familie der Verantwortung und der Pflichten bewußt sein, die mit dem Kauf einer Katze oder eines Kätzchens auf sie zukommen.

› KATZENFINDUNG ‹

würde es in Erwägung ziehen, seine *Felidae* an eine Tierhandlung weiterzugeben. Die meisten Katzenvereine schließen ohnehin Züchter, die an Tierhandlungen verkaufen, per Statut aus.

Auch vor Züchtern, die ihre Katzen in Massentierhaltung ›produzieren‹, kann nur gewarnt werden. Ein Indiz hierfür ist das Zusammenpferchen vieler Katzen auf engem Raum. Idealerweise haben alle Tiere eines Züchters Familienanschluß.

JUNGE KÄTZCHEN OHNE STAMMBAUM

Unsere sogenannte Hauskatze gibt es in einer solchen Vielzahl von Formen, Größen, Fellmustern, Farbschlägen und Felllängen, daß die Entscheidung sehr schwer fällt. Die meisten sehen einfach bezaubernd schön aus, und da ihre Abstammung häufig im dunkeln liegt, haben sie möglicherweise doch eine Rassekatze im Stammbaum.

EIN ODER ZWEI KÄTZCHEN?

Wie sieht es mit Ihren Arbeits- und Wohnbedingungen aus? Steht Ihr Haus den größten Teil des Tages leer oder hält sich dort gewöhnlich jemand auf? Kein kleines Wesen möchte den ganzen Tag allein sein. Falls Sie tagsüber regelmäßig für längere Zeit außer Haus sind, sollten Sie darüber nachdenken, sich zwei Kätzchen anzuschaffen: Die beiden Tiere werden einander Gesellschaft leisten, nicht zuletzt auch während der Urlaubszeit, wenn sie in einer Pension oder bei Freunden untergebracht sind. Ein gelangweiltes Kätzchen könnte sich dagegen recht rabiat mit Tapete oder Teppich beschäftigen, ganz zu schweigen von zerbrechlichem Zierrat und Pflanzen. Doch zwei Kätzchen werden aller Voraussicht nach miteinander spielen, was Ihnen die Ausgaben für die Neueinrichtung Ihrer Wohnung spart. Sie würden ja auch von einem Kleinkind kein perfektes Benehmen erwarten, warum also von einer jungen Katze?

Berufstätige, die den ganzen Tag außer Haus sind, legen sich am besten gleich zwei Kätzchen zu, die vorzugsweise aus demselben Wurf stammen (oben).

Sie werden bei der Eingewöhnung in ihr neues Heim weniger verunsichert sein und immer einen Spielfreund und Putzgefährten haben (unten).

› KATZENFINDUNG ‹

*Gewöhnliche Hauskatzen gibt es in einer bunten Vielfalt von Farbschlägen, Fellängen und -mustern, wobei Katzen mit glattem schwarzen Fell (**rechts**) immer besonders beliebt und begehrt sind. Aber auch dieses kleine Tortie-Kätzchen mit seinem weiß und kastanienbraun gescheckten Fell und den verschiedenfarbigen Augen (**links außen**) möchte man am liebsten gleich mitnehmen.*

› KATZENFINDUNG ‹

*Kätzchen entwickeln sich rasch und können sich bereits innerhalb weniger Wochen stark verändern. Mit acht Wochen (**rechts**) sind das weiche, flauschige Kätzchenfell und der kindliche Gesichtsausdruck deutlich erkennbar: Nur vier Wochen später (**rechts außen**) sieht das Kätzchen wie eine exakte Miniaturausgabe der erwachsenen Katze aus, die es einmal sein wird. Ab der zwölften Lebenswoche kann das Tier dann geimpft werden.*

Am häufigsten findet man ein Kätzchen durch Mund-zu-Mund-Propaganda, denn in den Sommermonaten, wenn die meisten Kätzinnen rollig werden und Nachwuchs bekommen, sucht so manches Neugeborene eine neue Heimat. Einige Tierschutz- und Hilfsorganisationen bieten über die örtlichen Tierärzte eine subventionierte Kastration an oder zahlen auch die ganze Rechnung. (Diese Hilfsprogramme konnten indes nicht verhindern, daß die Zahl der unerwünschten Kätzchen immer noch viel zu groß ist.)

Manchmal wird man auch über die Lokalzeitungen fündig, in deren Kolumnen Haustiere zum Verkauf oder mit einer Schutzgebühr zum Verschenken angeboten werden. Außerdem kennen die örtlichen Katzen- und Tierschutzvereine sowie die meisten Tierarztpraxen mit Sicherheit Kätzchen, die gerade ein neues Heim suchen.

In welchem Alter ein Kätzchen in sein neues Zuhause kommt, ist sehr unterschiedlich. Das Tier sollte jedoch auf keinen Fall jünger als acht Wochen sein, denn erst ab diesem Zeitpunkt kann das Kätzchen auf den eigenen vier Pfoten stehen, auch wenn es noch nicht völlig entwöhnt ist. Allerdings verliert das Junge mit der Entwöhnung seine Immunität gegen Infektionen, vor denen es bis dahin durch die mit Antikörpern versetzte Muttermilch geschützt war. Daher ist ein Kätzchen ab der sechsten Lebenswoche sehr anfällig für Krankheiten; hinzu kommt, daß die meisten Tierärzte keine der so

überaus wichtigen Schutzimpfungen vor der zwölften Lebenswoche verabreichen. Dennoch können Sie auch ein achtwöchiges Kätzchen in Ihr Heim holen, wenn Sie nicht bereits andere Katzen oder Hunde besitzen. Außerdem sollten Sie das Tier in der Wohnung halten, bis es für seine ersten Impfungen alt genug ist. Anderenfalls verbleibt das Kätzchen besser bis zum Alter von zwölf Wochen bei seiner Mutter.

• RASSEKÄTZCHEN •

Edelkatzen sind nicht ohne Grund so teuer. Der Kaufpreis für eine weibliche Rassekatze und die Deckgebühren sind erst der Anfang einer Reihe weiterer Ausgaben, die auf den Züchter zukommen (siehe auch »Katzenzucht«).

Unten: Nicht nur ›gewöhnliche Miezen‹ suchen im Tierheim nach einem neuen Zuhause, sondern auch Rassekatzen, meist allerdings ohne entsprechende Stammbaumdokumente.

› KATZENFINDUNG ‹

TIERHEIME

Da so viele unerwünschte Katzen nach einem neuen Zuhause suchen, ist es keine schlechte Idee, seinen neuen Hausgenossen aus einem Tierheim zu holen. Bei den dort lebenden Katzen handelt es sich beileibe nicht nur um Straßenkatzen. In den Tierheimen warten auch viele Rassekatzen, die von ihren Besitzern ausgesetzt oder umständehalber abgegeben wurden. Umzug, Scheidung, Berufswechsel, Babys, Krankheit oder Tod des Besitzers und plötzlich auftretende Allergien sind mögliche Gründe, eine Katze ins Tierheim zu geben. Kein verantwortungsbewußter Heimleiter ließe Sie allerdings mit einer Katze gehen, wenn er nicht davon überzeugt wäre, daß die Katze nicht etwa nach ein paar Wochen schon wieder obdachlos wäre. Manchmal sucht Sie auch ein Verantwortlicher zu Hause auf, um sicherzugehen, daß Ihre Wohnung geeignet ist. Nach ein paar Wochen kommt er noch einmal, um sich zu vergewissern, daß sich die Katze inzwischen gut bei Ihrer Familie eingewöhnt hat. Dies ist wichtig, um zu verhindern, daß die Tiere Katzenkidnappern in die Hände fallen und im Versuchslabor enden.

Alle derartigen Hilfsdienste finanzieren sich zum Großteil über Spenden. Da jede im Tierheim aufgenommene Katze einer gründlichen tierärztlichen Untersuchung unterzogen, kastriert und mit den erforderlichen Schutzimpfungen versehen wird und auf diese Weise Kosten verursacht, werden meist Schutzgebühren erhoben – auch Versuchstierlieferanten werden so abgeschreckt. Gegen zusätzliche Spenden wird man natürlich auch nichts einzuwenden haben.

Tierheime haben oft eine Vielzahl von hübschen, gesunden Katzen, die auf eine Adoption warten (oben). Dieses wunderschöne ›Einauge‹ (links) war schon als Kätzchen unerwünscht und wurde so vernachlässigt, daß es an Katzenschnupfen erkrankte. Dabei entzündete sich ein Auge so schlimm, daß es entfernt werden mußte. Monate später, nach entsprechender tierärztlicher Behandlung und viel liebevoller Pflege, ist es nun eine Katze, auf die ihr neuer Besitzer zu Recht stolz sein kann.

› KATZENFINDUNG ‹

Links:
Ein Besuch auf einer Katzenausstellung bietet Ihnen die Gelegenheit, sich die verschiedensten Rassen anzuschauen und deren Besitzer und Züchter kennenzulernen. Die meisten sind sehr hilfsbereit und erläutern Ihnen gerne die Besonderheiten ihrer Zucht, um Ihnen die Wahl zu erleichtern.

Zur Wahl stehen mehr als hundert Rassen, wozu noch die unterschiedlichen Farbschläge und Fellmuster innerhalb ein und derselben Rasse kommen. Falls Sie noch keine feste Vorstellung davon haben, welche Rasse Sie gerne hätten, blättern Sie am besten erst einmal im hinteren Teil dieses Buchs. Jede Rasse hat ihre ganz besonderen Eigenheiten, die nicht nur das Aussehen, sondern auch den Charakter betreffen. Selbst innerhalb der einzelnen Rassen bedeuten die einzelnen Varietäten manchmal auch ein leicht abweichendes Temperament. Wenn Sie alles über die verschiedenen Rassen gelesen haben, sollten Sie als nächstes die Katzen in natura in Augenschein nehmen, wobei Sie nicht vergessen dürfen, daß nicht alle Katzenrassen in jedem Land erhältlich sind. Ein Besuch bei einer Rassekatzenausstellung bietet Ihnen die Gelegenheit, viele verschiedene Rassen kennenzulernen.

Anders als im Heimatland der Katzenzucht, in Großbritannien, kann man auf den meisten deutschen Katzenausstellungen auch Tiere direkt kaufen – es empfiehlt sich jedoch auf alle Fälle, das Tier nie sofort von der Schau mitzunehmen, sondern den Züchter zu Hause zu besuchen. Nutzen Sie Katzenausstellungen, um mit verschiedenen Züchtern Ihrer bevorzugten Katzenrasse in Kontakt zu treten oder deren Adressen zu erfragen. Man kann sich darüber hinaus an einen entsprechenden Katzenverein wenden, der sicherlich eine Liste der verfügbaren Kätzchen besitzt und Ihnen einen Kontakt mit den örtlichen Züchtern vermitteln kann. In Deutschland, in Österreich und der Schweiz gibt es zur Zeit über 30 Katzenvereine. Der 1. DEKZV (1. Deutscher Edelkatzenzüchterverband e.V.) gehört dem internationalen Dachverband der FIFé (Fédération Internationale Féline) an. Die autonome DRU (Deutsche Rassekatzen Union e.V.) ist mit dem GCCF (Governing Council of the Cat Fancy) verbunden. Daneben existieren eine Vielzahl unabhängiger Katzenvereine (Adressen s. S. 253). Eine weitere Möglichkeit, an ein Rassekätzchen zu kommen, bieten Spezialmagazine (s. S. 253) oder lokale Zeitungen.

Besuchen Sie möglichst nie mehr als einen Züchter pro Tag, da Sie sonst unter Umständen eine Krankheit von einem Wurf zu einem anderen übertragen könnten, und rufen Sie den Züchter an, bevor Sie ihn besuchen. Ein seriöser Züchter wird Ihnen eine Menge Fragen stellen, die aber nur verhindern sollen, daß Sie oder der Züchter unnötig Zeit verschwenden: Die Katzenzucht ist im allgemeinen kein Geschäft, sondern ein Hobby, und die Züchter haben neben ihren Katzen noch ein Heim, eine Familie und einen Beruf. Reisen Sie zu einem Besuchstermin nicht mit der gesamten Familie an. Beim ersten Treffen genügt Ihre Anwesenheit und die Ihres Partners. Und haben Sie Verständnis dafür, daß kein seriöser Züchter ein Kätzchen schon nach dem ersten Besuch in ein neues Heim weggibt.

Falls Sie bei diesem ersten Treffen bereits einen Wurf sehen können, reagieren Sie nicht beleidigt, wenn man Sie bittet, Ihre Hände zu desinfizieren oder die Tiere überhaupt nicht zu berühren. Dies ist eine einfache Schutzmaßnahme gegen Infek-

30

› KATZENFINDUNG ‹

Unten:
Beim Besuch eines Züchters haben Sie meist die Chance, die Mutterkatze mit ihren Jungen kennenzulernen. Wahrscheinlich dürfen Sie die ganz jungen Kätzchen jedoch nicht berühren, da diese noch nicht geimpft und daher sehr anfällig für Krankheiten sind.

Rechts:
Diese Kätzchen wurden im Haus des Züchters großgezogen und sind daher an alle Besonderheiten eines Haushalts gewöhnt. In einem Zwinger im Freien aufgewachsene Kätzchen benötigen dagegen einige Zeit, bis sie sich an das Leben in häuslicher Umgebung gewöhnt haben.

› KATZENFINDUNG ‹

*Obwohl es für den unerfahrenen Besitzer kaum zu erkennen ist, gibt es eine Reihe subtiler Unterschiede zwischen Kätzchen von ›ausstellungsreifer‹ Qualität und ›Pets‹, die ›nur‹ als Haustiere gedacht sind, auch wenn das Tier sonst in jeder Hinsicht die typischen Merkmale seiner Rasse zeigt. Diese Chinchillakatze (**links**) hat den korrekten Körperbau, die richtige Farbe und Fellänge, aber ihre Ohren sind zu groß, und die Nase ist zu lang. Für dieses Kätzchen derselben Rasse (**unten rechts**) ist der Erfolg auf der Katzenausstellung dagegen schon vorprogrammiert. Es handelt sich zwar nur um kleine Unterschiede, aber für einen Preisrichter fallen sie schwer ins Gewicht.*

tionen. Allerdings können Sie den Allgemeinzustand der Katze und ihres Wurfs begutachten und dann entscheiden, ob dies der Züchter Ihrer Wahl ist. Wahrscheinlich bittet man Sie, Ihren Entschluß erst einmal eine Woche lang gründlich zu überdenken, bevor Sie sich endgültig entscheiden. Dann wird der Züchter Sie wieder einladen, um diesmal auch die übrigen Familienmitglieder und besonders Ihre Kinder kennenzulernen. Einige Kinder können phantastisch mit Katzen umgehen, aber andere, die vielleicht noch nie ein Haustier besessen haben, könnten die Kätzchen wie Spielzeug behandeln und sie zu grob anfassen. Bei ganz kleinen Kindern kann man es immer wieder erleben, daß die Augen einer Katze sie ›magisch‹ anziehen: Sie könnten dem Tier versehentlich mit dem Finger ins Auge stechen und es so verletzen. Falls Ihre Kinder zu ungestüm sind, lehnt der Züchter es möglicherweise ab, Ihnen ein Kätzchen zu verkaufen. Seien Sie deswegen nicht verärgert, und warten Sie einfach ein oder zwei Jahre, bis die Kinder alt genug sind zu begreifen, daß jede Katze ein lebendiges Wesen mit einer eigenständigen Persönlichkeit ist und deshalb mit Respekt behandelt werden sollte.

Ist die Entscheidung gefallen, wird man in aller Regel eine Anzahlung von Ihnen verlangen, was Vorteile für beide Seiten hat. Sie sollten darauf achten, daß die Ahnentafel nicht vom Züchter selbst, sondern vom Stammbuchsekretariat des jeweiligen Katzenzuchtvereins ausgestellt wurde. Ein Züchter darf zwar in mehreren Vereinen Mitglied sein, seine Stammbücher werden jedoch nur von einem einzigen Verein geführt. Sollten die Papiere bei der Übergabe des Kätzchens noch nicht vorliegen, notieren Sie sich Adresse und Namen des Züchters und seines Katzenzwingers (Cattery), lassen sich Einblick in die Stammbäume der Elterntiere geben und kontrollieren die Angaben bei dem entsprechenden Katzenverein. Seien Sie mißtrauisch, wenn in den Ahnentafeln Bezeichnungen wie etwa »vorläufig« oder »experimental« auftauchen – eine solche Katze sollte auf keinen Fall teurer als eine ›normale‹ Zuchtkatze sein.

Es ist nützlich, daß Sie dem Züchter gleich zu Anfang mitteilen, warum Sie das Kätzchen erwerben wollen: Möchten Sie lediglich ein Haustier oder eine Katze für Ausstellungs- oder sogar Zuchtzwecke? Der Unterschied zwischen beiden besteht wahrscheinlich nur in einem kleinen Fehler wie einem leichten Schwanzknick oder einem etwas schiefstehenden Unterkiefer, der aber einen Preisrichter zu einer negativen Bewertung veranlassen könnte. Solche ›Mißbildungen‹ will man natürlich in den Zuchtprogrammen nicht verewigen.

Da die Kosten für die Aufzucht bei allen Kätzchen gleich sind, verlangen viele

› KATZENFINDUNG ‹

Züchter einen Einheitspreis. Andere differenzieren aber auch und fordern für Ausstellungs- und Zuchtkätzchen mehr als für deren Geschwister, die nur für den ›Hausgebrauch‹ bestimmt sind. Aber letztendlich sind ja alle Katzen ›Haustiere‹, und wenn Sie gerne Ausstellungen besuchen, betrachten Sie die besonderen Qualitäten Ihres Tieres einfach als zusätzliches Plus. Charakter und Temperament Ihrer Katze bleiben jedenfalls gleich und sind unabhängig von höheren Zuchtanforderungen.

Wenn Sie dann endlich Ihr mindestens zwölf Wochen altes Kätzchen abholen, sollte es entwurmt und mit allen erforderlichen Schutzimpfungen versehen sein. Denken Sie auch an einen stabilen Transportkorb für das Tier. Dies ist wahrscheinlich das erste Mal, daß das Kätzchen eine Auto-, Bus- oder Zugreise unternimmt, und diese ziemlich erschreckende Erfahrung läßt sich in einem Transportkorb viel leichter ertragen.

Der Züchter sollte Ihnen folgende Dokumente mitgeben:

- die Impfbescheinigung

- eine Ahnentafel mit mindestens vier Generationen, vom Sekretariat des jeweiligen Katzenvereins ausgestellt

- eine Bescheinigung über die Eigentumsübertragung

- eine Liste mit den Nahrungsmitteln und den Fütterungszeiten, an die das Kätzchen gewöhnt ist

› KATZENFINDUNG ‹

WORAUF SIE BEI
• EINEM KÄTZCHEN •
ACHTEN SOLLTEN

Ob Sie nun eine Rassekatze oder ein Tier ohne Zuchtqualitäten bevorzugen – das Kätzchen sollte auf jeden Fall gesund, fröhlich und freundlich sein.

Der Hauptunterschied zwischen Rassekatzen und ›gewöhnlichen‹ Katzen besteht darin, daß Ihnen bei Rassekatzen der Stammbaum bekannt ist. Bis zu einem gewissen Grad werden Gesundheit und Temperament vererbt; wenn Sie Vater- und Muttertier kennengelernt haben, bekommen Sie eine ungefähre Vorstellung davon, welchen Charakter Ihr Kätzchen im Laufe der Zeit entwickeln wird. Alle Tiere sollten an die Geräusche, die gemeinhin in einem Haushalt auftreten, gewöhnt sein: Der Lärm von Spül- und Waschmaschinen, Staubsaugern und Fernsehgeräten darf sie nicht verängstigen.

Hüten Sie sich vor dem Kauf einer Katze, die im Freien auf einer Katzenfarm großgezogen wurde, denn bei solchen Tieren kann es sehr lange dauern, bis sie sich an die für sie fremde häusliche Umgebung

Unten:
Wenn Sie eine Rassekatze kaufen, haben Sie das Kätzchen vermutlich bereits im Haus des Züchters besucht und dabei seine Eltern kennengelernt. Viele Charakteristika werden genetisch vererbt. Falls die Elterntiere also gesund sind und ein angenehmes Temperament haben, können Sie davon ausgehen, daß auch ihre Nachkommen dieselben Eigenschaften aufweisen werden.

Oben:
Wenn Sie Ihr neues Kätzchen vom Züchter abholen, sollten Sie einen stabilen Transportkorb mitbringen, damit sich das Tier auf der Reise in sein neues Heim sicher und geborgen fühlt.

EINFACHE GESUNDHEITSPRÜFUNGEN

1 Die Ohren sollten sauber und frei von Parasiten sein.

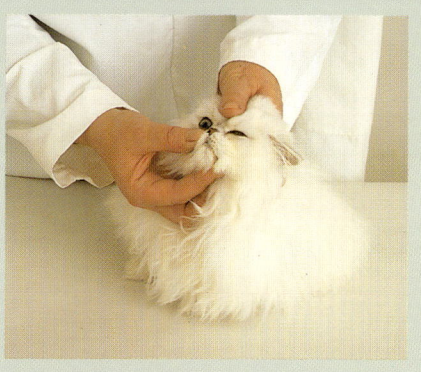

2 Die Augen sollten klar und strahlend sein, ohne Schmutz in den Augenwinkeln.

3 Mund und Zahnfleisch sollten eine gesunde rosa Farbe haben.

4 Bei einem Ausstellungstier sollte der Schwanz gerade sein, ohne jeden Knick.

5 Das Fell sollte sauber und frei von Parasiten sein.

6 Die Analregion sollte sauber und frei von Fäkalresten sein.

7 Das Bäuchlein sollte sich prall und weich anfühlen. Verhärtungen in diesem Bereich könnten auf Wurmbefall hindeuten.

› KATZENFINDUNG ‹

Oben:
Seien Sie vorsichtig bei Katzen, die offensichtlich Angst vor Menschen haben. Da sie nicht an das Leben in einem Haushalt gewöhnt sind, dauert es lange, bis sie sich an ihr neues Heim anpassen; es wird viele Stunden geduldiger und liebevoller Pflege erfordern, um das Tier einzugewöhnen.

gewöhnt haben. Bemühen Sie sich um ein Tier aus einer Umgebung, die Ihren Familienverhältnissen ähnelt. Sollten Sie beispielsweise bereits einen Hund haben, suchen Sie nach einem Kätzchen, das zusammen mit Hunden großgezogen wurde und an sie gewöhnt ist. Dasselbe gilt für Haushalte mit Kindern und Babys. Es ist für das Kätzchen schon schwierig genug, in ein neues Heim zu kommen; ihm unbekannte Geschöpfe würden es nur zusätzlich verängstigen.

Achten Sie auf die folgenden Anhaltspunkte für den Gesundheitszustand und das Temperament des Tiers:

- Ein Kätzchen sollte von Geburt an menschliche Berührungen gewöhnt sein und keine Angst vor Menschen haben.
- Sollte das Kätzchen Sie anfauchen, anspucken oder übermäßig ängstlich oder nervös erscheinen, sehen Sie sich lieber anderswo nach einem Haustier um.
- Alle Kätzchen sollten leuchtende Augen und ein sauberes Fell ohne Anzeichen von Parasitenbefall haben.
- Ihre Bäuchlein sollten sich prall, aber weich anfühlen; jede Verhärtung könnte ein Zeichen für Wurmbefall sein.
- Auch die Ohren sollten sauber sein; bräunliche, wachsartige Ablagerungen legen den Verdacht auf Ohrmilben nahe.
- Werfen Sie auch einen Blick ins Katzenklo. Ein strenger Geruch in Verbindung mit dünnflüssigen Exkrementen könnte auf eine Infektion hinweisen.

EINGEWÖHNUNG IN DIE NEUE UMGEBUNG

Bevor Sie Ihr Tier abholen, vergewissern Sie sich, daß Sie auch alles nötige Zubehör haben. Warten Sie damit nicht bis zur letzten Sekunde; im Notfall mögen Plastikschüsseln und ähnliche Behältnisse als kurzfristiger Ersatz für eine Katzentoilette dienen.

Dies ist die Grundausrüstung:

- Katzenklo
- Katzenstreu und Streuschaufel
- Futter- und Trinknäpfe
- Futter und Katzengras
- Schlafkörbchen und Polstermaterial
- Transportkorb
- Kratzbaum und Spielzeug
- Halsband und Namensanhänger
- eventuell Brustgeschirr (nur einige Katzen lassen sich allerdings wie ein Hund spazierenführen)

Bringen Sie die Katze am besten zu einem Zeitpunkt in Ihr neues Heim, wenn Sie besonders viel Freizeit haben, nicht mit Besuchern rechnen und die Kinder in der Schule sind. Die meisten Kätzchen gewöhnen sich schnell ein, aber eine ausgewachsene Katze braucht manchmal etwas Zeit. Falls Sie tagsüber arbeiten, sollten Sie sich ein verlängertes Wochenende nehmen, damit Sie und Ihre neue Katze etwas mehr

Fortsetzung Seite 41

› KATZENFINDUNG ‹

Oben:
Wenn Ihre Katze nicht ins Freie darf, benötigen Sie ein Katzenklo. Eines mit Abdeckung (oder zusätzlicher Schwingtür) verhindert, daß die Katzenstreu über den Boden verteilt wird.

Oben:
Getrennte Wasser- und Futternäpfe sind ein Muß; es gibt sie in Plastik, Metall oder Keramik.

Oben:
Ein Halsband ist unverzichtbar, wenn die Katze freien Auslauf hat.

Oben:
Eine Katze sollte ihre eigene Schlafstätte haben. Es muß allerdings nicht gleich ein Luxuskörbchen wie dieses beheizbare Exemplar sein.

Unten:
Für den Weg zum Tierarzt oder zur Katzenpension benötigen Sie ein stabiles Transportbehältnis, auch in Plastik oder Korb erhältlich.

Rechts:
Ein Kratzbaum bewahrt Ihr Mobiliar vor ungeahnten Schäden. Dieses Exemplar erhält durch das Bällchen zusätzlichen ›pädagogischen‹ Wert.

› KATZENFINDUNG ‹

KÄTZCHEN UND IHRE SPIELE

Unten:
Nach Katzenminze duftende Spielsachen bringen in vielen Hauskätzchen den Tiger zum Vorschein.

Oben:
Eine Spielzeugspinne, aus einem Wollknäuel und Pfeifenreinigern gebastelt, wird vorsichtig begutachtet. Durch ein Ziehen an der Schnur bewegt sich das Spielzeug und ruft so die Raubtierinstinkte im Kätzchen hervor. Ein derartiges Spielzeug sollte aber nur unter ständiger Aufsicht zum Einsatz kommen, da die Pfeifenreiniger Draht enthalten, der das Kätzchen verletzen könnte, wenn es darauf herumkaut.

Alle Kätzchen sind sehr verspielt, und das Spiel ist für heranwachsende Tiere mehr als reiner Zeitvertreib: Dabei werden alle Muskeln trainiert, ein gesundes Wachstum und die körperliche Entwicklung gefördert. Außerdem erproben und erlernen zwei miteinander spielende Kätzchen das angemessene Sozialverhalten. Viel Spaß versprechen auch die verschiedenen Spielsachen. Ein einzelnes Kätzchen braucht sogar Spielzeug, soll es sich physisch und psychisch zu einer gesunden, ausgeglichenen Katze entwickeln.

Ein Kratzbaum, der mit Seil oder Teppichboden umwickelt ist, regt das Kätzchen zum Krallenwetzen an. Dies schützt Ihre Teppiche und Ihr Mobiliar und erfüllt darüber hinaus noch einen überaus wichtigen Zweck: Das Kätzchen schärft seine Krallen und reinigt sie gleichzeitig. Dieses Verhalten trainiert nicht nur Pfoten und Krallen, sondern auch die Muskeln in Beinen und Rücken, und ist deshalb für das

› KATZENFINDUNG ‹

allgemeine Wohlbefinden der Katze von größter Bedeutung. Aus genau diesem Grund sollte kein Katzenbesitzer auf die Idee kommen, seiner Katze die Krallen amputieren zu lassen. Diese beklagenswerte Operation ist ohnehin in Deutschland und Großbritannien verboten.

Alle Spielsachen, besonders aber solche, die nach Katzenminze duften, erzeugen bei den Tieren großes Interesse und gehörige Aufregung. Außerdem wird dadurch zusätzlich der Geruchssinn trainiert. Auf diese Weise lassen sich bei einem Kätzchen, das nicht aus der Wohnung darf, die natürlichen Reaktionen beim Beutefang hervorrufen und stimulieren. Rasselndes oder quietschendes Spielzeug stößt ebenfalls auf reges Interesse und trainiert gleichzeitig das Gehör.

Genau wie bei kleinen Kindern dienen Spielsachen neben der reinen Unterhaltung einer viel wichtigeren Aufgabe – sie sind nicht nur Teil des Lernprozesses, sondern auch des Erwachsenwerdens.

Unten:
Ein Kratzbaum mit Spielsachen regt eine junge Katze zum Spielen, Herumturnen und Krallenwetzen an – Aktivitäten, die für das Wohlbefinden der Katze unverzichtbar sind.

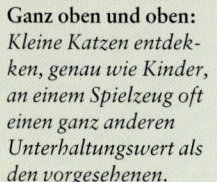

Ganz oben und oben:
Kleine Katzen entdecken, genau wie Kinder, an einem Spielzeug oft einen ganz anderen Unterhaltungswert als den vorgesehenen. Dieses Gerät ziert ein nach Katzenminze duftender Ball, der eigentlich von dem Kätzchen auf seinem beweglichen Stiel hin- und hergeschaukelt werden sollte. Dieses Kätzchen ist dagegen wild entschlossen, den Stiel aus seiner Verankerung zu reißen.

39

› KATZENFINDUNG ‹

Rechts:
Wenn Sie sich für eine erwachsene Katze entschieden haben, wird es viel Zeit und Aufmerksamkeit erfordern, um der Katze bei der Eingewöhnung in die neue häusliche Umgebung zu helfen.

Unten:
Katzen und Kinder sind ideale Bettgenossen. Denken Sie aber daran, daß die Katze dann erwartet, den Rest ihres Lebens in einem Bett schlafen zu dürfen – sie wird sich dieses Verhalten nur schwer wieder abgewöhnen lassen.

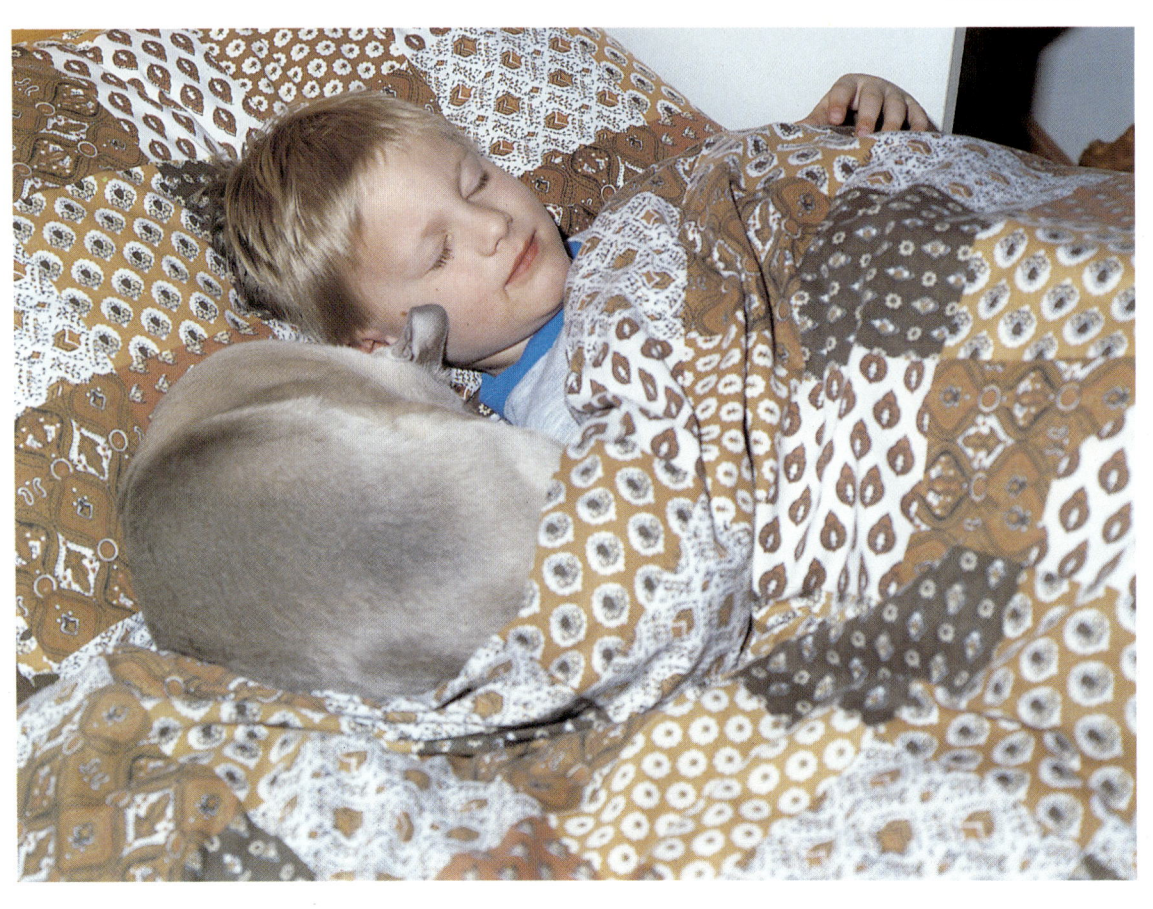

KATZENFINDUNG

Zeit miteinander verbringen können. Bevor die Katze kommt, sollten Sie geeignete Plätze für das Katzenklo sowie für Futter- und Trinknapf festlegen. Zeigen Sie diese der Katze, sobald Sie zu Hause ankommen – eine Benutzung des Katzenklos ist vielleicht bereits dringend notwendig.

Denken Sie auch an die Schlafgelegenheit der Katze. Katzen schlafen bevorzugt am wärmsten Platz des Hauses, und da sie gerne Gesellschaft mögen, werden sie höchstwahrscheinlich bei Ihnen im Bett nächtigen wollen. Es mag ja sehr verlokkend sein, das Kätzchen in der ersten Zeit bei sich schlafen zu lassen, aber es wird schwer, das Tier dann später davon zu überzeugen, daß Ihr Bett nicht seine Schlafstätte ist. Möglicherweise werden Sie für den Rest Ihres Lebens diesen pelzigen Bettgenossen nicht mehr los! Sollten Sie Ihr Bett also nicht mit Ihrer Katze teilen wollen, müssen Sie ihr dies von Anfang an unmißverständlich klarmachen. Bauen Sie Ihrem Kätzchen in seinem eigenen Korb ein kuscheliges Nest: Legen Sie geeignetes Polstermaterial, Spielsachen und im Winter womöglich eine heiße Wärmflasche hinein und stellen Sie den

Unten:
Schlafkörbe gibt es in den verschiedensten Formen und Größen. Viele Katzen fühlen sich in einem solchen ›Iglu‹ sehr wohl. Stellen Sie das Körbchen auf alle Fälle in ein warmes Zimmer.

Oben:
Achten Sie darauf, das Katzenklo an einer Stelle zu plazieren, die sowohl für die Katze als auch für Ihre Familie günstig ist, und lassen Sie es dann auch dort. Die Katze wäre verständlicherweise irritiert, wenn ihre Toilette plötzlich an einem anderen Ort im Haus untergebracht würde.

› KATZENFINDUNG ‹

Da das Wohnzimmer als der häufigste Aufenthaltsort der Familie wahrscheinlich das ›Hauptrevier‹ Ihrer Katze sein wird, sollte sie diesen Raum auch als ersten erforschen dürfen. Denken Sie daran, daß die Wohnung zunächst eine völlig ungewohnte Umgebung für Ihr Kätzchen ist und daß ein großes Haus mit vielen Zimmern das Tier verschrecken kann. Wenn man eine ausgewachsene Katze in eine neue Umgebung bringt, so kann dies auch bei kastrierten Tieren ein Territorialverhalten wie ›Spritzen‹ auslösen, das nur schwer wieder abzugewöhnen ist.

Zeigen Sie also Ihrer Katze oder Ihrem Kätzchen im Laufe mehrerer Tage die einzelnen Zimmer der Wohnung. Wenn sich die Katze dann langsam an die neue Umgebung gewöhnt hat, darf sie im Haus frei umherstreunen.

Halten Sie die Katze aber auf alle Fälle wenigstens eine Woche lang in der Wohnung, auch wenn Sie ihr später freien Zutritt zum Garten gestatten wollen. Katzen sind wahre Ausbrecherkönige; halten Sie deshalb alle Türen im Haus gut geschlossen und achten Sie darauf, daß keine Fenster offenstehen. Es ist erstaunlich, durch welch kleine Schlupflöcher eine Katze hindurchkommt. Und wenn sie erst einmal im Freien ist, könnte sie sich verirren oder, schlimmer noch, überfahren werden.

GEWÖHNUNG AN ANDERE HAUSTIERE

Ihre neue Katze oder Ihr neues Kätzchen wird sicherlich sofort im Mittelpunkt der Aufmerksamkeit stehen, wenn Sie sie das erste Mal mit nach Hause bringen. Vergessen Sie dabei aber die bereits vorhandenen Haustiere nicht, denn diese könnten eifersüchtig auf den ›Eindringling‹ werden, wodurch sich der Eingewöhnungsprozeß verlängert. Achten Sie darauf, daß Sie allen Haustieren die gleiche Aufmerksamkeit widmen.

Wenn Sie bereits eine ausgewachsene Katze besitzen und sich eine weitere zulegen, dauert es möglicherweise seine Zeit, bis sich die beiden aufeinander eingestellt haben. Die Erstkatze wird über den Eindringling zu Beginn alles andere als glücklich sein; dies kann zu Fauchen, Knurren und zu Raufereien führen, bei denen schon

Oben:
Katzen sind wahre Ausbrecherkönige. Wenn sie wissen, daß sich etwas Interessantes auf der anderen Seite der Tür befindet, werden sie alles versuchen, um dorthin zu kommen.

Korb an ein warmes Plätzchen ohne Durchzug – in vielen Fällen wird sich die Katze jedoch auch ihren eigenen Schlafplatz in der Wohnung suchen.

Katzen hassen Veränderungen aller Art. Wenn sie einmal wissen, wo Futter, Katzenklo und Schlafstätte zu finden sind, sollten Sie bei diesem Arrangement bleiben. Sperren Sie die Katze auch niemals aus dem Raum aus, in dem ihre Toilette untergebracht ist, sonst dürfen Sie am nächsten Tag die Bescherung wegmachen.

Am besten gewöhnen Sie die Katze nach und nach an die Teile der Wohnung, zu denen sie Zutritt haben soll. Wenn Sie einige Räume ›katzenfrei‹ halten wollen, machen Sie dem Tier dies von Beginn an klar, indem Sie die Türen zu diesen Zimmern geschlossen lassen. Durfte Ihr Haustiger erst einmal in einen Raum hinein, der später verschlossen bleibt, dann veranstaltet er ein hartnäckiges Gemaunze oder kratzt am Teppich, um dort wieder hineinzukommen – Katzen können überaus dickköpfig sein.

› KATZENFINDUNG ‹

Rechts:
Da sie die Tür verschlossen vorfand, kratzt diese Katze nach einem Sprung auf eine geeignete Arbeitsfläche hartnäckig am Riegel.

Links:
Nachdem sie ihr Ziel erreicht hat, steht es ihr nun frei, die große weite Welt jenseits der Tür zu erforschen. Falls Sie Ihre Katze weder in bestimmten Teilen des Hauses noch draußen frei herumlaufen lassen wollen, müssen Sie alle Türen und Fenster fest verschlossen halten.

› KATZENFINDUNG ‹

KATZEN UND KINDER

Wenn Sie Kinder haben, müssen Sie ihnen erklären, daß der neue Hausbewohner kein Spielzeug ist. Kinder können zwar im allgemeinen gut mit Tieren umgehen, sind jedoch manchmal ein wenig zu ungestüm. Zeigen Sie Ihren Kindern, wie man eine Katze richtig trägt. Machen Sie ihnen klar, daß der Schwanz der Katze nicht zum Ziehen gedacht ist und daß das Tierchen rücksichtsvoll behandelt werden sollte. Ihre Kinder werden es zwar lieben, mit der Katze herumzutollen, aber vergewissern Sie sich, daß sie nicht zu stürmisch mit ihr umspringen: Junge Knochen sind noch recht zerbrechlich, so daß es leicht zu Verletzungen kommen kann. Denken Sie auch daran, daß Katzen ein sehr effektives Selbstverteidigungssystem besitzen; wird Ihr Kind zu wild, setzt die Katze eventuell ihre Krallen ein, und dann fließen schnell die Tränen. Um Augenverletzungen vorzubeugen, sollten Sie Ihrem Kind einprägen, nie zu nahe mit dem Gesicht an die Katze heranzukommen. Bei dieser Gelegenheit können Sie Ihrem Kind auch gleich beibringen, sich nach dem Spiel mit Tieren die Hände zu waschen – besonders vor Mahlzeiten und nach dem ›Entsorgen‹ des Katzenklos. Nehmen Sie sich viel Zeit mit Ihrer neuen Katze, um sie langsam an ihr zukünftiges Heim zu gewöhnen.

Eine ›Einzelkatze‹ und ein Einzelkind (unten) können die besten Kameraden sein.

Kindern sollte die korrekte Art, eine Katze zu tragen, beigebracht werden. Dieses kleine Mädchen (oben) beherrscht sie bereits perfekt.

Katzen lieben es, Teil der Familie zu sein, und ein kurzer Einführungsunterricht für ein kleines Kind durch die Mutter stellt sicher, daß auch alle harmonisch miteinander leben (rechts).

› KATZENFINDUNG ‹

Unten:
Eine bereits vorhandene Hauskatze und ein neuangeschafftes Tier können bei richtiger Behandlung die besten Freunde werden, wie dieser kräftige Stubentiger in Ingwerrot mit Weiß und die schlanke, elegante Siamesendame beweisen.

Links:
Wenn Katzen von frühester Jugend an zusammen aufgewachsen sind, verstehen sie sich immer gut, selbst wenn sie nicht aus demselben Wurf stammen.

mal die Fellbüschel fliegen. Die Eingewöhnung muß daher vorsichtig und schrittweise erfolgen.

Da für Katzen der Geruch sehr wichtig ist, legen Sie am besten eine Decke oder ein Stück Stoff aus Ihrem Haus in den Transportkorb der neuen Katze. Sie lernt so nicht nur den Geruch Ihres Hauses, sondern auch den bereits ansässiger Tiere kennen und kann auf diese Weise schon mal in Ihre Familie ›reinschnuppern‹. Auch der Neuankömmling sollte vertraut riechen: Falls Sie ein Parfüm oder Aftershave benutzen, reiben Sie ein wenig davon in das Fell der neuen Katze, bevor Sie sie zu sich nach Hause bringen; so wird sie von der ansässigen Katze als geringere

› KATZENFINDUNG ‹

Bedrohung empfunden. Sie können sogar ein wenig Sardinen- oder sonstiges Fischöl auf beide Katzen träufeln – das mag merkwürdig klingen, aber es ist sehr förderlich, wenn beide Katzen gleich riechen. Vielleicht putzen sie sich dann sogar gegenseitig und freunden sich so an.

Auch durch das Futter lassen sich Katzen einander näherbringen. Füttern Sie beide in demselben Raum, aber aus getrennten Näpfen. Während die Katzen in ihr Mahl vertieft sind, schieben Sie die Näpfe langsam aufeinander zu. Nach Beendigung der Mahlzeit werden sich die Katzen unweigerlich putzen. Je näher sie einander dabei sind, desto wahrscheinlicher ist es, daß sie zu gegenseitiger Fellpflege übergehen – unter Katzen ein sicheres Zeichen für Akzeptanz.

Wenn Sie es sich abends gemütlich machen, bieten Sie jeder Katze einen freien Schoß. Leben Sie alleine, dann laden Sie am besten einen Bekannten ein. Dadurch wird sichergestellt, daß keine Katze das Gefühl hat, man schenke ihr zuwenig Aufmerksamkeit. Tauschen Sie die Tiere von Zeit zu Zeit untereinander aus; auf diese Weise nehmen sie den Geruch des anderen Tiers auf und merken, daß die andere Katze keine Bedrohung darstellt. Eine ähnliche Taktik führt zum Erfolg, wenn Sie die Katze an verschiedene Räume gewöhnen wollen. Setzen Sie in jedes Zimmer eine Katze und lassen Sie die Tiere nach etwa einer Stunde die Räume wechseln. So erhält jede Katze die Gelegenheit, die ›Konkurrenz‹ zu beschnuppern.

Auch ein Katzenkäfig kann die Eingewöhnungsphase verkürzen. Da eine Katze im Käfig sitzt und die andere frei im Zimmer herumlaufen darf, können beide sich ausgibig beäugen und beschnuppern. Kommt es jedoch zu einer Konfrontation, schützt der Käfig vor Verletzungen.

Ein Kätzchen läßt sich viel leichter als eine erwachsene Katze an ein bereits vorhandenes Tier gewöhnen. Die meisten erwachsenen Katzen und selbst Kater zeigen gegenüber solch einem kleinen Neuankömmling Beschützerinstinkt. Alle zuvor genannten Vorgehensweisen gelten auch für die Eingliederung von Kätzchen, doch vergeht in solch einem Fall erheblich weniger Zeit, bis sich die Tiere aneinander gewöhnt haben.

Oben:
In einem Katzenkäfig sind kleine Kätzchen sicher vor Gefahren. Während der Eingewöhnungsphase kann man damit aber auch zwei erwachsene Katzen voneinander trennen.

WIE MAN EINE KATZE HÄLT

Eine Katze sollte immer so gehalten werden, daß sie sich geborgen fühlt. Umfassen Sie mit der einen Hand sanft den Rücken und das Hinterteil und stützen Sie die Schulterpartie mit der anderen, so daß die Katze das Gefühl bekommt, in sicheren Händen zu ruhen.

› KATZENFINDUNG ‹

Die Kennenlernphase zwischen neuer Katze und dem Hund der Familie bedarf zusätzlicher Vorsichtsmaßnahmen. Wenn das Kätzchen mit einem Hund zusammen aufgewachsen und Ihr Hund an Katzen gewöhnt ist, dürfte es kaum Probleme geben. Trifft dies nicht zu, müssen Sie sehr vorsichtig sein und auf alle Fälle die Begegnung eingriffsbereit überwachen. Manche Hundearten, so z. B. die meisten Terrierrassen, sind instinktive Jäger, die auf das Kätzchen ähnlich wie auf ein Kaninchen losgehen könnten. Benutzen Sie daher einen Katzenkäfig, damit sich Hund und Katze sehen und beschnüffeln können, ohne direkt aufeinanderzutreffen. Sollte es außerhalb des Käfigs zu einem Kampf kommen, wird sehr wahrscheinlich der Hund als Verlierer daraus hervorgehen, denn Katzen sind extrem wendig – und haben ziemlich scharfe Krallen. Welches Tier Sie auch in den Haushalt einführen, es ist *unerläßlich*, daß beide Tiere unter ständiger Aufsicht stehen, bis sie sich vollständig aneinander gewöhnt haben. Aber bis dahin sollten Sie sie beim Verlassen des Hauses in getrennten Räumen unterbringen und diese absperren.

Oben und rechts:
Wenn Sie eine Katze und einen Hund miteinander vertraut machen möchten, sollte dies immer unter Aufsicht geschehen. Trotz des Größenunterschieds zieht der Hund bei einer Konfrontation wahrscheinlich den kürzeren. Nach einem ersten Beschnuppern wurden diese beiden schnell die besten Freunde.

DIE RICHTIGE PFLEGE FÜR IHRE KATZE

Wenn Sie Ihre neue Katze zum ersten Mal in ihr zukünftiges Heim bringen, dann sollte sie geimpft, entwurmt und von einem Tierarzt auf ihren allgemeinen Gesundheitszustand hin untersucht worden sein. Nun ist es an Ihnen, das Tier gesund zu erhalten. Die Grundlage dafür sind regelmäßige Pflege und Gesundheitskontrollen sowie eine ausgewogene Kost.

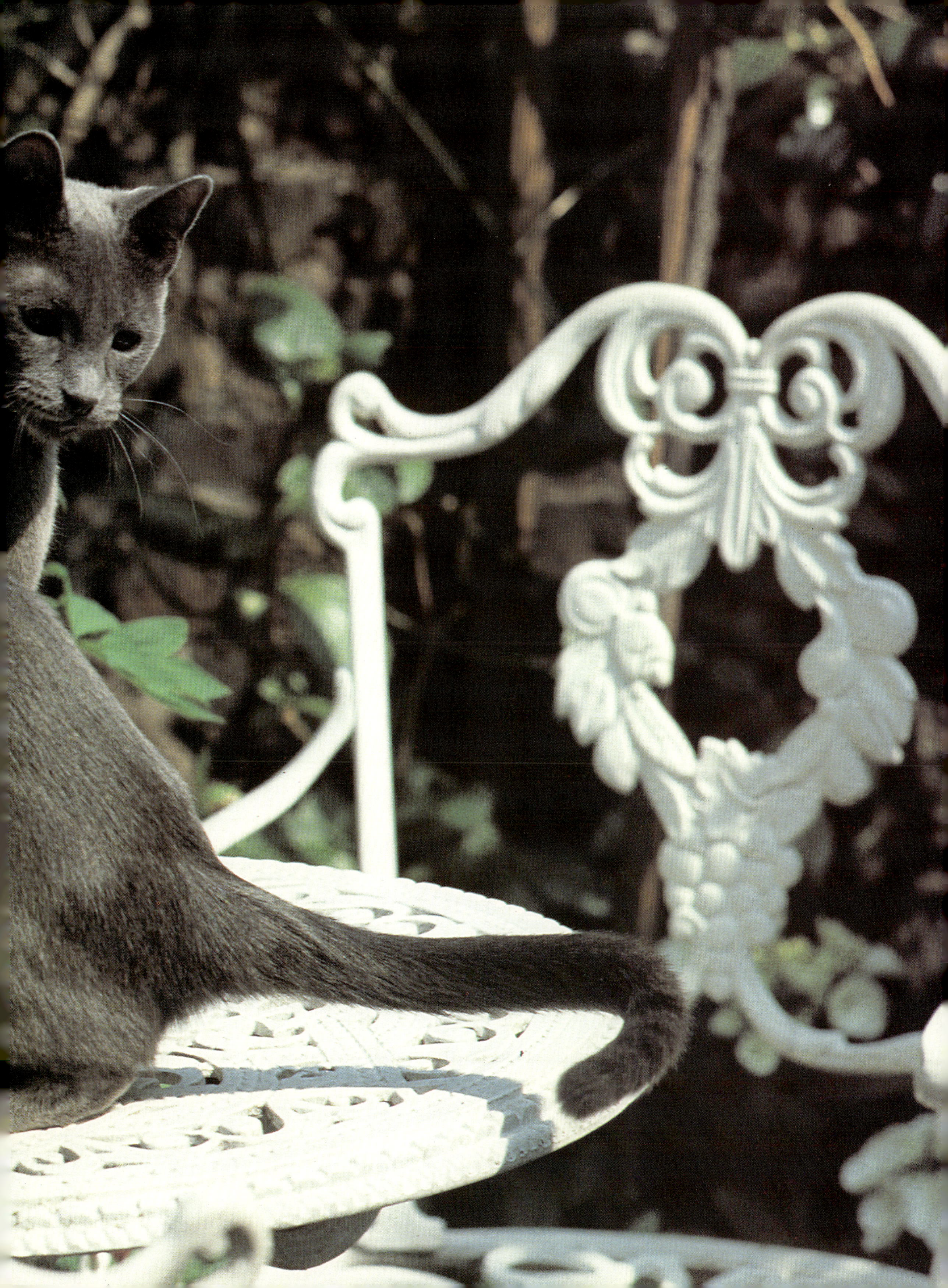

DIE WAHL DES TIERARZTES

Es ist überaus wichtig, sich rechtzeitig bei einer tierärztlichen Praxis anzumelden. Warten Sie nicht solange, bis Ihre Katze krank ist oder einen Unfall erleidet: Wenn Ihre Katze dem Tierarzt bekannt ist, hat er im Notfall bereits alle nötigen Hintergrundinformationen.

Zwar besitzen alle Veterinäre ein breites Wissen über alle Tierarten, doch gibt es einige, die sich auf Kleintiere spezialisiert haben. Man findet sie vor allem in Klein- und Großstädten, wo die meisten ihrer Patienten Katzen und Hunde sind. Auf dem Land dagegen, besonders in bäuerlichen Gegenden, werden die meisten Tierärzte mehr Erfahrung mit Großtieren wie Rindern und Schweinen haben. Suchen Sie sich einen Tierarzt, der sich gut mit Katzen auskennt, der in bezug auf Katzenkrankheiten und deren Behandlung auf dem neuesten Stand ist. Vor einigen Jahren zog eine befreundete Katzenzüchterin aus der Stadt in eine abgelegene ländliche Gegend. Als sie den örtlichen Veterinär bat, einen Wurf junger Katzen zu impfen, schüttelte der nur entgeistert den Kopf. Er hatte bisher nur für die Bauern der Umgebung gearbeitet, in deren Augen eine Katze ein Nutztier, ein Mäusefänger, war und die nicht einmal im Traum daran gedacht hätten, ihr sauer verdientes Geld für die Impfung ihrer Katzen zu ›vergeuden‹.

Dennoch sollten Sie sich am Ort einen Tierarzt suchen. Schließlich ist es kaum sinnvoll, sich beim besten Veterinär des Landes anzumelden, wenn man dafür eine Reise von mehreren Stunden in Kauf nehmen muß. Falls Sie Ihr Kätzchen von einem Züchter oder einem Tierheim in Ihrer Nähe erworben haben, sollten Sie sich auch gleich einen Tierarzt empfehlen lassen. Erkundigen Sie sich auch bei den anderen Katzenbesitzern der Umgebung. Einige der größeren Katzenvereine haben Berater, die Ihnen Tips geben können. Natürlich sind persönliche Empfehlungen immer am besten; aber falls Sie damit keinen Erfolg haben sollten, schauen Sie doch einfach in die ›Gelben Seiten‹ des Telefonbuchs.

Wenn Sie sich für einen Tierarzt entschieden haben, sollten Sie die Praxis anrufen und einen Termin ausmachen. Erkundigen Sie sich, ob der Arzt auch Ihre Katze sehen möchte, denn schließlich ist sie der zukünftige Patient. Es ist wichtig, daß Sie in die Fähigkeiten und die Arbeitsweise Ihres Tierarztes Vertrauen haben – und daß er möglichst ausgedehnte Öffnungszeiten und einen Not- oder Bereitschaftsdienst hat. Nehmen Sie auch die Impfbescheinigung mit, damit der Veterinär Sie benachrichtigen kann, wenn die jährliche Auffrischungsspritze fällig ist.

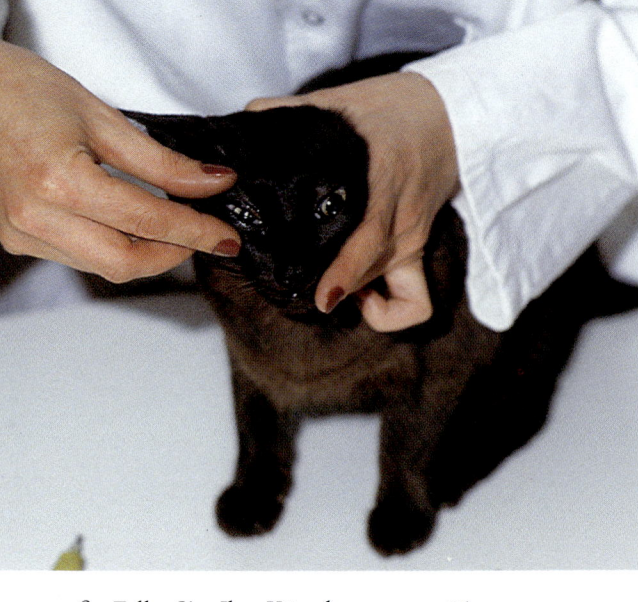

Unten:
Wenn der Zeitpunkt für die jährliche Auffrischung des Impfschutzes gekommen ist, bitten Sie den Tierarzt auch gleichzeitig um eine gründliche ›Generaluntersuchung‹.

Oben:
Katzenbesitzer sollten ihre Schutzbefohlenen so bald wie möglich bei einer örtlichen Tierarztpraxis anmelden – und nicht erst, wenn eine Behandlung erforderlich ist. Selbst bei kleineren Beschwerden sollten Sie den Veterinär aufsuchen: Er erstellt die korrekte Diagnose, stellt Ihnen ein Rezept aus und zeigt Ihnen genau, wie Sie eine verschriebene Medizin, etwa eine Augensalbe, anwenden müssen. Verwenden Sie unter keinen Umständen irgendein für den Menschen entwickeltes Medikament.

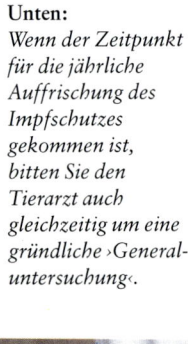

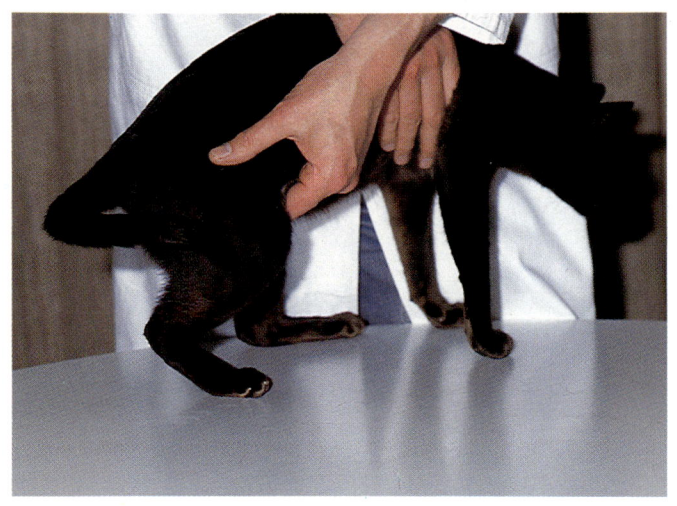

REGELMÄSSIGE PFLEGE

Neben einer ausgewogenen Nahrung für Ihre Katze (siehe »Die richtige Ernährung«) gibt es viele andere kleine Dinge, mit denen Sie Ihre Katze fit und gesund halten können.

Eine regelmäßige Fellpflege (siehe »Die richtige Fellpflege«) hält das Haarkleid glänzend und glatt und verhindert die Bildung von Haarknoten. Außerdem lassen sich auf diese Weise Anzeichen von Flohbefall oder anderen Hautparasiten frühzeitig erkennen und behandeln, bevor sie zu einem ernsthaften Problem werden. Aber auch ein eventueller Bandwurmbefall (siehe »Parasiten«) kann so rechtzeitig entdeckt werden.

Auch Krallen, Augen, Ohren und Zähnen schadet eine regelmäßige Kontrolle nicht. Machen Sie daraus am besten ein wiederkehrendes Ritual, das ungefähr alle zwei Wochen stattfindet. Wenn sich die Katze erst einmal daran gewöhnt hat, machen ihr diese kleinen Sitzungen vielleicht sogar Spaß.

KRALLEN

Das Beschneiden der Krallen Ihrer Katze bewahrt nicht nur Ihre Möbel, sondern womöglich auch Sie selbst vor Schäden. Katzen, die ins Freie dürfen, wetzen ihre Krallen ganz natürlich an Baum-

Links:
Wenn eine Katze ins Freie darf, wetzt sie ihre Krallen an Baumstämmen oder Holzpfosten und verhindert so, daß die Krallen zu lang werden.

PFLEGE

Links:
Ein Kratzbaum mit daran aufgehängten Spielsachen bietet Ihrer Katze viele Stunden der Unterhaltung und schützt Ihre Möbel und Teppiche vor scharfen Krallen.

stämmen; ein Kratzbaum kann das Bedürfnis einer Hauskatze nach Krallenwetzen bis zu einem gewissen Grad befriedigen. Allerdings sollten Sie für den Kratzpfosten kein Material verwenden, das Ihrem Teppich zu sehr ähnelt – es verwirrt die Katze unter Umständen, die Ihren Teppich für eine Fortsetzung des Kratzbaums halten könnte.

Das Beschneiden der Krallen muß mit viel Vorsicht geschehen; am besten lassen Sie es sich beim ersten Mal von Ihrem Tierarzt zeigen. Während Sie die Katze festhalten (möglicherweise benötigen Sie dazu die Hilfe eines Freundes), drücken Sie die Pfotenballen jeder einzelnen Kralle zusammen, was die Krallen zum Vorschein bringt. Sie werden jetzt zwei deutlich verschiedene Färbungen der Kralle erkennen können, einen rosafarbenen Bereich in der Mitte und eine weißliche Umhüllung, die die scharfe Spitze der Kralle bildet. Der rosafarbene Teil, das Mark, enthält die Blutgefäße und die Nerven, und ein Einschneiden würde dem Tier Schmerzen bereiten und zu Blutungen führen. Die scharfe weiße Spitze der Kralle dagegen besteht nur aus totem Hornmaterial und kann ohne Gefahr beschnitten werden. In Tierhandlungen gibt es spezielle Krallen-Clipper; gewöhnliche Nagelscheren für Menschen tun es jedoch auch und sind darüber hinaus viel billiger. Ihre Katze wird sich wahrscheinlich zunächst etwas gegen die Beschneidung ihrer Krallen sträuben, nach einer Gewöhnungsphase jedoch auch diese zweiwöchentliche Prozedur akzeptieren.

PFLEGE

Krallenaufbau

Mark, enthält Blutgefäße und Nervenbahnen

Kralle

Schnittlinie

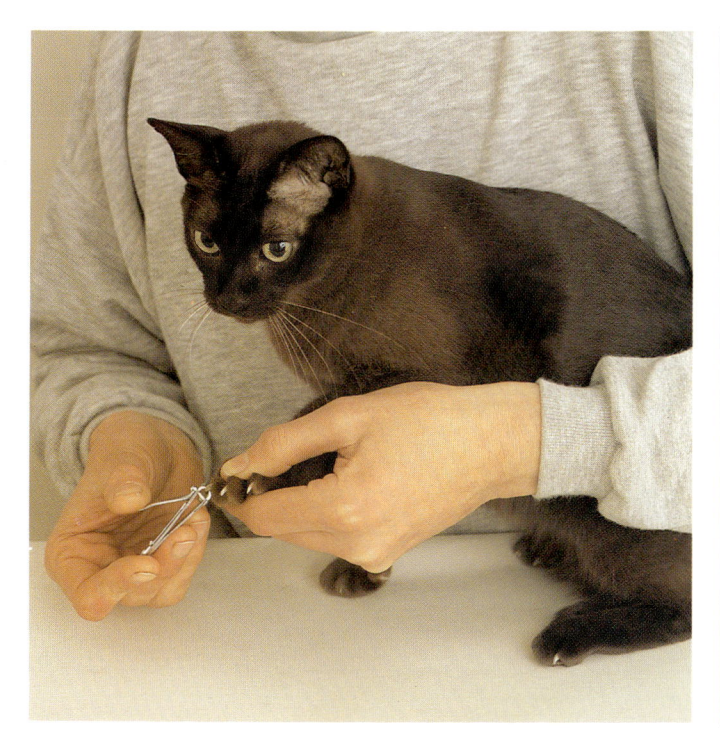

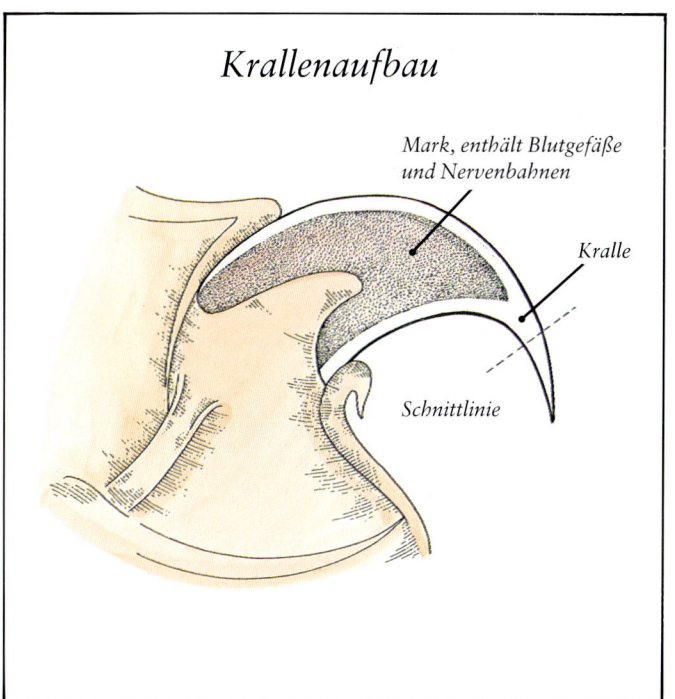

*Wenn Ihre Katze in der Wohnung bleiben muß und ihre Krallen also nicht an Bäumen wetzen kann, empfiehlt es sich, die scharfen Spitzen zu ›kappen‹. Dies kann mit einer herkömmlichen Nagelzange geschehen (**oben**) oder mit einem speziellen Katzenkrallen-Clipper (**rechts**). Schauen Sie sich das Diagramm (**oben rechts**) genau an, bevor Sie Ihrer Katze die Krallen kürzen; Verletzungen können Sie nur dann vermeiden, wenn Sie die richtige Schnittlinie einhalten.*

PFLEGE

Rechts:
Die Nickhaut (das dritte Augenlid) ist bei einer gesunden Katze gewöhnlich nicht sichtbar; ihr Erscheinen kann ein Anzeichen für eine Erkrankung sein. Bei den heller gefärbten Siamkatzen dagegen kommt es häufig vor, daß ein Teil der Nickhaut sichtbar wird, obwohl die Katze in hervorragendem Gesundheitszustand ist.

Unten:
Schmutz, der sich in den Augenwinkeln gesammelt hat, kann man mit einem feuchten Wattebausch vorsichtig wegwischen.

AUGEN

Es ist keineswegs ungewöhnlich, wenn Sie in den Augenwinkeln Ihrer Katze etwas Schmutz entdecken. So etwas läßt sich ganz einfach mit einem Wattebausch oder Papiertaschentuch, in abgekochtem kalten Wasser getränkt, herauswischen oder ganz vorsichtig mit dem kleinen Finger entfernen – aber achten Sie darauf, daß Sie der Katze nicht ins Auge stechen. Das dritte Augenlid, die sogenannte Nickhaut, sollte bei einer gesunden Katze nicht sichtbar sein.

Das Ungewöhnliche an einer Katze sind ihre drei Augenlider, von denen zwei sich wie beim Menschen auf und ab bewegen. Die Nickhaut dagegen bewegt sich von der Nasenseite zum äußeren Rand des Auges. Wenn Ihre Katze Staub oder Katzenstreu im Auge hat, kommt die Nickhaut zum Vorschein. In diesem Fall läßt sich durch das Auswaschen des Auges mit verdünnten Augentropfen der Schmerz lindern. Eine sichtbare Nickhaut kann aber auch ein frühes Warnzeichen für eine Krankheit im Anfangsstadium sein. Wenn sie nach vierundzwanzig Stunden immer noch zu sehen ist, sollten Sie sich an Ihren Tierarzt wenden. Halten Sie sich am besten an folgende Faustregel: Wenn nur eine Nickhaut zu sehen ist, handelt es sich wahrscheinlich um einen Fremdkörper im Auge; sind aber beide sichtbar, ist Ihre Katze höchstwahrscheinlich krank.

Oben:
Die Ohren lassen sich entweder mit einem angefeuchteten Wattebausch oder, sehr vorsichtig, mit einem Wattestäbchen reinigen. Stoßen Sie dabei aber niemals zu tief in den Gehörgang.

Falls die Augen der Katze tränen und sie gleichzeitig Niesanfälle hat, könnte sie sich einen Katzenschnupfen eingefangen haben. Vielleicht handelt es sich aber auch um eine allergische Reaktion.

OHREN

Die Ohren sollten nicht riechen und sauber sein, ohne wachsartige Ablagerungen. Das äußere Ohr, die Ohrmuschel, kann mit einem angefeuchteten Wattebausch oder sehr vorsichtig mit einem Wattestäbchen gereinigt werden. Stochern Sie niemals tief in den Ohrgängen herum, da dies zu Verletzungen führen könnte. Braune, wachsartige Ablagerungen deuten möglicherweise auf Ohrmilben hin. Bei einem solchen Verdacht muß das Tier zum Veterinär gebracht und dort behandelt werden.

ZÄHNE

Die Zähne sollten sauber aussehen und der Atem frei von Mundgeruch sein. Angemessenes Futter (siehe »Die richtige Ernährung«) ist sehr wichtig für die Entwicklung gesunder Zähne im jungen Alter. Um das Zahnfleisch gesund zu halten und die Bildung von Zahnstein und Zahnbelag zu verhindern, sollten Sie Ihrer Katze immer etwas geben, auf dem sie herumkauen kann, z. B. einen nicht splitternden Knochen, Trockenfleisch oder spezielle Knabberbiskuits. Wenn sich Ihre Katze hartnäckig im Gesicht kratzt oder die Nahrungsaufnahme verweigert, könnte sie einen lockeren Zahn haben, Gingivitis (Zahnfleischentzündung) oder sogar beides. Wenden Sie sich sofort an Ihren Tierarzt, da möglicherweise eine Zahnbehandlung erforderlich ist.

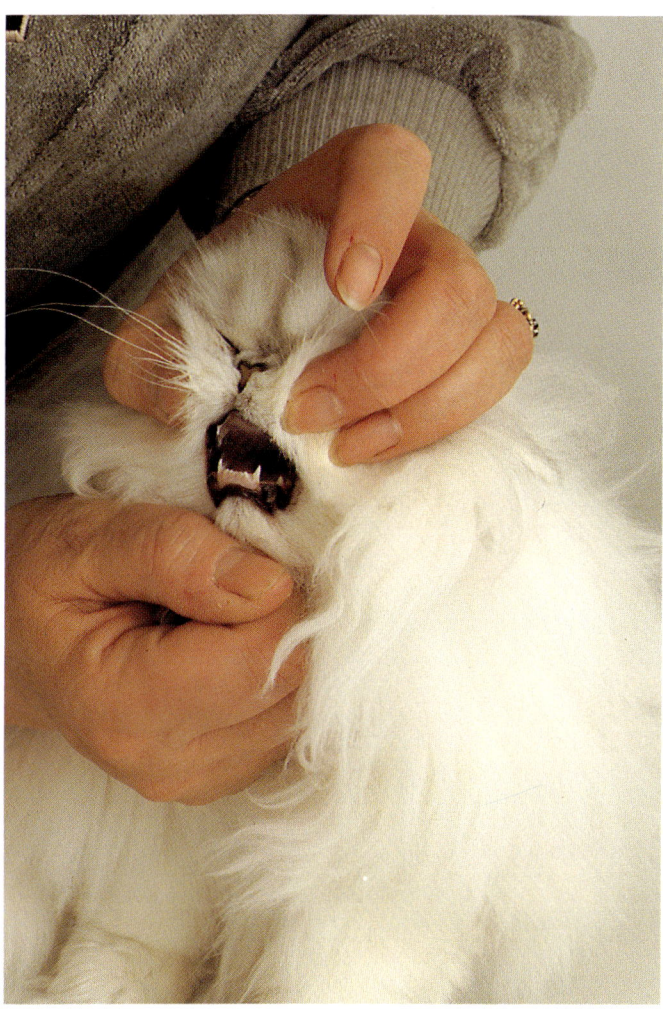

SONSTIGE KONTROLLEN

Achten Sie besonders auf ungewöhnliche Beulen oder Verhärtungen. Dabei könnte es sich zwar nur um eine Talgzyste handeln, unter Umständen aber auch um einen beginnenden Tumor. Jede Veränderung im Verhalten Ihrer Katze könnte auf eine Verletzung oder Krankheit hinweisen.

Etwas, das Ihnen vielleicht unbedeutend erscheint, könnte eine lebenswichtige Information sein und eine genaue Diagnose ermöglichen.

Oben:
Durch die regelmäßige Überprüfung des Katzenmauls können Sie drohende Probleme frühzeitig erkennen. Achten Sie besonders auf gerötetes Zahnfleisch oder lockere Zähne, und gehen Sie in diesem Fall sofort zu Ihrem Tierarzt.

DIE RICHTIGE ERNÄHRUNG

Eine angemessene, ausgewogene Nahrung ist für die Gesundheit und das Wohlergehen Ihrer Katze von größter Bedeutung. Das Futter dient nicht nur als ›Treibstoff‹, der ihren Körper in Bewegung hält, sondern es beeinflußt auf direktem Wege den Zustand ihrer Zähne und Knochen sowie aller inneren Organe, besonders des Verdauungstraktes. Außerdem wirkt sich die Ernährung auf den Zustand ihres Fells aus.

Woher Ihre Katze auch kommt – sie sollte auf jeden Fall in bester körperlicher Verfassung sein, wenn Sie sie bei sich aufnehmen. Wenn Sie Ihr Kätzchen bei einem Züchter erworben haben, dann dürften Sie eine Liste mit den für die ersten Monate benötigten Nahrungsmitteln erhalten haben. Ab jetzt tragen Sie die Verantwortung für das Wohlergehen Ihrer Katze, und nichts ist dafür von größerer Bedeutung als die richtige Ernährung.

Katzen sind Gewohnheitstiere. Deshalb ist es wichtig, von Anfang an strikte Fütterungszeiten und genaue Stellplätze für Wasser- und Freßnäpfe festzulegen. Die Nahrung, die eine Katze benötigt, variiert je nach Alter des Tiers. Ein junges Kätzchen braucht kleine, dafür häufige Mahlzeiten; das gleiche gilt für alte Tiere. Eine gesunde erwachsene Katze dagegen benötigt weniger, dafür aber größere Mahlzeiten, während eine kranke oder verletzte Katze ein spezielles Futter bekommen sollte, bei dessen Zusammenstellung Ihr Tierarzt helfen kann.

ZUBEHÖR UND DIE RICHTIGE UNTERBRINGUNG

Für die meisten Besitzer bietet sich die Küche als Futterstelle für ihre Katze an, da dort sowieso Nahrungsmittel zube-

Oben:
Überlegen Sie sich, ob Sie Ihre Katze nicht lieber auf einer leeren Arbeitsfläche in der Küche füttern wollen und damit verhindern, daß Sie ständig über den Futter- oder Wassernapf stolpern.

Unten:
Verschiedene Freßnäpfe (von links nach rechts): Napf mit Zeitschaltuhr, Näpfe aus Glas, aus Metall, aus Steingut, aus Kunststoff, kombinierter Napf. Jede dieser Schüsseln hat Vor- und Nachteile. Entscheiden Sie sich für eine Schüssel, die Ihnen und Ihrer Katze zusagt.

Oben:
Industriell hergestelltes Fertigfutter (links und oben: dreimal Trocken- bzw. Halbtrockenfutter, unten und rechts: zweimal Dosenfutter) enthält alle notwendigen Nährstoffe, aber für ein ausgewogenes und abwechslungsreiches Menü kann es nicht schaden, mehr oder weniger regelmäßig frische Lebensmittel aus eigener Herstellung zu füttern.

reitet und aufbewahrt werden. Ich halte es nicht für besonders ratsam, eine Katze auf dem Fußboden zu füttern, da man dort ständig über die Schüsseln stolpert. Mit einem Tablett, auf dem sowohl Wasser- als auch Freßnapf stehen und das auf einer unbenutzten Arbeitsfläche abgestellt wird, sorgen Sie dafür, daß nichts im Weg herumliegt. Auch ein Arbeitsraum oder eine abgetrennte Ecke im Flur können sich als ›Katzeneßzimmer‹ eignen. Eine einmal gewählte Futterstelle sollten Sie nicht mehr verlegen, da Ihre Katze jederzeit an frisches Wasser kommen muß und deshalb genau wissen sollte, wo der Wassernapf steht.

Näpfe

Es gibt eine große Auswahl an Freßnäpfen; allerdings eignen sich nicht alle gleichermaßen gut für Katzen.

Kunststoffnäpfe sind wahrscheinlich am weitesten verbreitet, da sie haltbar, nahezu unzerbrechlich und leicht zu reinigen sind. Allerdings sind nicht alle Modelle spülmaschinenfest.

Metallnäpfe sind praktisch unzerstörbar und können problemlos bei hohen Temperaturen sterilisiert werden.

Steingutnäpfe sind solide und können nicht so leicht umkippen, aber sie zerbrechen leicht, wenn man sie fallen läßt.

Glasnäpfe sind weniger gut geeignet. Sie mögen zwar hübsch aussehen, aber wenn man sie fallen läßt und sie dabei zerbrechen, könnte die Katze in die Scherben treten oder sogar Glassplitter verschlucken.

Kombinierte Näpfe, in die gleichzeitig Wasser und Futter eingefüllt werden können, erscheinen nur auf den ersten Blick praktisch: Es ist bei ihnen sehr schwierig, das Wasser zu wechseln, wenn die Katze das Futter noch nicht aufgefressen hat.

Futternäpfe mit *Zeitschaltuhr* sind eine praktische Erfindung für Berufstätige, die den ganzen Tag außer Haus verbringen. Sie bestehen aus zwei herausnehmbaren Näpfen im Innern eines Behälters mit Deckel, der eine Zeitschaltuhr besitzt.

DIE RICHTIGE NAHRUNG

Katzen sind von Natur aus Fleischfresser, wie ein Blick auf ihre Zähne beweist: große Eck- oder Fangzähne zum Zerreißen von Fleisch, winzige Schneidezähne, da die Katze kaum an Gras oder anderem pflanzlichen Material herumknabbern muß, und ein Satz kräftiger Backenzähne zum Zerkauen der Nahrung. In freier Wildbahn frißt die Katze erlegte Beutetiere ›mit Haut und Haaren‹ auf: Federn, Fell, Knochen und auch den Inhalt von Magen und Darm. Im Verdauungstrakt des Beutetieres findet sie pflanzliches Material mit Spurenelementen, die die Katze nicht auf anderem Wege aufnehmen kann.

Oben:
Einige Katzenrassen neigen zu Übergewicht, beispielsweise die Britisch Kurzhaar. Man sollte ihre Kost sorgfältig überwachen, besonders wenn es sich um einen wenig aktiven Kastraten handelt.

Heutzutage sehen wir es nicht gerne, wenn Katzen Mäuse und Vögel fangen. Diese recht blutige und unappetitliche Angelegenheit wird tunlichst vermieden: Wir öffnen lieber eine Dose oder eine Futterpackung, um die Grundbedürfnisse der Katze auf etwas hygienischere Art zu befriedigen.

Es gibt so viele verschiedene Arten von Katzenfutter auf dem Markt, daß sowohl Ihnen als auch vermutlich Ihrer Katze die Wahl schwerfallen dürfte. Aber Abwechslung bringt Würze ins Leben: Wenn Sie Ihre Katze mit einer Kombination verschiedener Nahrungsmittel füttern, verschaffen Sie ihr eine interessante, ausgewogene und angemessene Kost.

Dosenfutter zählt wahrscheinlich zu den beliebtesten Nahrungsmitteln und wird von den meisten Tierärzten empfohlen. Strenge staatliche Kontrollen sorgen dafür, daß das Futter keine Krankheitskeime enthält und ›katzentauglich‹ ist. Dosenfutter ist darüber hinaus praktisch, einfach aufzubewahren und enthält eine perfekte Mischung von Grundnährstoffen, Vitaminen, Spurenelementen und Mineralien, die für das Wohlbefinden Ihrer Katze unerläßlich sind. Die meisten Hersteller bieten spezielle Kätzchenkost an, die besonders auf die Bedürfnisse von jüngeren Katzen zugeschnitten ist. Dosenfutter gibt es in vielen verschiedenen Geschmacksrichtungen, und auch das Abwechseln zwischen verschiedenen Marken sorgt dafür, daß Ihre Katze eine ausgewogene Kost erhält.

Trockenfutter, z. B. Brekkies, ist ebenfalls ›Vollwertnahrung‹, die alle lebensnotwendigen Nährstoffe enthält. Da den ›Knusperbrocken‹ bis auf etwa 15 % die Feuchtigkeit entzogen wurde, muß die Katze, frißt sie ausschließlich diese Nahrung, vermehrt Wasser aufnehmen. Stellen Sie einen jederzeit gefüllten Wassernapf neben das Fressen, und kontrollieren Sie, ob die Katze davon auch ausreichend Gebrauch macht. Insbesondere bei männlichen Tieren, die eine kürzere Harnröhre als ihre weiblichen Artgenossen haben, kann die mangelnde Durchspülung der Nieren zu Harngrieß- oder Harnsteinbildung führen, einer äußerst schmerzhaften Angelegenheit. Da die Katzen Trockenfutter und sonstige Leckerbissen, die es in Tierhandlungen gibt, aber meist recht gerne knabbern, sollte man sie Tieren, die nicht ausreichend trinken, von Zeit zu Zeit in kleineren Mengen geben.

Bei *selbst zubereitetem Futter* sollte ein Mischungsverhältnis von zwei Dritteln Fleisch und einem Drittel pflanzlicher Beikost, also z. B. Kartoffeln, Haferflocken, Gemüse, Brot oder Reis, eingehalten werden. Die pflanzliche Beikost sollte immer gekocht werden, da Katzen rohe Stärke nicht verwerten können. Fleisch vom Rind oder Lamm kann roh oder gekocht ›serviert‹ werden, Fisch, Geflügel und Schweinefleisch dagegen wird stets gekocht. Die meisten Innereien werden von Katzen gerne gegessen. Nieren sollten Sie mindestens eine Stunde lang wässern und dann kochen, Leber darf (wegen einer möglichen, sehr gefährlichen Überversorgung mit Vitamin A und der Schadstoffansammlung) erwachsenen Tieren höchstens einmal pro Woche, Jungtieren unter einem Jahr gar nicht verabreicht werden. Achten Sie darauf, daß Gräten und splitternde Knochen wie die von Geflügel oder Kaninchen sorgfältig entfernt werden.

Essensreste können ebenfalls gefüttert oder zugefüttert werden, doch muß man darauf achten, daß sie nicht zu stark gewürzt und nicht zu fett sind. Auf den Überresten einer gebratenen Keule oder eines Koteletts kann Ihre Katze stundenlang herumkauen – Unterhaltung und Training für Zähne und Zahnfleisch zugleich. Im übrigen haben Katzen einen ganz individuellen Geschmack: Ihr Stubentiger wird Ihnen schnell deutlich machen, was er verschmäht und was er mag. Babybrei, Babynahrung zum Anrühren, Quark und Frischkäse, gekochte Eier und Kaviar – die Katzengeschmäcker sind verschieden.

Hauptsache ist, daß das Futter bei Zimmertemperatur, weder zu heiß noch direkt aus dem Kühlschrank, ›auf den Tisch‹ kommt, daß der Napf sauber ist und Essensreste möglichst schnell beseitigt werden; nur im Notfall würde eine Katze mehrere Stunden alte, unappetitliche ›Restbestände‹ anrühren.

Das richtige *Katzengetränk* ist Wasser. Milch kann bei bereits entwöhnten Kätzchen und bei erwachsenen Tieren zu Durchfall führen, da manche Katzenmägen den Milchzucker nicht vertragen.

Vitamine und Mineralienzusätze sind in den meisten Tierhandlungen erhältlich. Lesen Sie die Anweisungen genau durch, damit Sie nicht zuviel Zusatzstoffe ins Futter geben. Kalziumzugaben sind bei selbst zubereitetem Futter wichtig, bei kleinen Kätzchen sogar täglich. Konsultieren Sie hier am besten Ihren Tierarzt.

WIE OFT UND WIE VIEL SOLL MAN FÜTTERN?

Eine durchschnittliche, erwachsene und kastrierte Katze benötigt zwei Mahlzeiten pro Tag. Der Umfang der Mahlzeit hängt von der Größe und vom Körperbau der Katze ab. Die ungefähre Essensmenge beträgt 250 Gramm Dosenfutter pro Mahlzeit (eine kleine Dose oder die Hälfte einer großen Dose). Das entspricht ungefähr einer 100-Gramm-Portion aus frisch gekochtem Fisch oder Hühnchen.

Nach den ersten sechs bis neun Monaten hat ein Kätzchen einen ähnlich hohen Futterbedarf wie eine ausgewachsene Katze. Allerdings sollte die Futtermenge auf vier Mahlzeiten pro Tag verteilt werden. Dasselbe gilt für die ›Senioren‹ unter unseren Katzen. Trächtige oder stillende Katzendamen und vielbeschäftigte Deckkater brauchen eine mit zusätzlichen Vitaminen und Mineralien angereicherte Kost (siehe »Katzenzucht«).

Gelegentlich sieht man auch korpulente Katzen, doch sind sie eher die Ausnahme. Katzen fressen selten zuviel; sie ›achten‹ auf ihr Körpergewicht. Dennoch neigen bestimmte Rassen zu Übergewicht. Ich persönlich finde, daß es für eine Katze besser ist, etwas mehr auf den Rippen zu haben, als sich an der Grenze zur Magersucht zu bewegen. Falls sie sich einmal eine leichte Krankheit einfängt und deshalb eine Weile nichts fressen kann, hat sie wenigstens genügend Reserven.

Oben:
Ermutigen Sie die Katze von klein auf, Fleisch von Knochen zu nagen. Dadurch werden die Zähne kräftiger und im Alter weniger anfällig für Karies.

PFLEGE

Die richtige Fellpflege

Katzen sind reinliche Tiere und durchaus in der Lage, ihr Haarkleid in bestem Zustand zu halten. Aber wie überall kann die helfende Hand eines Freundes nicht schaden. Wenn mehrere Katzen zusammenleben, verbringen sie Stunden mit gegenseitiger Fellpflege. Dabei widmen sie sich bevorzugt denjenigen Stellen, die eine Katze selbst nur schlecht erreichen kann, etwa den Bereich hinter den Ohren oder im Nacken.

Das soll nicht bedeuten, daß nicht auch ein menschlicher Freund helfen könnte. Im Gegenteil, gerade in unserer modernen städtischen Umgebung mit ihren zentralbeheizten Häusern ist für die Katze eine zusätzliche Fellpflege unerläßlich, da sowohl lang- als auch kurzhaarige Katzen mausern. In freier Wildbahn geschieht dies nur in den warmen Monaten, wenn die Katze einen Teil des dicken Winterfells loswerden muß. In einer Wohnung mit fast gleichbleibenden Temperaturen hingegen läßt die Katze das ganze Jahr über Haare. Wenn sich eine Katze putzt, verschluckt sie eine ganze Menge Haare, wodurch es zu einer Haarballenbildung in ihrem Magen kommen kann (siehe »Gesundheitsvorsorge«). Regelmäßiges Kämmen beugt deshalb der Bildung von Haarballen vor.

Gewöhnen Sie Ihre Katze so früh wie möglich an diese ›Kämmsitzungen‹, denn ein junges Tier lernt viel leichter als ein älteres. Die meisten Katzen lieben es, wenn man sie streichelt und sie berührt und

Oben:
Die Mutterkatze verbringt viele Stunden damit, ihre Nachkömmlinge tadellos sauber zu halten.

Rechts:
Gegenseitige Fellpflege ist ein wichtiger Aspekt des Katzenlebens – was gibt es Besseres als einen Freund, der einem diese unzugänglichen Stellen, z. B. hinter den Ohren, reinigt?

PFLEGE

Links:
Selbst eine Einzelkatze verbringt einen großen Teil des Tages mit Körperpflege. Aber zusätzlich zur eigenen und gemeinschaftlichen Fellpflege benötigen alle Katzen noch die helfende Hand ihres Besitzers.

schätzen eine Kombination von Bürsten und Streicheleinheiten ganz besonders.

DAS PFLEGEZUBEHÖR

Das Pflegezubehör für Ihre Katze sollten Sie nur in einer seriösen Tierhandlung erwerben. Billigware scheint zwar auf den ersten Blick ein gutes Geschäft, hält wahrscheinlich aber nicht annähernd so lange wie hochwertige Produkte und könnte Ihre Katze sogar verletzen. Vergewissern Sie sich, daß sämtliche Metallkämme stumpfe, abgerundete Zinken und keine scharfen Spitzen aufweisen.

Die benötigte Ausrüstung hängt von der Fellänge Ihrer Katze ab. Hier einige der herkömmlichsten Artikel, die in jeder Zoohandlung erhältlich sind:

Für eine Kurzhaarkatze: ein Fensterleder, eine Bürste mit weichen Borsten oder eine Säuglingsbürste, eine Gummibürste, ein Flohkamm, Pimentöl.

Für eine Langhaarkatze: eine Bürste mit weichen Borsten auf der einen und Drahtborsten auf der anderen Seite, eine Zahnbürste, eine Glanzbürste, Talkumpuder, ein Metallkamm mit abwechselnd kurzen und langen Zinken sowie schließlich ein Kamm mit weit auseinanderstehenden Zinken.

Links:
Hier sehen Sie eine Auswahl von Pflegezubehör für eine kurzhaarige (Gegenstände in der linken Bildhälfte) und für eine langhaarige Katze (Gegenstände in der rechten Bildhälfte), deren nähere Beschreibung Sie oben finden.

Anleitung für die Fellpflege einer Kurzhaarkatze

Kurzhaarkatzen brauchen im allgemeinen keine übermäßige Fellpflege. Es empfiehlt sich dennoch, sie regelmäßig zu kämmen oder abzubürsten, um ausgefallene oder lockere Haare zu entfernen. Eine ›Politur‹ mit einem Fensterleder verleiht dem Fell zusätzlich einen seidigen Glanz. Einige Rassekatzen wie etwa die Britisch Kurzhaar oder die Manxkatze haben ein besonders dichtes Fell. Achten Sie bei ihnen besonders aufmerksam auf Anzeichen von Fellverfilzung.

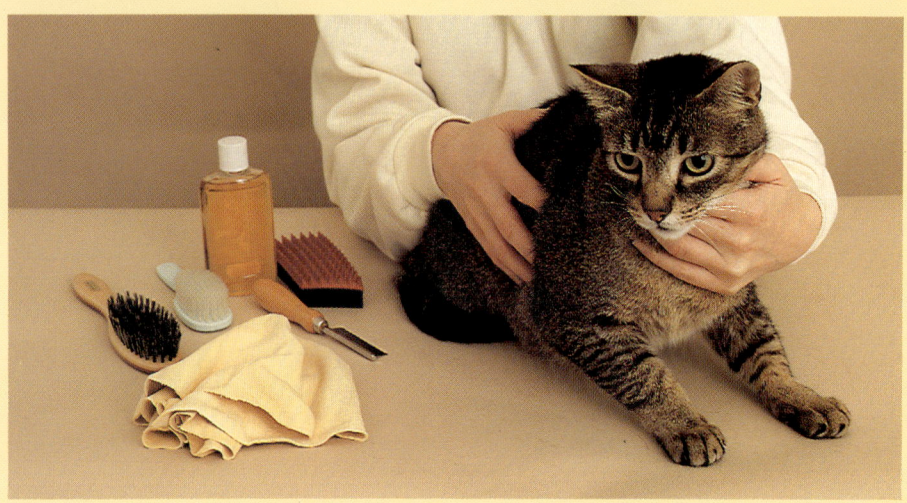

1 Zur Pflege einer Kurzhaarkatze benötigen Sie (im Uhrzeigersinn von oben): Pimentöl, eine Gummibürste, einen Flohkamm, ein Fensterleder, eine weiche Bürste oder eine Säuglingsbürste.

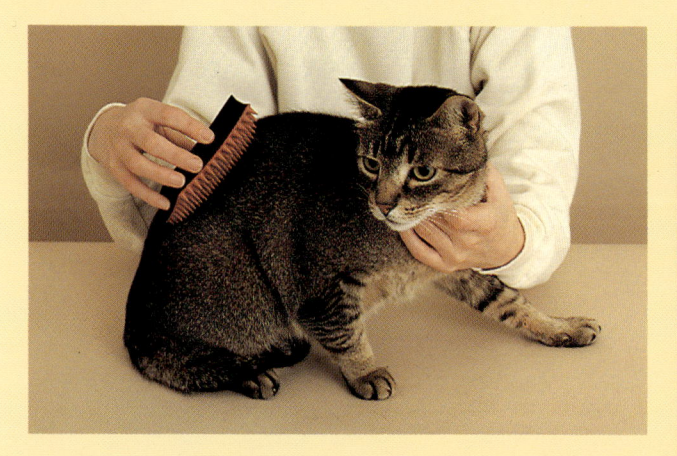

2 Eine spezielle Gummibürste wird zum Lösen der abgestorbenen Haare benutzt. Ihre Noppenoberfläche zieht einen Großteil des toten Haars aus dem Fell und schenkt der Katze zusätzlich eine angenehme, den Kreislauf anregende Massage. Aber übertreiben Sie diesen ersten Pflegeschritt nicht, da diese Bürste äußerst effektiv ist und durch intensives Bürsten zuviel Fell gelockert werden kann. Solche Bürsten sind in den meisten guten Tierhandlungen erhältlich; falls Sie aber keine bekommen, benutzen Sie doch einfach Ihre angefeuchteten Hände als Ersatz.

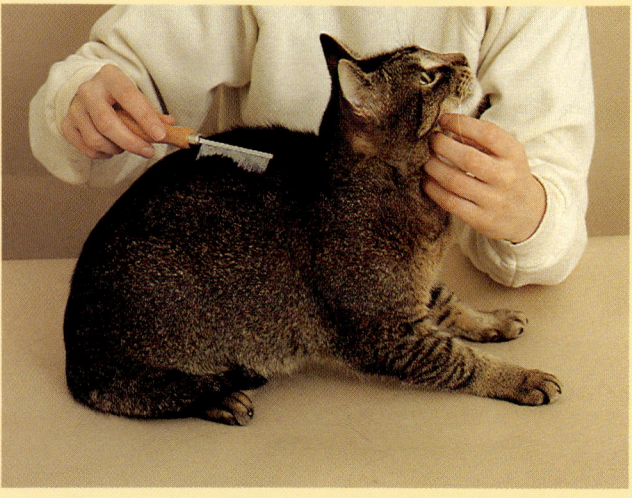

3 Mit einem engzahnigen Kamm (er wird normalerweise als Flohkamm bezeichnet, obwohl er nicht nur zur Flohentfernung dient) kämmen Sie das Fell vorsichtig gegen die natürliche Wuchsrichtung. Dadurch werden auch tieferliegende abgestorbene Haare gelöst. Sodann kämmen Sie gründlich in Wuchsrichtung, um allen übrigen Schmutz zu beseitigen.

PFLEGE

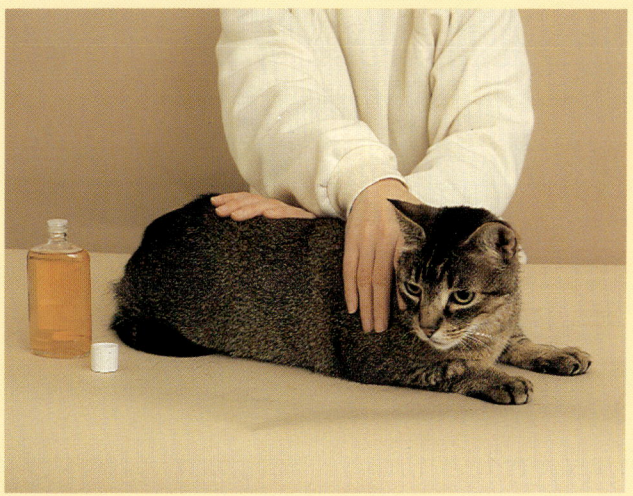

4 Verwenden Sie jetzt eine weiche oder eine Säuglingsbürste. Diese entfernt alles übrige lockere Fell, ohne noch weitere Haare auszuziehen.

5 Anschließend geben Sie ein wenig Pimentöl auf Ihre Hände und massieren es vom Nacken bis zum Schwanz in das Fell ein. Dunkelfarbigen, Tabby- und dunklen Tortie-Katzen verleiht das Öl einen wunderschönen seidigen Glanz. Verwenden Sie es jedoch nicht für helle Katzen, da das Öl ihr Fell verfärben könnte.

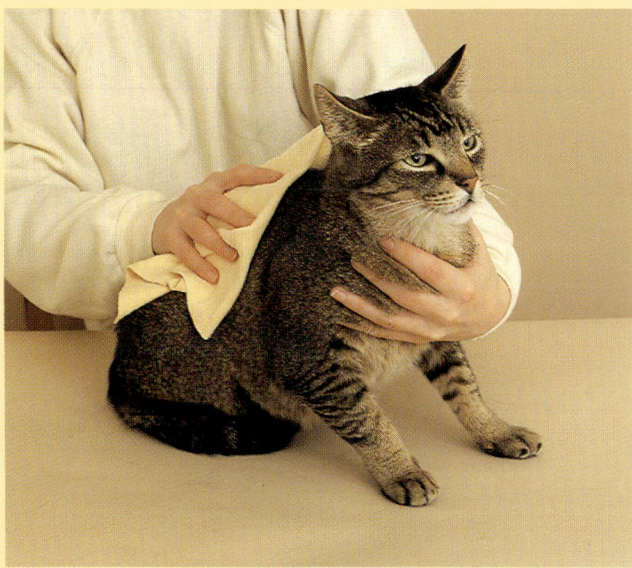

6 Für einen wirklich schönen Glanz sollten Sie Ihre Katze mit einem Fensterleder oder einem Stück Seide abreiben, immer in Wuchsrichtung des Fells.

7 Eine wohlgepflegte Katze hat ein glattes, seidig glänzendes Fell.

Anleitung für die Fellpflege einer Langhaarkatze

Langhaarkatzen brauchen regelmäßige Fellpflege, damit ihr Haarkleid unverfilzt und frei von Knötchen bleibt. Besondere Aufmerksamkeit sollten Sie der Bauchseite sowie dem Hüft- und Schenkelbereich, den sogenannten Fellhosen, widmen, da hier Knoten und Verfilzungen am häufigsten auftreten. Haarverfilzung läßt sich mit Rostbefall an einem Auto vergleichen – ist er einmal da, breitet er sich wie ein Flächenbrand aus. Eine regelmäßige Fellpflege von mindestens fünfzehn Minuten jeden Abend verhindert dies. Natürlich können Sie auch regelmäßig zum Tierarzt gehen, der die verfilzten Fellbereiche unter Narkose operativ entfernt – eine für die Katze unangenehme und für Sie teure Angelegenheit.

1 Für die Pflege einer Langhaarkatze benötigen Sie (von links nach rechts): einen Kamm mit weit auseinanderstehenden Zinken, eine Zahnbürste, eine kombinierte Borsten- und Drahtbürste, Talkumpuder, einen Metallkamm mit abwechselnd langen und kurzen Zinken, eine Glanzbürste.

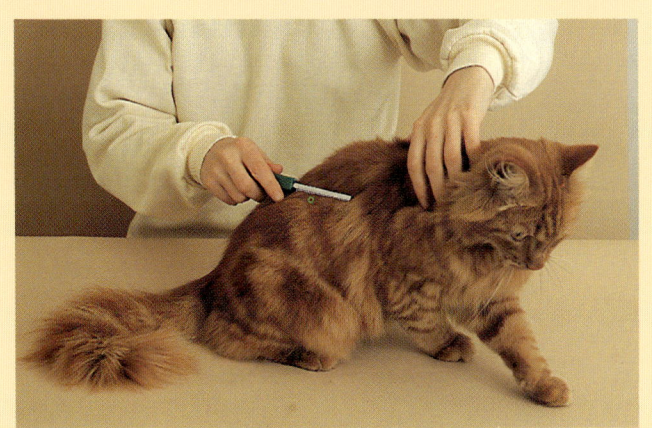

2 Kämmen Sie vorsichtig mit einem weitzahnigen Kamm oder besser noch mit einem abwechselnd lang- und kurzzahnigen Kamm gegen die Wuchsrichtung des Fells. Wahrscheinlich muß das Fell geteilt und in einzelnen Partien gekämmt werden. Es ist wichtig, daß Sie bis zur Unterwolle durchkämmen, um alle Knoten und Verfilzungen zu lösen. Seien Sie beim Kämmen des unteren Haarbereichs sehr vorsichtig – es handelt sich schließlich um einen hochempfindlichen Teil der Katzenanatomie.

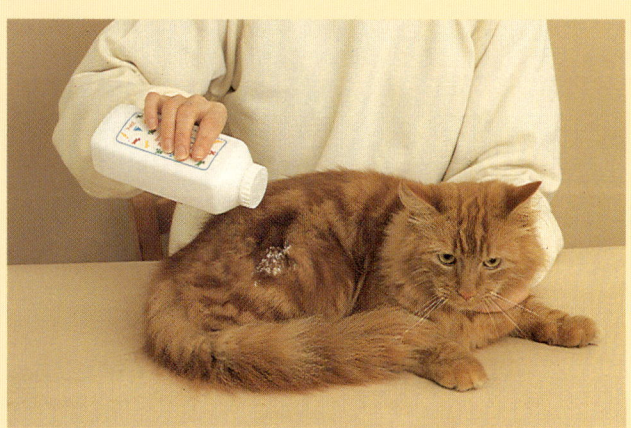

3 Pudern Sie das Haarkleid leicht mit Babypuder oder unparfümiertem Talkum. Dies erleichtert das Bürsten, da die einzelnen Haare voneinander getrennt werden, und verleiht dem Fell mehr Fülle. Verwenden Sie keine stark parfümierten Puder, da diese allergische Reaktionen auslösen können, besonders an den Katzenaugen.

PFLEGE

4 Bürsten Sie das Fell mit der Drahtseite der Bürste vorsichtig durch. Gehen Sie sehr sanft vor, denn diese Bürste kann die feinen Haare abbrechen, wenn man sie zu hart gebraucht. Im Zweifelsfalle sollten Sie das Bürsten mit den Drahtborsten ganz unterlassen, bis Sie genügend Gefühl für das Bürsten entwickelt haben.

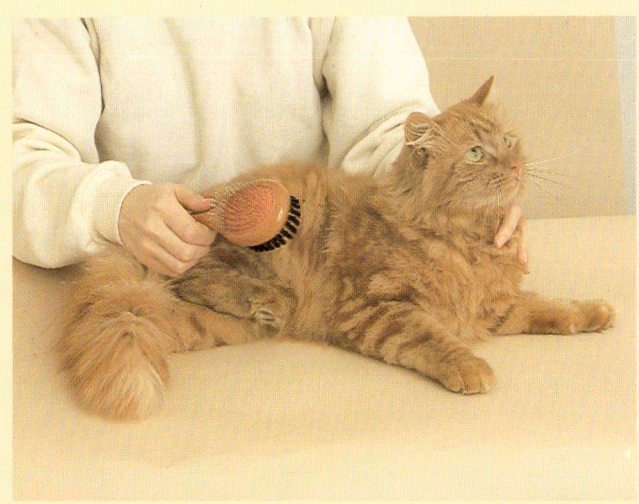

5 Benutzen Sie jetzt die Borstenseite der Bürste.

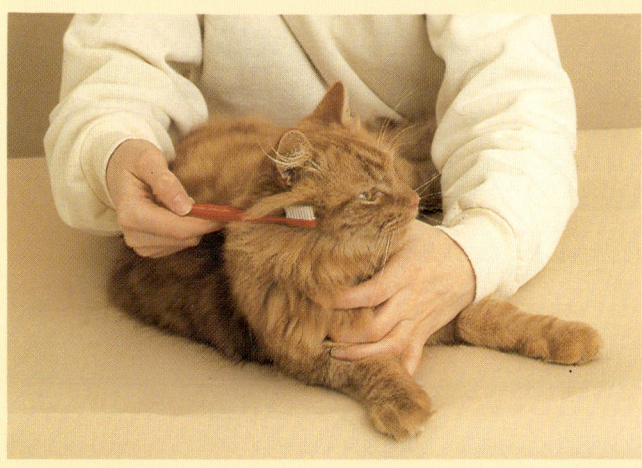

6 Anschließend bürsten Sie das Gesicht der Katze mit einer Zahnbürste. Die meisten Bürsten sind für diesen empfindlichen Bereich zu groß, aber eine gewöhnliche Zahnbürste eignet sich hierfür hervorragend.

7 Eine Glanzbürste ist zwar nicht unbedingt erforderlich, man kann sie aber in diesem Schlußstadium für den Schwanz und die Rückenpartie verwenden und so das Fell auflockern.

8 Das Endergebnis: ein gepflegtes, unverfilztes Fell.

65

Die Pflege alter Katzen

Der Begriff ›alt‹ läßt sich kaum in Jahreszahlen ausdrücken. Genau wie Menschen können Katzen in jedem Alter ›alt‹ sein – einige verdienen diese Bezeichnung bereits mit acht Jahren, während andere sich noch nach über zehn Jahren wie kleine Kätzchen aufführen. Bei Katzen wird das Alter natürlich nicht so deutlich wie beim Menschen, da ihre Gesichter mit Fell bedeckt sind und man ihnen die Falten deshalb nicht ansieht.

Regelmäßige Betreuung und Pflege ist wahrscheinlich die beste Maßnahme gegen ein vorzeitiges Altern Ihrer Katze. Mit den Jahren jedoch lassen die inneren Organe, die Ihrer Katze viele Jahre lang gute Dienste geleistet haben, in ihrer Funktion nach. Einige Katzen leiden unter Herzproblemen, Leber- oder Nierenversagen, andere werden vielleicht anfällig für Arthritis oder Rheuma. Doch manche erreichen auch ohne irgendeines dieser Probleme ein hohes Alter. Wenn das Tier sein ganzes Katzenleben lang gut von Ihnen gepflegt wurde, dann haben Sie alles Menschenmögliche getan, um zu verhindern, daß Ihre Katze im hohen Alter gebrechlich wird. Einige Gebrechen sind jedoch erblich, wogegen man kaum etwas unternehmen kann.

Im Prinzip sollten Sie Ihrer alten Katze die gleiche Pflege und den gleichen Respekt wie Ihrer Lieblingsoma entgegenbringen. Viel Liebe und Aufmerksamkeit sind das Wichtigste und können Wunder bewirken; regelmäßige und ausgewogene Mahlzeiten und ausreichend Rauhfutter sorgen dafür, daß die Katze ihre benötigten Nährstoffe und die für die Verdauung wichtigen Ballaststoffe erhält. Eine gleichmäßig warme Umgebung verhindert Erkältungen und Brustbeschwerden. Training hält die Gelenke beweglich und die Muskeln geschmeidig – Ihre Katze wird ein gelegentliches Spielchen sicher sehr begrüßen.

Achten Sie bei Ihrer Katze auf alle Verhaltensänderungen, weil diese darauf hinweisen könnten, daß ein wichtiges Organ nicht richtig arbeitet. Wird die Erkrankung festgestellt, bevor sie zu weit fortgeschritten ist, kann Ihre Katze mit der richtigen Behandlung noch viel länger leben. Die Diagnose muß natürlich Ihr Tierarzt stellen, der wahrscheinlich eine Reihe von Blut-, Urin- und Stuhlproben nehmen wird. Ihre Aufgabe ist es, die Katze zu beobachten und dem Veterinär mitzuteilen, welche Verhaltensweise sich verändert hat.

Achten Sie auf die folgenden Anzeichen für einen schlechten Gesundheitszustand:

● Appetitlosigkeit könnte durch Zahnschmerzen ausgelöst werden, was bei älteren Katzen sehr häufig vorkommt. Ihr Veterinär wird Mundhöhle und Gebiß untersuchen und Ihnen sagen, was dagegen unternommen werden muß.

● Außergewöhnlich großer Durst könnte auf Diabetes hinweisen, aber auch durch Leber- oder Nierenprobleme hervorgerufen sein.

Oben:
Alte Katzen leiden oft unter Zahnproblemen wie Zahnfleischerkrankungen und lockeren Zähnen. Mancher Zahn muß gezogen werden, doch wird dies Ihre Katze nicht vom Verzehr ihrer gewohnten Nahrung abhalten!

PFLEGE

Rechts:
Wenn Katzen älter werden, verbringen sie häufig den größten Teil des Tages mit einem – oder mehreren – Schläfchen. Dennoch brauchen die ›Senioren‹ Bewegung, damit die Gelenke beweglich und die Muskeln straff bleiben.

● Werfen Sie gelegentlich einen Blick in die Katzentoilette, und überprüfen Sie, ob der Stuhl Ihrer Katze gesund aussieht. Sollte er zu dünnflüssig oder zu hart sein, deutet dies möglicherweise auf Magen- oder Darmprobleme hin.
● Unkontrollierbarer Harnfluß könnte durch eine Lähmung der Blase hervorgerufen werden, ebensogut jedoch ein ›einfacher‹ Blasenkatarrh sein, der sich meist leicht behandeln läßt.
● Achten Sie auf Beulen oder Schwellungen. Sie können zwar harmlos sein, sollten aber auf Veränderungen hinsichtlich Größe und Form überprüft werden, da dies eventuell auf einen Tumor hinweist.

● EINSCHLÄFERN ●

Wir alle wissen, daß für jeden irgendwann das Ende kommt, wie traurig das auch sein mag. Bei unseren Haustieren haben wir die Wahl, ihnen lange Leiden zu ersparen und einen würdigen Tod zu ermöglichen.

Katzen besitzen eine sehr hohe Schmerzgrenze und schnurren selbst noch bei großen körperlichen Beschwerden. Wenn Sie viele Jahre mit Ihrer Katze zusammengelebt haben, kennen Sie sie so gut wie einen alten Freund: Sie werden instinktiv merken, wenn nicht alles zum besten steht und das Tier unglücklich ist. Katzen hassen Schmutz, und wenn ein Tier unter unheilbarer Blasenschwäche leidet, muß es sich wirklich wie ein Häufchen Elend fühlen. Manche Tumore sind in fortgeschrittenem Alter nicht mehr operierbar, und eine Katze mit Krebs leidet unweigerlich, auch wenn sie nach außen ein tapferes Gesicht zeigt.

Wenn Sie Ihre Katze gut kennen, werden Sie fühlen, wann der Zeitpunkt naht – Sie haben dann die Chance, ihr Leiden durch den Tierarzt beenden zu lassen. Katzen kennen keine religiösen Anschauungen. Wenn wir also die Möglichkeit haben, sie auf friedliche und würdige Art und Weise gehen zu lassen, sollten wir uns nicht dagegen wehren.

Oben:
Ein kleiner Grabstein im Garten für die Lieblingskatze – in Deutschland ist die Bestattung auf Privatgelände offiziell verboten, doch wird Ihnen der Veterinär vielleicht das verstorbene Tier mit nach Hause geben, wenn Sie darauf bestehen.

PFLEGE

KATZEN BEI DER ›ARBEIT‹

Der Mensch hat sich schon früh Haustiere gehalten, und das aus guten Gründen. Denn Rinder und Schafe dienen als Nahrung, Hunde werden für die Jagd und als Wächter eingesetzt – und Katzen sind wahrscheinlich die effektivste ›Mausefalle‹! Obwohl wir unsere Katzen vorwiegend als Schmusetiere betrachten, ist es noch gar nicht so lange her, daß viele Katzen sich ihren Lebensunterhalt ›verdienen‹ mußten – und viele tun das auch heute noch.

Früher wurden Katzen als ›Wächter‹ für Getreidespeicher eingesetzt, wo Ratten und Mäuse im Überfluß ihr Unwesen trieben. Später wurden sie in industrialisierten Gegenden in Fabriken und Lagerhäusern gehalten, um die Anzahl der Schädlinge klein zu halten. Mäuse können sehr viel zerstören und sich sogar durch Papier und Pappkartons hindurchbeißen. Als der Postdienst eingerichtet wurde, hielt man in vielen Sortierämtern Katzen, um die Briefe zu schützen. Bis zum heutigen Tag wird im Londoner Posthauptverteileramt, dem Mount Pleasant Sorting Office, traditionsgemäß eine Katze als ›Angestellte‹ geführt. Es dürfte allerdings fraglich sein, ob sie für ihr Geld wirklich viel tun muß! Katzen findet man auch an vielen anderen ›Arbeitsplätzen‹, z. B. Bahnhöfen, Krankenhäusern sowie traditionell in vielen Theatern.

Aber nicht nur ihre Fähigkeit als Mäusefänger war dem Menschen nützlich. Katzen wurden im Mittelalter genau wie Hunde als ›Bratspießwender‹ eingesetzt. Im Jahre 1889 beschrieb Harrison Weir, der Gründer des National Cat Club in Großbritannien, kätzische Arbeitsplätze:

Links und unten:
Dieser Kater lebt in einem Gartencenter. Obwohl seine Lieblingsbeschäftigung darin zu bestehen scheint, auf den sonnendurchglühten Steinen herumzusitzen, erfüllt er doch gleichzeitig eine sinnvolle Aufgabe, indem er Vögel von den jungen Pflanzen und Setzlingen verscheucht.

PFLEGE

Im Londoner Fleet-Gefängnis fing eine Katze Mäuse und brachte sie den hungernden Häftlingen, und 1828 ›angelte‹ angeblich eine in der englischen Hafenstadt Plymouth lebende Katze Fische und brachte ihren Fang hungrigen Soldaten. Weir erwähnt auch den Bericht eines Missionars, der bei seinem Besuch in China sah, wie man dort Katzen als Zeitmesser benutzte: Zur Mittagszeit sei die Pupille des Katzenauges so schmal wie ein Haarspalt, danach erweitere sie sich und werde immer runder.

Die Nachfahren dieser ›berufstätigen‹ Katzen bilden heute Gruppen verwilderter Felidae – es sind die unerwünschten Katzen, die ausgesetzt wurden, sobald ihre Nützlichkeit für den Menschen nachließ.

Oben:
Manchmal sieht man Katzen in Restaurants, obwohl sie dort strikt von der Küche ferngehalten werden sollten.

Rechts:
Katzen werden traditionell in Lagerhallen und Fabriken als Mäusefänger eingesetzt, um die Schädlingspopulation niedrig zu halten. Diese Katze ist zu beneiden: Sie ist als Mäusefänger auf dem Gelände eines Tiernahrungsherstellers beschäftigt (allzu viele Mäuse dürfte sie angesichts des reichhaltigen Nahrungsangebots wohl nicht fangen).

Oben:
Eine Bürokatze gönnt sich am Ende des Tages ein Nickerchen. Auch wenn sie wahrscheinlich keine Mäuse zum Lebensunterhalt fangen müssen, sind Bürokatzen gern gesehene ›Kollegen‹. Es muß sich allerdings auch in den Ferien jemand um die Katze kümmern und sie mit nach Hause nehmen.

Gefahren für Ihre Katze

Gerade in der heutigen Welt lauern auf eine arglose Katze zahlreiche Gefahren. Außerhalb des Hauses gibt es Autos und ungesicherte Wasserflächen, die die Katze leicht eins ihrer sprichwörtlichen neun Leben kosten können. Selbst in der Wohnung drohen Gefahren, und zwar nicht nur in Form von Elektrogeräten, sondern auch durch die vom Menschen benutzten giftigen Substanzen, wie z. B. Desinfektionsmittel oder Wandfarben. Wenn Sie sich dieser Gefahrenquellen bewußt sind, ermöglichen Sie Ihrer Katze damit ein langes und glückliches Leben.

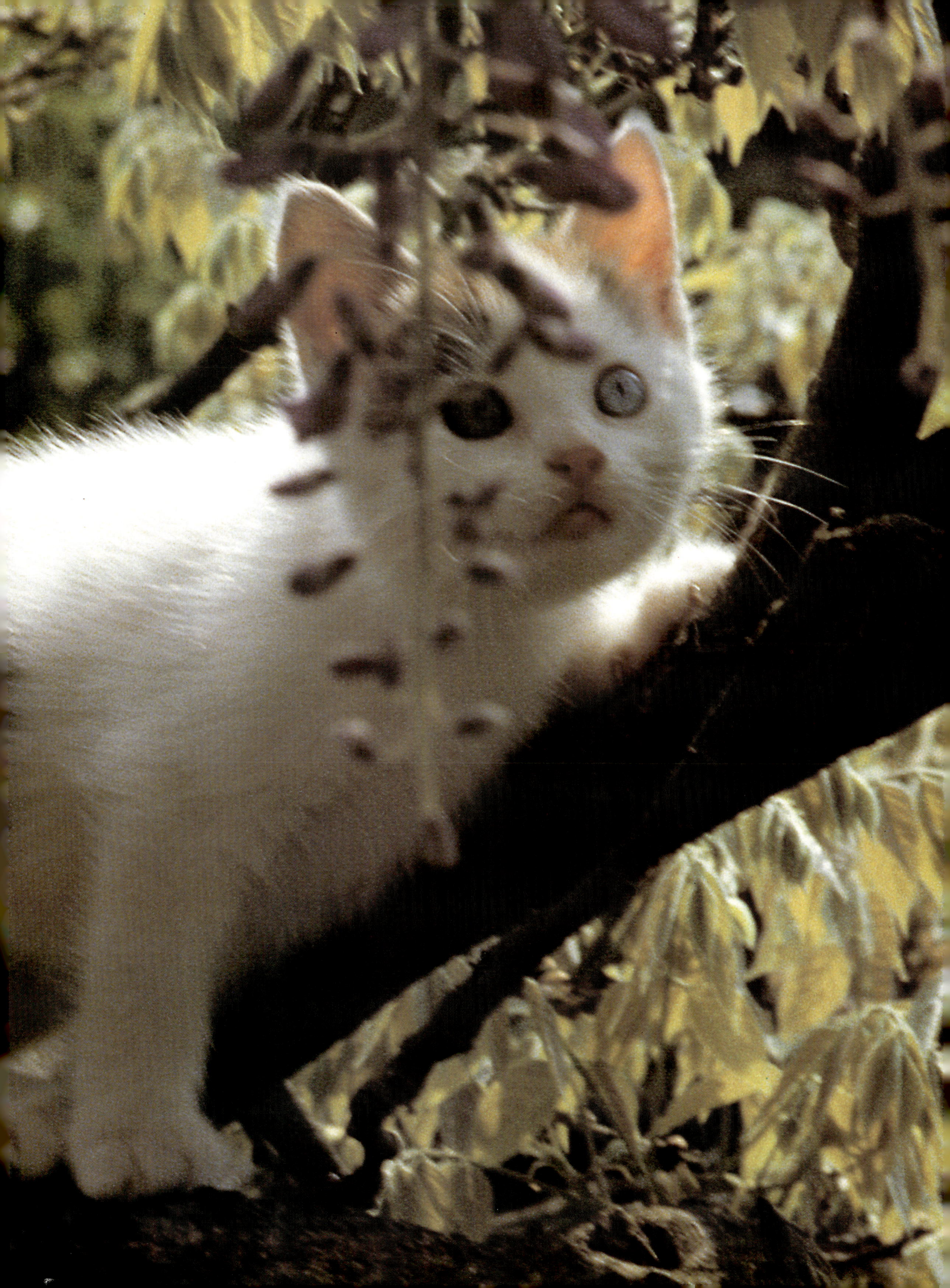

GEFAHREN FÜR IHRE KATZE

Die meisten Menschen glauben, daß Katzen nur durch die vor der Haustür lauernde ›große weite Welt‹ gefährdet seien. Das stimmt leider nicht: Auch im Haus gibt es Gefahrenquellen. Viele der freilaufenden Katzen entwickeln eine Art ›sechsten Sinn‹ für die Gefahren auf der Straße und lernen, auf sich selbst aufzupassen. Hauskatzen jedoch müssen sich dem Menschen in bezug auf ihre Sicherheit und ihr Wohlergehen vollständig anvertrauen.

Die Entscheidung, ob Sie Ihre Katze herauslassen, ist meist von Ihrer Wohngegend abhängig. In den heutigen Städten und Vororten leben viele Menschen in riesigen Mietskasernen. Da ist es nicht immer möglich, die Katze mal eben für einen abendlichen Gesundheitsspaziergang auf die Straße zu lassen. Wahrscheinlich schlafen Sie erheblich ruhiger in der Gewißheit, daß Ihre Katze in der sicheren Wohnung ist. Allerdings gibt es auch eine Menge Leute, die auf keinen Fall eine Katzentoilette in der Wohnung haben wollen und sich nur dann eine Katze halten würden, wenn diese ihre ›Geschäfte‹ im Garten verrichtet. (Denken Sie aber auch an Ihre Nachbarn – manche haben etwas dagegen, wenn ihre Blumenbeete als Katzenklo zweckentfremdet werden.)

Wahrscheinlich ist es am besten, wenn man erst einmal einen Blick auf die der Katze drohenden Gefahren wirft, bevor man entscheidet, wie und mit welchen Einschränkungen die Katze leben soll.

Unten:
Zerbrochene und scharfkantige Dachziegel sowie beschädigte Drahtgeflechte bilden eine ernsthafte Gefahr für jede Katze. Diese Materialien könnten die Haut verletzen und zu einer Infektion führen.

● GEFAHREN IM FREIEN ●

Krankheiten und parasitäre Infektionen werden normalerweise von einer Katze auf die andere übertragen, so daß sich freilaufende Katzen eher Krankheiten zuziehen als Wohnungskatzen. Allerdings sind ›Freigänger‹ auch gegen viele Krankheiten immun, da sie ständig mit relativ harmlosen Infektionsherden in Kontakt kommen. (Weitere Informationen finden Sie im Kapitel »Gesundheitsvorsorge«.)

Zäune bedeuten für eine Katze normalerweise keine Gefahr, solange sie aus ungefährlichem Material bestehen und keine scharfen Spitzen oder ähnliche Risiken aufweisen. Leider gibt es Menschen, die Zäune errichten, um anderer Leute Katzen fernzuhalten. Solche Zäune können ziemlich gefährlich sein – Elektroweidezäune und Stacheldraht können einem Haustier fürchterliche Verletzungen zufügen.

Hausmüll, der in Säcken und Tonnen im Garten herumsteht, übt auf alle Katzen eine magische Anziehungskraft aus. Aus unerfindlichen Gründen scheinen Katzen besonders vom Müll in Nachbars Garten angezogen zu werden. Da Essensreste besonders bei warmem Wetter schnell ver-

Oben:
Ein richtig eingezäunter Garten erlaubt Ihrer Katze eine gewisse Bewegungsfreiheit ohne Bedrohungen durch die Außenwelt.

Gefahren für Ihre Katze

Unten:
Katzen gehen leidenschaftlich gerne auf Entdeckungsreise – vor allem in Gegenden, zu denen sie sonst keinen Zutritt haben. Dieser Katze ist es gelungen, sich im Schuppen einschließen zu lassen. Sie wäre sicherlich für längere Zeit dort geblieben, hätte ihr Besitzer es sich nicht zur Angewohnheit gemacht, jeden Abend den Schuppen und alle anderen Nebengebäude zu kontrollieren.

Oben:
Da Katzen von Natur aus Aasfresser sind, wirkt ein offener Mülleimerdeckel wie eine Einladung. Die meisten weggeworfenen Lebensmittel sind allerdings verdorben und können nach dem Verzehr bei Ihrer Katze eine Magenverstimmung oder Schlimmeres hervorrufen.

faulen, kann ihr Verzehr schwere Magenbeschwerden hervorrufen. Einige Knochen, wie etwa die Röhrenknochen von Hühnern und Kaninchen, splittern sehr leicht, könnten im Hals Ihrer Katze steckenbleiben und eventuell lebensgefährlich sein. Glasscherben sind für Katzen außerordentlich gefährlich und können äußerliche und innere Verletzungen verursachen, da eine Katze darauftreten oder die Scherben sogar verschlucken könnte. Auch Restchemikalien, wie etwa Waschpulver, führen zu Vergiftungen, wenn sie zusammen mit Essensresten gefressen werden.

Falls Ihre Katze ins Freie darf, wird sie unweigerlich auch *anderen Katzen* begegnen. Zwar werden die meisten von ihnen harmlos sein, aber ein nicht kastrierter Kater kann eine Bedrohung darstellen. Es kommt gelegentlich vor, daß solch ein Tier ein kleines Kätzchen angreift. Auch kommen manche Katzen nach Revierkämpfen übel zugerichtet nach Hause.

Auf den ersten Blick scheint ein *Schuppen* zwar ungefährlich zu sein, aber er wird zu einer tödlichen Falle, wenn eine Katze dort ohne Wasser und Nahrung eingesperrt ist. Die größten Gefahren dieser Art lauern im Herbst, wenn so mancher

GEFAHREN FÜR IHRE KATZE

eifrige Gärtner ein letztes Mal die Blätter wegfegt und dann seine Werkzeuge über den Winter im Gartenschuppen einschließt. Nun ist größte Aufmerksamkeit geboten, denn gerade in dieser Jahreszeit werden viele Katzen im Schuppen des Nachbarn eingesperrt. Bedenken Sie auch die Gefahren im Innern dieser Schuppen: Hier werden Chemikalien, Farben und Werkzeuge aufbewahrt, die alle für eine Katze potentiell gefährlich sind. Achten Sie deshalb beim Verlassen des Schuppens darauf, daß die Tür sorgfältig verschlossen ist und daß sich keine Katze im Innern befindet.

Pestizide und andere Sprühmittel werden von vielen Hobbygärtnern verwendet. Seien Sie mit diesen Chemikalien jedoch besonders vorsichtig: Alle Mittel mit der Aufschrift »Von Säuglingen und kleinen Kindern fernzuhalten« sollten auch den Zusatz »Gefährlich für Katzen« tragen. Leider ist dies aber meist nicht der Fall. Schneckenkörner etwa können für

Oben:
Häufig werden in Gartenschuppen Farben, Verdünner, Terpentin, Unkrautvernichtungsmittel und andere giftige Substanzen aufbewahrt. Deshalb sollten Sie die Türen des Schuppens immer sorgfältig verschließen: Wenn nämlich eine neugierige Katze hineinklettert, kann dies fatale Folgen haben.

MACHEN SIE IHREN GARTEN ›KATZENSICHER‹

Die Sicherung Ihres Gartens hört sich nach einer komplizierten und teuren Aufgabe an. Das ist aber nur bei sehr großen Gärten der Fall. Kaninchendraht oder andere Drahtgeflechte sind für diesen Zweck besonders dann gut geeignet, wenn Ihr bereits vorhandener Zaun oder Ihre Gartenmauern recht hoch sind. Verwenden Sie etwa 5 x 5 cm starke Holzpfähle, die auch als oberer Abschluß des Drahtgeflechts dienen. Daran befestigen Sie sehr locker Ihren Kaninchendraht: Ihre Katze findet so keinen festen Halt und kann nicht in Nachbars Garten klettern.

Ist Ihr Zaun zu schwach für diese Art von ›Aufsatz‹ oder unten offen, sollten Sie die gesamte Fläche bis zum Boden mit Draht bedecken und den Draht bis zu einer Tiefe von 15 cm in den Boden eingraben.

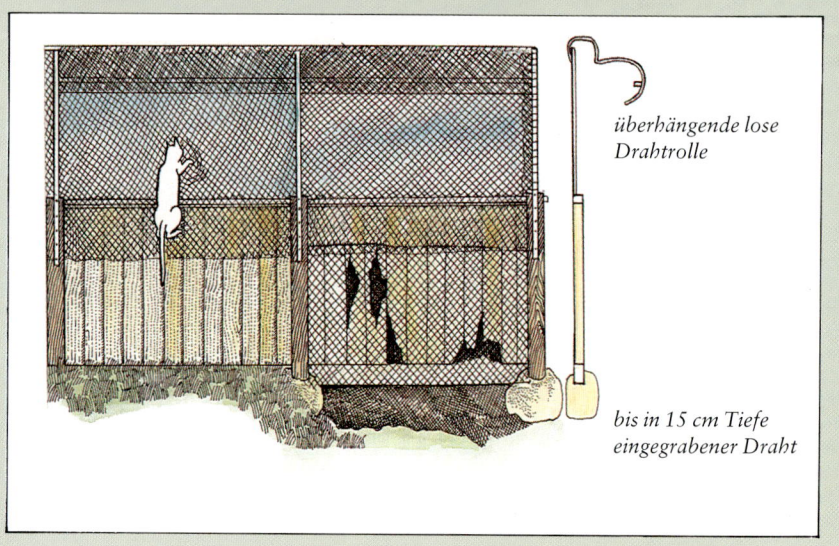

überhängende lose Drahtrolle

bis in 15 cm Tiefe eingegrabener Draht

GEFAHREN FÜR IHRE KATZE

Links:
In diesem gepflegten Garten genießt eine Katze die Sonnenstrahlen. Der Besitzer verwendet vernünftigerweise nur umweltfreundliche, für Katzen unschädliche Pflanzenschutzmittel.

Katzen tödliche Folgen haben. Versuchen Sie es statt dessen doch einmal mit biologischen Mitteln wie einer ›Schneckenkneipe‹ (einem kleinen Behälter, der in den Boden eingelassen und mit Bier gefüllt wird – Schnecken fühlen sich davon angezogen und ertrinken darin). Auch bei der Bekämpfung von Blattläusen sollten Sie keine Chemikalien verwenden, die für Katzen schädlich sind; verdünntes Spülmittel ist genauso effektiv. Schauen Sie sich auch das Etikett Ihres Rasendüngers genau an. Viele Dünger enthalten nämlich ein Moos-Vertilgungsmittel, das für Katzen ebenfalls eine Gefahr darstellt. Am ungefährlichsten sind spezielle Unkrautvernichtungsmittel mit pflanzlichen Hormonen, die die Schädlingspflanzen anregen, sich ›totzuwachsen‹.

Die bei weitem häufigste Todesursache bei Katzen sind *Autounfälle*. Die meisten Katzen lernen allerdings aus ihren Fehlern, und nur wenige werden zweimal von einem Auto angefahren. Wenn Ihre Katze frei herumlaufen darf, geben Sie ihr zuvor ein bißchen ›Verkehrsunterricht‹: Sperren Sie die Katze in einen Transportkorb, und stellen Sie ihn unter Ihr Auto; dann starten Sie den Motor und lassen ihn auf hohen Drehzahlen laufen (nur für ein paar Sekunden, sonst atmet die Katze zu viele Abgase ein). Diese Erfahrung sollte die Katze davon überzeugen, daß ein Auto ein garstiges Tier ist, und sie hoffentlich dazu bringen, einen großen Bogen um den Straßenverkehr zu machen. So grausam diese Methode auch scheint, so wirkungsvoll ist sie.

Katzen werden aus den verschiedensten Gründen *gestohlen*, wobei Tierversuche und der europäische Fellhandel zu den häufigsten Motiven zählen. Deshalb sollten Sie Ihre Katze nur dann draußen herumlaufen lassen, wenn Sie selbst sich im Garten aufhalten, um sie beaufsichtigen zu können. Vergewissern Sie sich, daß Ihre Katze immer in der sicheren Wohnung ist, bevor Sie das Haus verlassen. Lassen Sie niemals Ihre Katze nachts ins Freie – dies ist geradezu eine Einladung an jeden Dieb, da es sich im Schutze der Dunkelheit bekanntlich leichter stehlen läßt. Freilaufende Katzen sollten immer ein Halsband tragen, an dem auf einem Anhänger oder in einem Metallröhrchen der Name, die Adresse und die Telefonnum-

Unten:
Einer Katze, die frei auf der Straße herumlaufen darf, drohen sowohl durch Diebe als auch durch Autounfälle Gefahren.

Oben:
Katzen streichen gerne um geparkte Autos herum. Ein solches Verhalten scheint nicht besonders gefährlich zu sein – aber wenn sich das Auto bewegen würde, könnte die Geschichte ganz anders ausgehen.

WAS TUN, WENN IHRE KATZE VERSCHWUNDEN IST

● *Durchsuchen Sie Ihr Haus gründlich, und überprüfen Sie, ob die Katze wirklich verschwunden ist. Es ist peinlich, in der Umgebung herumzulaufen und allen Nachbarn zu erzählen, daß Sie Ihre Katze vermissen, nur um das gerissene Tier später im Kleiderschrank wiederzufinden. Kontrollieren Sie, ob die Katze nicht im Badezimmer eingesperrt ist oder sich in den Vorhängen verbirgt – ein weiteres beliebtes Versteck.*

● *Überprüfen Sie auch, ob Ihre Katze nicht einfach nur im Haus eines Ihrer Nachbarn ist. Bitten Sie sie, besonders an warmen Orten nachzuschauen, etwa im Heizungskeller oder im Trockenraum. Lassen Sie sie auch in den Nebengebäuden nachsehen, da sich verängstigte und verirrte Katzen meist in dunklen Ecken verbergen.*

● *Hängen Sie in der Nachbarschaft Zettel aus – am besten mit Bild –, auf denen Sie die Katze beschreiben, mitteilen, wann und wo das Tier abhanden gekommen ist, und eine Belohnung aussetzen. Aber verzichten Sie auf Umschreibungen wie »Vermisse wertvolle Rassekatze«, da dies selbst ehrliche Leute veranlassen könnte, die Katze zu behalten.*

● *Reden Sie mit den Leuten, die früh auf den Beinen sind, wie etwa dem Briefträger. Gehen Sie abends mit einer verführerisch raschelnden Brekkiestüte und einer Taschenlampe auf Suche: In der abendlichen Stille hören Sie das Maunzen des verängstigten Tiers am besten. Schauen Sie auch nach oben in die Bäume.*

● *Wenn Sie in der Nähe einer Schule leben, bitten Sie doch den Direktor um eine Durchsage. Die meisten Kinder mögen Tiere und werden liebend gerne auf dem Schulweg nach einer vermißten Katze Ausschau halten.*

● *Informieren Sie Ihren örtlichen Katzenverein, den Zuchtverein (falls Ihre Katze ein Rassetier ist), die Tierheime in Ihrer Umgebung und die örtlichen Tierarztpraxen.*

● *Setzen Sie unter der Rubrik »Gesucht und Gefunden« eine Anzeige in die Lokalzeitung.*

● *Informieren Sie die Polizei, und äußern Sie dabei ruhig einen Diebstahlsverdacht. Wenn Sie eine Edelkatze vermissen, weisen Sie dabei besonders auf deren hohen Wert hin.*

● *Falls alle Versuche erfolglos bleiben, rufen Sie bei der Straßenreinigung an – schließlich ist es besser, über das Schicksal des Tiers Gewißheit zu erlangen. Straßenkehrer finden viele der Haustiere, die durch Autounfälle umgekommen sind.*

● *Geben Sie die Hoffnung niemals auf. Es ist schon vorgekommen, daß Katzen nach vielen Wochen aus eigenem Antrieb nach Hause zurückgekommen sind. Die meisten Katzenclubs und Rettungsorganisationen stehen in bundesweitem Kontakt, und viele verschwundene Katzen können irgendwann zu ihren Besitzern zurückgebracht werden.*

Rechts:
Jede Katze, die ins Freie darf, muß ein Halsband mit Anhänger oder Metallröhrchen tragen, auf dem der Name des Besitzers, die Anschrift und die Telefonnummer stehen. Aber vermerken Sie niemals den Namen der Katze auf dem Anhänger. Ein Dieb könnte sonst das zutrauliche Tier fortlocken.

FR. SCHMIDT
KATZENALLEE 3
KATZDORF
TEL. 12345

FELIX
KATZENALLEE 3
KATZDORF
TEL. 12345

Oben:
Katzen sind geschickte Kletterer – zumindest solange es aufwärts geht. Das Herunterklettern ist dagegen, besonders für eine junge Katze, schon viel schwieriger und erfordert manchmal eine helfende Hand.

Links:
Wenn Sie verhindern wollen, daß Katzen auf Bäume klettern und dann oben festsitzen, nageln Sie ein Drahtgeflecht, das wie ein Rock geformt sein sollte, in etwa zwei Meter Höhe um den Baum herum.

Unten:
Eine freilaufende Katze wird mit Begeisterung die Umgebung erforschen und bis zu einem gewissen Grad die in dieser Gegend vorhandenen Gefahren kennenlernen. Diese Katze liegt zwar nahe an einem Fluß, macht aber glücklicherweise keine Anstalten, das Wasser näher zu untersuchen.

mer des Besitzers verzeichnet sind. Tragen Sie auf keinen Fall den Namen der Katze auf dem Halsband ein, da ein zutrauliches Tier eher zu einem Fremden geht, wenn sein Name gerufen wird. Damit die Katze nicht hängenbleibt und sich stranguliert, sollte das Halsband ein Gummistück aufweisen, das dann bei zu großer Belastung reißt. Eine vom Tierarzt durchgeführte elektronische Tiermarkierung (Ohrtätowierung) bietet einen gewissen Schutz gegen Diebstahl, denn Labore sind verpflichtet, keine solcherart registrierten Tiere zu verwenden (s. S. 253).

Fallen kommen in Städten selten vor, stellen aber in ländlichen Gegenden immer noch eine Bedrohung dar. Am besten halten Sie Ihre Katze immer im eigenen Garten und untersuchen regelmäßig die Waldgebiete in der näheren Umgebung – ein bevorzugtes Ziel für Fallensteller. Leider werden dem Gesetz nach Katzen, die sich weiter als zweihundert Meter vom Haus entfernen, als ›Wilderer‹ behandelt. Sie dürfen vom Jäger erschossen werden. In Waldgebieten ist darüber hinaus die Tollwutgefahr zu beachten.

Leider ist es kein Witz, daß Katzen auf *Bäume* klettern und dann von der Feuerwehr gerettet werden müssen. Vor allem junge Katzen sind davon häufig betroffen. Deshalb sollten sie besonders gut beaufsichtigt werden, wenn sie den Garten erforschen. Sie können mit einem einfachen Trick verhindern, daß Ihre Katze in unerreichbarer Höhe festsitzt: Nageln Sie etwa zwei Meter über dem Boden fächerförmig ein Stück Kaninchendraht oder etwas ähnliches (keinen Stacheldraht) an den Baum. Die Katze kann so nicht höher hinaufklettern, hat aber noch genug Platz, um am Baumstamm zu spielen.

Schwimmbecken, Teiche, Seen sowie Flüsse sind potentielle Gefahrenquellen. Um dem allgemeinen Aberglauben entgegenzuwirken, daß Katzen Wasser hassen, sei hier gesagt, daß Katzen sehr wohl schwimmen können. Allerdings sind sie keine besonders guten Schwimmer und deswegen durch Wasser gefährdet. Sie haben eigentlich nur zwei Möglichkeiten: Entweder halten Sie Ihre Katze vom Wasser fern, oder Sie halten das Wasser von

KATZENGEHEGE

Auch ein Katzengehege bietet Ihrem Tier gefahrlosen Auslauf und eignet sich besonders für sehr große Gärten. Es muß auch nicht unbedingt unschön aussehen. Viele Katzenzüchter haben in ihren Gärten spezialgefertigte Katzenhäuser und -gehege, die leider fast unübersehbar sind. Ein kleines Stück Garten direkt am Haus mit unmittelbarem Zugang, z. B. durch ein Fenster oder eine Tür zur Küche oder zu einem Hinterzimmer, ermöglicht Ihrer Katze freien Auslauf – ohne das Risiko, daß das Tier gestohlen wird. Verwenden Sie am besten sehr stabile Holzlatten und bedecken Sie sie mit Drahtgeflecht. Anschließend versehen Sie das Gehege mit einem Dach – dies ist sehr wichtig, da die Katze sonst über den Zaun klettern und in der großen weiten Welt verschwinden könnte. Um beste Lichtverhältnisse zu gewährleisten, sollten Sie für das Dach Sicherheits- oder Plexiglas verwenden. Wenn Sie das Gehege verschönern wollen, können Sie an einigen Drähten Kletterpflanzen wachsen lassen. Manche Katzengehege wirken durch solche Verschönerungen beinahe wie kleine Wintergärten ohne Wände.

Ein kleines Katzengehege, das direkt am Haus liegt, bietet Ihrer Katze sowohl Sicherheit als auch frische Luft.

*In der Küche gibt es wahrscheinlich mehr Gefahrenquellen als in jedem anderen Raum des Hauses. Nach dem Kochen stellte dieser Besitzer vernünftigerweise einen leeren Topf auf die nur langsam abkühlende Keramikherdplatte (**rechts**). Allerdings erwärmte sich dabei auch der Topf, und das Kätzchen hat beschlossen, sich im gemütlichen Topfinnern einzurollen. Wesentlich gefährlicher ist diese Situation (**unten**): Die Katze untersucht einen Topf, in dem gerade Fisch gekocht wird.*

Ihrer Katze fern. Decken Sie Schwimmbecken und Tümpel einfach mit einem ›katzensicheren‹ Material, etwa Kaninchendraht, ab. Größere Seen, Flüsse und Bäche sind natürlich erheblich schwieriger zu sichern, aber auch hier kann man zur Sicherung wieder Kaninchendraht verwenden. Falls dies nicht möglich ist, müssen Sie die Katze in der Wohnung halten oder in einem geeigneten Auslaufkäfig.

GEFAHREN IN DER WOHNUNG

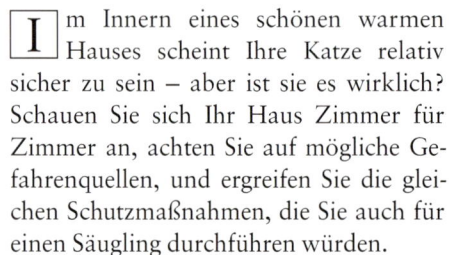

Im Innern eines schönen warmen Hauses scheint Ihre Katze relativ sicher zu sein – aber ist sie es wirklich? Schauen Sie sich Ihr Haus Zimmer für Zimmer an, achten Sie auf mögliche Gefahrenquellen, und ergreifen Sie die gleichen Schutzmaßnahmen, die Sie auch für einen Säugling durchführen würden.

Die Küche ist eine besondere Gefahrenquelle. Lassen Sie niemals Töpfe und Pfannen unbeaufsichtigt. Interessante Gerüche locken Ihre Katze an und verführen sie zu weiteren Nachforschungen. Das Resultat: im schlimmsten Falle eine schwere Verbrennung oder Verbrühung, im besten Fall ein spurlos verschwundenes Mittagessen. Kochplatten und besonders moderne Glaskeramik-Kochfelder bleiben nach Gebrauch noch einige Zeit heiß. Lassen Sie Ihre Katze niemals in die Nähe dieser Platten, außer wenn Sie die gesamte Herdplatte ›katzensicher‹ abdecken können. Falls dies nicht möglich ist, stellen Sie einen Topf voll kaltem Wasser auf die heiße Platte, wodurch der größte Teil der

GEFAHREN FÜR IHRE KATZE

Rechts:
Obwohl ausgewachsene Tiere wie diese Katze kaum in einer Schüssel mit Spülwasser ertrinken können, stellt diese Situation für ein kleines Kätzchen eine ernstzunehmende Gefahr dar.

Gefahren für Ihre Katze

Katzen können in einem Spülbecken voller Wasser ertrinken. Es ist zwar unwahrscheinlich, daß ausgewachsene Tiere in einer Küchenspüle ertrinken, für ein kleines Kätzchen stellt dies jedoch eine ernstzunehmende Gefahr dar. Wenn Sie die Spüle nicht benutzen, ziehen Sie am besten den Stöpsel heraus oder leeren die Schüssel.

Desinfektionsmittel sind notwendige Bestandteile unseres täglichen Lebens, besonders in den Bereichen, wo Nahrungsmittel zubereitet werden. Aber welche Desinfektionsmittel verwenden Sie? Katzen laufen gerne in der Küche herum, werden dort wahrscheinlich auch gefüttert und lassen sich deshalb nur schwer von den Arbeitsflächen fernhalten. Die Tiere nehmen über ihre Pfotenballen alle möglichen Gifte und Toxine auf, und einige Desinfektionsmittel enthalten Phenole und Kresole, die für Katzen tödlich sein können. Prüfen Sie deshalb die Inhaltsangaben Ihrer Desinfektionsmittel gründlich. Benutzen Sie nach Möglichkeit biologische Reiniger und keine ›chemischen Keulen‹ – auch die Umwelt wird es Ihnen danken.

Oben:
Katzen sind fasziniert von elektrischen Geräten und versuchen regelmäßig, die Leitungen durchzubeißen, was für die Besitzer recht ärgerlich ist. Darüber hinaus könnte die Katze auch einen lebensgefährlichen elektrischen Schlag bekommen, wenn es ihr gelingt, ein stromführendes Kabel durchzubeißen.

Unten:
Katzen halten sich liebend gerne in der Küche auf und verrichten dort ihre Putzsitzungen. Nachdem sie über die Arbeitsfläche spaziert ist, leckt diese Katze nun ihre Pfoten sauber. Die meisten Besitzer wissen, welche Desinfektionsmittel für Katzen unschädlich sind. Vergewissern Sie sich, daß das von Ihnen benutzte Produkt keine Phenole oder Kresole enthält.

Hitze absorbiert wird, oder lassen Sie die Katze einfach nicht in die Küche, bis sich der Herd abgekühlt hat.

Auch Waschmaschinen und Trockenautomaten üben auf Katzen eine fatale Anziehungskraft aus. Ist Ihnen schon aufgefallen, wie gerne Katzen das Drehen der Wäsche in der Maschine verfolgen? (Meine Tiere finden den Schleudergang besonders interessant.) Aber leider können Waschmaschinen für Katzen tödlich sein. Deshalb sollten Sie niemals die Tür der Maschine offenlassen, da Katzen liebend gerne hineinklettern, solange das Gerät noch warm ist, um ein kleines Nikkerchen zu machen. Es passiert dann nur allzuschnell, daß man die Wäsche einfüllt und die Maschine einschaltet. Das Ergebnis ist eine zwar sehr saubere, aber auch sehr tote Katze. Dasselbe gilt für Trockner, in denen Katzen ersticken können. Machen Sie folgende Anweisung zu einer Regel für die ganze Familie: Niemals die Tür verschließen und die Maschine anstellen, bevor nicht alle kätzischen Familienmitglieder durchgezählt sind. Kleben Sie einen Zettel an die Tür, damit sich auch Besucher an diese Regel erinnern.

Gefahren für Ihre Katze

Rechts:
Ein offener Kamin sollte immer mit einem Schutzgitter versehen sein.

Links:
Aus unerfindlichen Gründen fühlen sich Katzen von schmutziger Wäsche angezogen und schlafen sogar in den Wäschekörben. Überprüfen Sie deshalb die Wäsche gründlich, bevor Sie sie in die Waschmaschine einfüllen – es könnte sich eine Katze darin verbergen.

GEFAHREN FÜR IHRE KATZE

Oben:
Einige Zimmerpflanzen können für Katzen eine Gefahr darstellen. Sowohl Weihnachtssterne als auch Misteln sind giftig – um nur zwei in vielen Wohnungen vorkommende Pflanzen zu nennen. Überprüfen Sie anhand von Pflanzenbüchern, ob die Pflanzen, die Sie in Haus und Garten haben, ungiftig sind.

GIFTIGE PFLANZEN

Es gibt viele Pflanzen, die für Katzen gefährlich sind. Einige Arten wie der Samen des Goldregens sind bei Verzehr tödlich; viele andere verursachen zumindest schwere Magenbeschwerden. Selbst Zimmerpflanzen wie Weihnachtssterne, Geranien, Primeln, Cala und bestimmte Farne, Schnittblumen wie Nelken und Narzissen oder Gartenpflanzen wie Mai- und Schneeglöckchen, Hyazinthen und Krokusse können problematisch sein. Die meisten Katzen wissen instinktiv, ob eine Pflanze giftig ist, und werden ihr aus dem Weg gehen. Im Zweifelsfall fragen Sie Ihren Tierarzt, der Ihnen sicher Auskunft geben kann.

Manche Katzen entwickeln auch Allergien gegen einige Pflanzen- und Baumarten: Die Effekte sind vergleichbar mit dem Heuschnupfen bei Menschen.

84

Gefahren für Ihre Katze

Das größte Risiko im *Badezimmer* bildet wiederum das Wasser. Wenn Sie sich ein Bad einlaufen lassen, dürfen Sie den Raum nicht verlassen, oder Sie müssen die Tür sorgfältig verschließen, so daß keine Katze ins Bad kann – in einem heißen Bad könnte sie sich schlimm verbrühen. Dasselbe gilt für das Waschbecken. Auch die Toilette birgt Gefahren, denn manche Katzen schlabbern gerne Abfallwasser oder könnten aus purer Neugier ihren Kopf in die Toilette stecken, ausrutschen und nicht mehr aus der tödlichen Falle entkommen. Auch benutzen viele Haushalte chemische Toilettensteine, die leider meist hochgiftig sind. Daher sollten Sie immer den Deckel herunterklappen, wenn Ihre Katze Zugang zum Badezimmer hat.

Weitere Gefahren lauern in jedem Raum, der Steckdosen und daran angeschlossene Geräte enthält. Katzen sind von Natur aus neugierig und verspielt und scheinen der festen Überzeugung zu sein, daß elektrische Kabel, Verlängerungsschnüre und Telefonleitungen als Katzenspielzeug gedacht sind – man muß unbedingt darauf herumkauen. Wenn Ihre Katze zu den ›Kabelbeißern‹ gehört, sollten Sie spezielle Rohrleitungen über die Stromkabel Ihrer Elektrogeräte ziehen.

Gewöhnliche Haushaltsutensilien wie etwa Nähkörbchen enthalten Strick- und Nähnadeln, die für eine Katze lebensgefährlich sein können. Auch Wollknäuel und Garnrollen wickeln sich gelegentlich um die Zunge der Katze und verursachen dabei eine Schwellung, die sogar zum Ersticken führen kann. Selbst in Schubladen lauern Gefahren durch Gummibänder und Büroklammern.

Auch *Medikamente und Chemikalien* verschiedenster Art werden in vielen Wohnungen aufbewahrt. Dazu zählen Reinigungsmittel (Weichspüler, teerhaltige Seifen, Waschpulver, Enthaarungscremes), aber auch Produkte für den Heimwerker, wie etwa Klebstoffe und Lösungsmittel, Farbverdünner, Terpentin, Farben, Frostschutz- und Autopflegemittel. Alle diese Dinge können giftig sein und sollten außerhalb der Reichweite von Katzen – und ebenso von Kindern – untergebracht werden.

Fast alle heutigen Farbprodukte, Tapetenkleister, Grundierleime und Holzschutzmittel enthalten Fungizide oder andere antibakterielle Wirkstoffe. Diese können für Katzen tödlich sein. Deshalb sollten Sie Ihre Katzen so lange nicht in frisch renovierte Räume lassen, bis sich alle Dämpfe verzogen haben. Reinigen Sie nachher auch den Fußboden gründlich, und achten Sie auf Farbreste auf dem Boden, denn Katzen können über ihre Pfotenballen Toxine aufnehmen.

Jede Angehörige der felinen Spezies wird schnell herausfinden, wie man durch ein *offenes Fenster* ins Freie kommt. Wenn die Wohnung zufällig im achten Stockwerk liegt, kann das schlimme Folgen haben. Am besten bringen Sie einen mit Fliegendraht überzogenen Rahmen am Fenster an, der zwar eine Luftzirkulation zuläßt, Ihre Katze aber sicher in der Wohnung hält. Lassen Sie nie ein Fenster oder eine Tür auf Kippe stehen, wenn Sie nicht selbst im Raum sind. Katzen versuchen, sich hindurchzuzwängen, strampeln sich fest und strangulieren sich elendiglich – eine häufige Todesursache für Hauskatzen. Auch hier hilft indes Fliegendraht.

Balkone stellen ein weiteres Problem dar – Katzen lieben es, über das Geländer zu klettern oder zu versuchen, auf einen in der Nähe hängenden Ast zu springen. Auch hier bietet Kaninchendraht in einem hölzernen Rahmen wirksamen Schutz. Denken Sie auch daran, daß Katzen exzellente Kletterer und Springer sind, und entfernen Sie Tische, Stühle und sonstige ›Sprungbretter‹ aus der Gefahrenzone.

Oben:
Einige Katzen, die in einer Wohnung leben müssen, haben glücklicherweise Zutritt zu einem Balkon oder Dachgarten. Da diese oft mehrere Stockwerke über dem Erdboden liegen, empfiehlt es sich, sie mit Gittern oder Drahtgeflechten zu umgeben, damit Ihre Katze nicht abstürzen kann. Wenn das Ganze zu unansehnlich wirkt, können Sie es durch Kletterpflanzen begrünen.

KATZENZUCHT

Die Katzenzucht ist ein wunderbares, aber leider auch sehr teures Hobby, und nur wenige Züchter machen Gewinne durch den Verkauf ihrer Kätzchen. Für den Großteil der Züchter ist es ein unterhaltsamer Zeitvertreib und eine nette Art, Gleichgesinnte kennenzulernen. In diesem Kapitel finden Sie alle nötigen Informationen über Paarung, Aufzucht und Pflege der Kätzchen und ihrer Mutter.

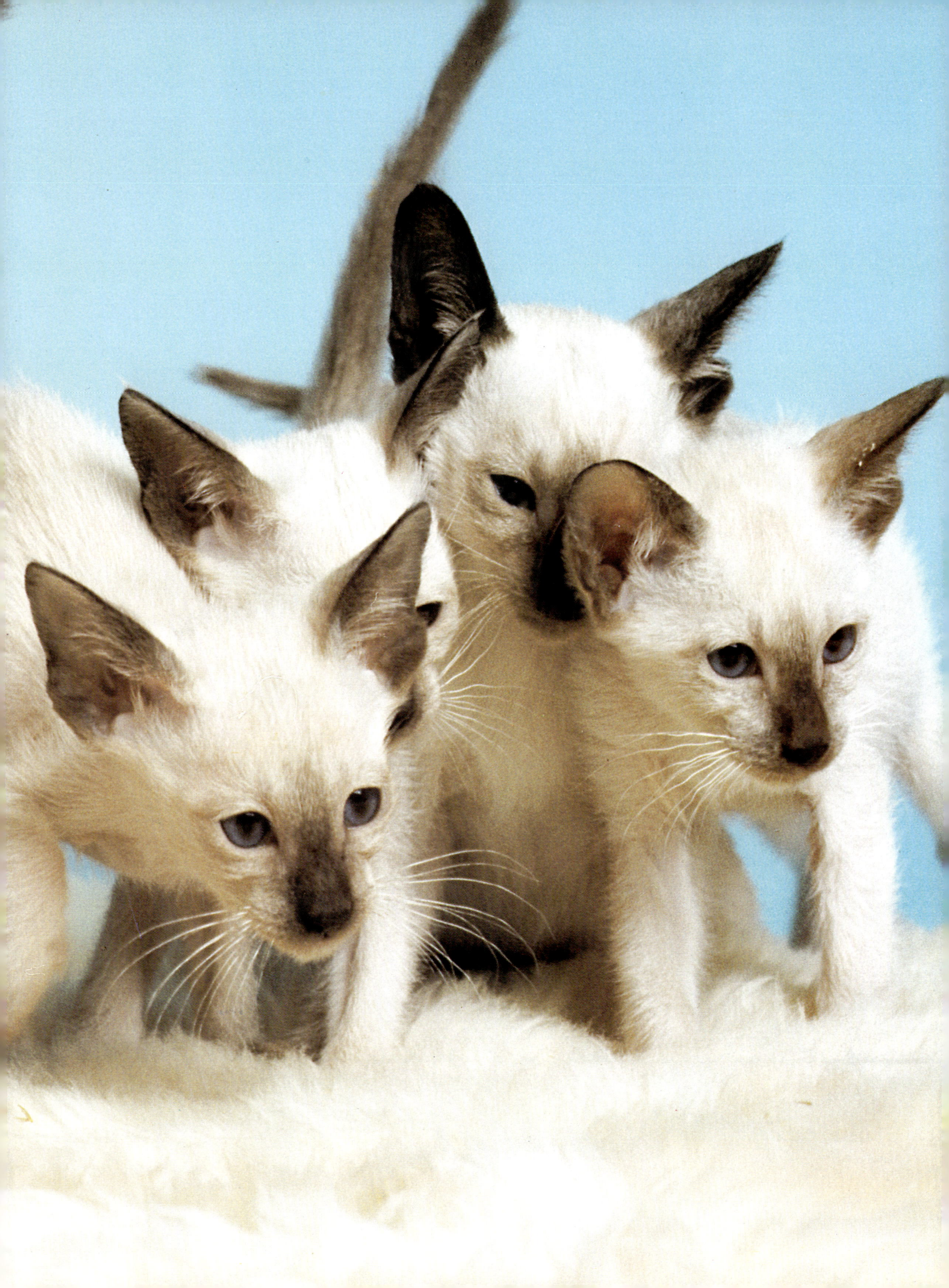

KATZENZUCHT

Die Entscheidung für oder gegen eine Katzenzucht sollte nur nach reiflicher Überlegung getroffen werden. Wenn Sie sich eine Rassekatze gekauft haben, dürfte Sie das eine beträchtliche Summe Geld gekostet haben. Wahrscheinlich konnten Sie bei der Gelegenheit feststellen, daß das Muttertier sechs bis sieben Junge geworfen hat. Man muß kein mathematisches Genie sein um sich auszurechnen, daß der Züchter durch den Verkauf der Kätzchen ein hübsches Sümmchen verdient haben dürfte. Vielleicht haben Sie sich auch ›nur‹ eine gewöhnliche Katze angeschafft und sind der Meinung, sie sollte wenigstens einen Wurf Junge haben, bevor sie kastriert wird.

Bitte überlegen Sie sorgfältig, ob Sie sich die Kätzchen wirklich leisten und ihnen ein gutes neues Heim verschaffen können – wenn Sie nicht alle Kätzchen behalten wollen. Sie tragen die volle Verantwortung für die Tiere. Die Kosten für die Aufzucht sind immer die gleichen, ob es sich nun um eine Rassekatze handelt oder nicht. Wenn Sie glauben, daß die Katzenzucht ein lukratives Geschäft ist, bei dem Sie mit wenig Aufwand zusätzliche Einnahmen erwirtschaften können, dann sollten Sie sich auf einen Schock gefaßt machen.

Denken Sie an die folgenden Ausgaben:
- Deckgebühr
- Test auf Katzenleukose und weitere leicht übertragbare Krankheiten
- Zusätzliche Heizkosten für die Kätzchen
- Spezielle Kost für die Mutterkatze während der Schwangerschaft und der Stillzeit
- Nahrung für die Jungtiere nach der Entwöhnung
- Vitamine und Mineralpräparate
- Werbekosten für den Verkauf der Kätzchen
- Die für Rassekatzen benötigten Unterlagen und Nahrungsvorschriften

Unten:
Ein seriöser Züchter sollte seine Kätzchen regelmäßig wiegen, um zu überprüfen, daß sie sich gut entwickeln. Diese Katzenmutter scheint damit allerdings nicht einverstanden zu sein.

KATZENZUCHT

Links:
Normalerweise kümmert sich nur die Mutter um die Bedürfnisse ihrer Kätzchen. Diese Katzenfamilie ist insofern ungewöhnlich, als auch der Katzenvater mithilft.

Rechts:
Diese drei jungen Seal-Point Siamesenkätzchen zeigen bereits deutlich die Abzeichen an Gesicht, Ohren, Beinen und Schwanz, die bei ausgewachsenen Tieren dieser Rasse erwartet werden.

KATZENZUCHT

Rechts:
Die Kastration, also das Entfernen der Eierstöcke bei einer Katze, ist ein relativ harmloser Eingriff, und das Tier braucht nur etwa vierundzwanzig Stunden zur Erholung. Die kleine Narbe und die rasierte Stelle an ihrer Flanke wachsen bald wieder zu.

KATZENZUCHT

Oben:
Katzen sind wunderbare Mütter. Aber falls Sie kein spezielles Zuchtprogramm planen, sollten Sie die Katze lieber kastrieren lassen, damit sie nicht zum weiteren Ansteigen der Katzenpopulation beiträgt.

- Impfungen
- Registrierungs- und Überführungskosten

Darüber hinaus könnte es während der Schwangerschaft, der Geburt oder der Entwöhnung zu Komplikationen kommen, die zu Tierarztkosten führen. Gelegentlich passiert es auch, daß ein unerfahrener Züchter mehrere Kätzchen eines Wurfes verliert, wenn ihm kein routinierter Züchter mit Rat und Tat zur Seite steht. Es ist möglich, daß nur ein oder zwei Kätzchen des ersten Wurfes bis zur zwölften Woche überleben.

Auch wenn Sie den voraussichtlichen Besitzer eines Ihrer Katzenkinder sorgfältig ausgewählt haben, besteht immer noch die Möglichkeit, daß das Tierchen zurückgegeben wird. Ehen gehen in die Brüche, Wohnungen werden gewechselt, Familiennachwuchs stellt sich ein: Alle diese Umstände können zur Rückgabe des Kätzchens führen, so daß Ihnen als Züchter die Verantwortung für das Tier wieder zufällt. Besitzen Sie überhaupt die erforderlichen Kenntnisse, um einen zukünftigen Besitzer bezüglich der Pflege und des Wohlergehens der Katze zu beraten?

KASTRATION – JA ODER NEIN

Eine Kastration ist das Beste, was Sie für eine Hauskatze tun können. Ein nicht kastrierter Kater, den Sie draußen frei herumlaufen lassen, wird nicht nur in Ihrem Heim, sondern auch für die Nachbarn zur Plage. Und ein rolliges Weibchen ist mindestens ebenso laut. Falls Sie kein Zuchtprogramm planen oder nicht bereits definitiv wissen, wo die Tiere später hinkommen, dann ist eine Kastration die vernünftigste und verantwortungsbewußteste Lösung für Ihre Katze.

Bei der Kastration handelt es sich um einen sehr einfachen operativen Eingriff, der beim Kater nur wenig Zeitaufwand erfordert. Der Tierarzt schneidet den Hodensack auf, nimmt die Hoden heraus, durchtrennt die Samenleiter, entfernt die Hoden und vernäht die Öffnung. Bei einer Kätzin ist eine Unterleibsoperation erforderlich, die aber auch nicht allzuviel Zeit erfordert. Gewöhnlich setzt der Tierarzt an der Flanke einen Schnitt von ca. einem Zentimeter Länge. Bei älteren Katzen kann auch ein längerer Einschnitt an der Unterseite des Bauches durchgeführt werden. Man entfernt die Eierstöcke und den Uterus und vernäht die Öffnung wieder. Viele Tierärzte benutzen Fäden, die sich später von selbst auflösen, so daß sich ein zweiter Praxisbesuch erübrigt. Da die Operation unter Vollnarkose stattfindet, müssen die Tiere nüchtern zum Veterinär kommen. Wegen der nur kurzen Dauer des Eingriffs wird den Tieren indes

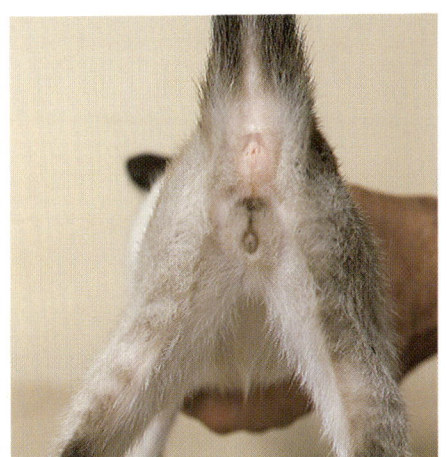

*Falls Sie sich über das Geschlecht Ihrer Katze oder Ihres Kätzchens im unklaren sind, schauen Sie sich diese Fotos an: männlich (**links**) und weiblich (**unten**).*

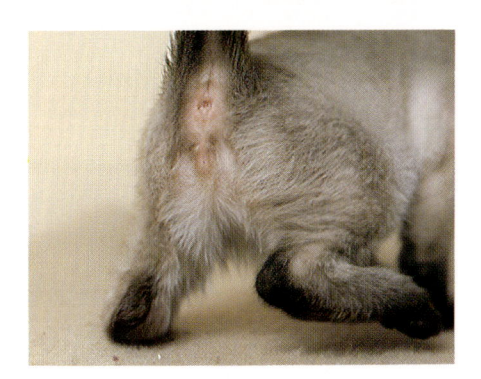

KATZENZUCHT

nur eine geringe Menge Betäubungsmittel verabreicht. Sie erhalten vom Tierarzt ein noch leicht betäubtes Tier zurück, das sich schnell erholt. Ein Kater ist wahrscheinlich bereits putzmunter, wenn Sie wieder zu Hause sind; bei einem Weibchen wird die Rekonvaleszenzphase etwa vierundzwanzig Stunden dauern. Transportieren Sie die Katze vorsichtig nach Hause, vermeiden Sie Zugluft und bereiten Sie ihr ein warmes Lager zu ebener Erde, damit sie nicht halbnarkotisiert herunterfällt. Der Tierarzt wird Ihnen Freßvorschriften für die frisch Operierte mitgeben. Auf alle Fälle braucht sie nun Zuwendung und Liebe. Lassen Sie sie für die erste Zeit nun auf keinen Fall nach draußen.

Am besten lassen Sie Ihre Katze nicht zu früh kastrieren: Sechs Monate sind ein gutes Alter. Da das Hormonsystem erst ab diesem Alter völlig ausgebildet ist, wäre eine vorzeitige Kastration nicht ratsam. Sie könnte im späteren Leben der Katze zu Hormonstörungen führen, wodurch z. B. Miliaria-Ausschlag hervorgerufen wird. Wenn Sie ein weibliches Kätzchen besitzen, das frühzeitig geschlechtsreif wird, können Sie ihr Empfängnisverhütungsmittel vom Tierarzt geben lassen – entweder eine wöchentliche Pille oder Spritzen –, bis sie ein angemessenes Alter und die richtige Größe für eine Kastration erreicht hat (dies ist jedoch keinesfalls eine Dauerlösung). Auch männliche Katzen können frühreif sein. Sie versuchen dann, sich zu paaren, zu spritzen oder auch beides. In diesem Fall sollten Sie nicht länger mit der Kastration zögern.

Katzen kennen natürlich keine Moralbegriffe und paaren sich auch mit ihren Geschwistern. Wenn Sie sich zwei Kätzchen verschiedenen Geschlechts anschaffen, sollten Sie auf Anzeichen für das Rolligwerden der Kätzin achten – sonst werden Sie schneller zum Züchter, als Ihnen lieb sein kann.

Abzuraten ist von einer Sterilisation der Katze, einer Operation, bei der lediglich der Eileiter unterbunden wird. Das Tier ist zwar unfruchtbar, hat jedoch nicht seinen Trieb verloren, das heißt, es wird weiterhin etwa dreimal pro Jahr für eine Woche rollig werden: Die Katze gibt vermehrt Köpfchen, ist extrem schmusebedürftig, reckt das Hinterteil in die Höhe, rollt sich auf dem Boden, maunzt, gurrt und schreit. Wird der Trieb nicht befriedigt, kann die Rolligkeit in immer kürzeren Abständen auftreten, die Katze wird frustriert und auf Dauer sicherlich neurotisch. Auch die erhöhte Gefahr einer Gebärmutterentzündung, die sterilisierten Katzen droht, sollten Sie Ihrem Tier ersparen.

Kastrierte Tiere sind meist anhänglicher als unkastrierte, und die Statistik zeigt zudem, daß sie erheblich länger leben. Angesichts der zu großen Katzenpopulation ist es auch unverantwortlich, unkastrierte Kater frei herumstreunen und noch mehr heimatlose und unerwünschte Kätzchen in die Welt setzen zu lassen.

DIE WAHL EINES GEEIGNETEN DECKKATERS

Am besten wenden Sie sich an den Züchter, bei dem Sie Ihre Katze gekauft haben, da er Ihnen wahrscheinlich einen genetisch passenden Kater empfehlen kann. Allerdings ist es nicht ratsam, eng verwandte Katzen wie etwa Mutter

Oben:
Deckkater werden gewöhnlich in eigenen Gehegen untergebracht, da die meisten Tiere spritzen und von daher recht ungesellige Wohnungspartner sind.

mit Sohn oder Vater mit Tochter zu paaren. Nur erfahrene Züchter überprüfen manchmal auf diese Weise, ob ihre Zuchttiere keine mißgebildeten Nachkommen haben werden. Sie können sich auch an einen Zuchtverein wenden, der Ihnen ein unabhängiges Gutachten über die Seriosität des Deckkaterbesitzers erstellt.

Legen Sie mit Ihrer zukünftigen Katzenmutter möglichst keine allzuweite Strecke für ihre erste Paarung zurück. Die Rolligkeit ist für sie noch eine ungewohnte Erfahrung, und sie dürfte etwas verwirrt sein. Wenn man sie einfach in einen Tragekorb steckt und viele Kilometer durch die Gegend fährt, gerät das Tier nur noch mehr durcheinander, was zur Beendigung ihrer Paarungsbereitschaft führen könnte. Auf keinen Fall bringt man jedenfalls den Kater zur Katze, da dies bei der ›Hausdame‹ instinktiv Revierverhalten hervorrufen und vermutlich zu einer gehörigen Keilerei führen wird.

Einer gewöhnlichen Hauskatze, mit der Sie keine Züchterambitionen haben, werden Sie vermutlich nach reiflicher Überlegung einen Kater ›aussuchen‹, dessen Besitzer Sie kennen und der Ihnen nach Temperament und Aussehen zu Ihrem Tier zu passen scheint. Lassen Sie Ihre Katze während der Rolligkeit frei herumlaufen, wird sie sich ihren oder besser ihre Liebhaber schon selbst wählen. Nicht immer geben Mut, Kraft und ein hoher Platz in der sozialen Hierarchie hierbei den Ausschlag – Zuneigung und Antipathien, mit anderen Worten der ganz individuelle ›Geschmack‹ Ihrer Katze, sind entscheidend. So kann es unter Umständen auch passieren, daß Ihre Katze den für sie ausgesuchten ›Bräutigam‹ ganz und gar ablehnt.

Wenn Sie glauben, den passenden Rasse-Deckkater gefunden zu haben, sollten Sie dorthin fahren und sich die Örtlichkeiten genau anschauen. Ihre Katze bleibt mindestens für ein paar Tage, vielleicht sogar für eine ganze Woche dort, und deshalb sollte Ihnen alles zusagen: der Deckkater, sein Besitzer, die Pflege, die Versorgung und die Unterbringung Ihrer Katze. Falls Sie Zweifel haben, suchen Sie lieber einen anderen Deckkater. Lassen Sie sich nicht von imposanten Rosetten beeindrucken, die die Preise des Deckkaters dokumentieren. Nicht immer zeugt der große Champion die besten und gesündesten Kätzchen, und nicht immer gewährt sein Besitzer Ihrer Katze die beste Versorgung während ihres Aufenthalts.

Rechts:
Da ein Deckkater den größten Teil seines Lebens in einem solchen Zwinger verbringt, gestaltet ein verantwortungsbewußter Besitzer die Umgebung des Tiers so ›luxuriös‹ wie möglich.

Rechts:
Das rollige Weibchen nimmt die typische Haltung ein: hochgerecktes Hinterteil und strampelnde Hinterbeine.

Der Besitzer des Deckkaters wird folgende Unterlagen und Informationen von Ihnen verlangen:
- Eine Rassekatzenbescheinigung
- Eine Registrierbescheinigung
- Den Impfpaß
- Nachweis der Nichtinfektion mit Katzenleukose und Katzenimmunschwäche FIV
- Den Rufnamen der Katze
- Die bevorzugte Nahrung

Der Besitzer eines Deckkaters muß die genaue Abstammung der Katze kennen, die er für die Paarung aufnimmt; er wird sich darüber informieren, ob die Katze auf Ihren Namen registriert ist und ob Sie die Zuchterlaubnis bei einem Katzenverein beantragt haben. Die Impf- und Katzenleukose/FIV-negativ-Bescheinigungen verschaffen dem Besitzer die Gewißheit, daß das Infektionsrisiko für seine Katze so gering wie möglich bleibt. Dies beruht auf Gegenseitigkeit, und der Besitzer des Deckkaters wird Ihnen daher auch die Bescheinigungen seines Katers zeigen.

Im Englischen wird eine weibliche Katze ›Queen‹, also Königin, genannt; das Wort stammt von der alten Bezeichnung ›Quean‹ ab, was soviel wie ›Hure‹ oder ›Flittchen‹ bedeutet. Der Grund für diese Benennung wird deutlich, wenn Sie beobachten, wie Ihre Katze ›ruft‹, also sich auf dem Boden rollt, mit ihren Hinterbeinen strampelt und ihr Hinterteil präsentiert. Setzen Sie sich mit dem Züchter in Verbindung, wenn bei Ihrer Katze die Rolligkeit beginnt. Es ist am besten, die Paarung am zweiten oder dritten Tag durchzuführen.

Der Deckzüchter sollte die Paarungen beaufsichtigen. Von ihm erhalten Sie eine Paarungsbescheinigung, auf der der ausführliche Stammbaum des Deckkaters, das Datum der Paarung und der voraussichtliche Tag der Geburt der Kätzchen eingetragen sein müssen. Achten Sie darauf, daß Ihre Katze in den restlichen Tagen ihrer Rolligkeit nicht mit anderen Katern zusammenkommt, denn Katzen können gleich von mehreren Katern schwanger werden!

WANN IHRE KATZE ZUR PAARUNG BEREIT IST

Die Kätzchen einiger Rassen können sehr frühreif sein und schon mit sechzehn Wochen rollig werden. Das ist aber für eine Paarung viel zu früh. Warten Sie, bis Ihre Katze mindestens ein Jahr alt ist.

SCHWANGERSCHAFTSPFLEGE FÜR IHRE KATZE

Normalerweise können Sie etwa einundzwanzig Tage nach der Paarung erkennen, ob sich ein Erfolg eingestellt hat. Zu diesem Zeitpunkt müßten die Zit-

KATZENZUCHT

Oben:
*Der Deckkater findet bei der Paarung besseren Halt, wenn eine Matte untergelegt wird. Der Kater packt im sogenannten Nackenbiß das Nakkenfell des Weibchens mit den Zähnen (**links**) und bringt die Katze in die richtige Position für die Paarung (**unten**).*

Links:
Der Bauch der trächtigen Kätzin wölbt sich, die Zitzen sind deutlich sichtbar.

KATZENZUCHT

Rechts:
Diese deutlich trächtige Katze steht nur ein oder zwei Tage vor der Niederkunft.

zen Ihrer Katze leicht angeschwollen sein und eine dunkelrosa Farbe angenommen haben. Ist dies der Fall, dann haben Sie jetzt eine trächtige Katze im Haus, deren Nahrung entsprechend umgestellt werden muß.

Ihre Katze sollte nun zusätzliche Vitamine verabreicht bekommen. In ihr wächst schließlich mehr als nur ein Kätzchen heran, und deshalb benötigt sie jede denkbare Hilfe und Unterstützung. Auch Kalzium ist empfehlenswert, da die Kätzchen dadurch einen starken Knochenbau entwickeln. Außerdem kann Ihnen Ihr Tierarzt noch verschiedene Mischsubstanzen empfehlen, die alle benötigten Vitamine und Mineralstoffe enthalten und Ihnen darüber hinaus auch sagen, wie lange Sie diese Zusätze verabreichen sollten. Viele erfahrene Züchter schwören auf Himbeerblätter, die ab der fünften Schwangerschaftswoche bis mindestens eine Woche nach der Niederkunft gegeben werden sollten.

Die Dauer der Trächtigkeit bei Katzen beträgt fünfundsechzig Tage; sie kann sich aber um ein bis zwei Tage verschieben. Deshalb besteht kein Grund zur Panik, wenn die Niederkunft nicht exakt am fünfundsechzigsten Tag stattfindet – es sei denn, daß es der Katze offensichtlich schlecht geht. Ein paar Tage vor dem großen Ereignis wird Ihre Katze sich wahrscheinlich einen Platz für die Geburt suchen. Dies muß nicht unbedingt ein Platz sein, der Ihnen zusagt, vielleicht Ihr Schlafzimmerschrank oder eine Schublade. Wenn möglich, sollten Sie deshalb für Ihre Katze eine Wurfkiste vorbereiten. Dies kann ein simpler Pappkarton in einer ruhigen und dunklen Ecke sein; ideal wäre ein Kätzchenkäfig, den Sie eventuell von einem Züchter leihen können, falls Sie nicht mehr als nur einen Wurf planen. Allerdings sollten Sie den Käfig dann zuerst mit einem für Katzen unschädlichen Reinigungsmittel desinfizieren.

Legen Sie die Kiste abwechselnd mit Zeitungspapier und Baumwollaken aus. Manchmal ist die Niederkunft eine ziemlich blutige Angelegenheit, und es ist wichtig, die Kätzchen möglichst trocken und warm zu halten. Durch die wechselnden Schichten können Sie nach der Ankunft der einzelnen Kätzchen jeweils die verschmutzte oberste Schicht entfernen.

DIE GEBURT

Wenn Sie vor oder während der Geburt irgendwelche Fragen haben, wenden Sie sich an einen erfahrenen Züchter oder an den Besitzer des Deckkaters. Rufen Sie am besten nicht den Tierarzt an, denn nicht alle Veterinäre sind Katzenzüchter und kennen daher meist nur komplizierte Geburten. Wahrscheinlich wird alles gut gehen, denn für die meisten Katzen ist die Niederkunft unproblematisch.

Das erste Anzeichen der bevorstehenden Geburt ist das Erscheinen einer Blase außerhalb der Vulva – dies ist die Fruchtblase. Sie platzt auf, und die Katze müßte jetzt sichtbare Preßwehen haben. Katzen sind im Gegensatz zum Menschen für Mehrfachgeburten geschaffen. Das bedeutet, daß sie mehrere kleine und nicht ein großes Baby bekommen und ihnen die Geburt im allgemeinen leichter fällt. Die meisten Katzen schnurren während des gesamten Geburtsvorgangs und hören erst damit auf, wenn alle Jungen sicher das Licht der Welt erblickt haben. Dennoch sollten Sie immer darauf vorbereitet sein,

Oben:
Ein Kätzchenkäfig ist der ideale Geburtsort. Vor dem Wurf legen Sie den Boden mit wechselnden Lagen aus Baumwollaken und Zeitungspapier aus, die Sie nach der Geburt der Kätzchen durch weiches und warmes Polstermaterial ersetzen.

KATZENZUCHT

als Hebamme einspringen zu müssen, und deshalb saubere Küchenhandtücher (oder Küchentücher aus Papier), eine Schere mit stumpfer Spitze und eine Schüssel mit heißem Wasser bereithalten, falls Ihre Katze Unterstützung benötigt.

Katzen wissen im allgemeinen sehr genau, was sie zu tun haben, aber eine unerfahrene, erstmals werfende Katzenmutter könnte ein wenig durcheinander sein. Sie muß die Nabelschnur durchbeißen, ihr Junges von der Plazenta befreien und dann das Kätzchen mit ihrer rauhen Zunge gründlich ablecken, um den Blutkreislauf anzuregen. Aber manchmal versäumt das Muttertier diese wichtigen Aufgaben, und dann müssen Sie die Nabelschnur durchtrennen und das Kätzchen selbst reinigen. Schneiden Sie die Nabelschnur ca. vier Zentimeter vor dem Nabel durch, und drücken Sie die Schnittstelle sofort fest zusammen, damit die Blutung aufhört und die Wunde sich schließt. Danach reiben Sie das Kätzchen kräftig ab.

Wenn das Kätzchen nicht atmet, müssen Sie sofort handeln, denn wahrscheinlich hat sich Fruchtwasser in den Lungen gesammelt, das schnellstens entfernt werden muß. Nehmen Sie das Kätzchen mit festem Griff in die Hand, und stützen Sie seinen Kopf mit dem Zeigefinger. Wirbeln Sie den Arm herum, als wollten Sie einen kleinen Ball wegwerfen (Sie dürfen das Kätzchen dabei natürlich nicht loslassen!). Auf diese Weise müßte sich alle Flüssigkeit aus der Lunge entfernen lassen.

DIE GEBURT

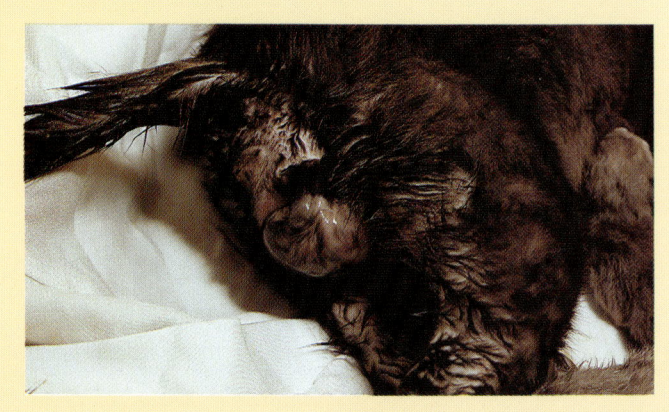

Ein noch von der Fruchtblase umschlossenes Kätzchen wird geboren.

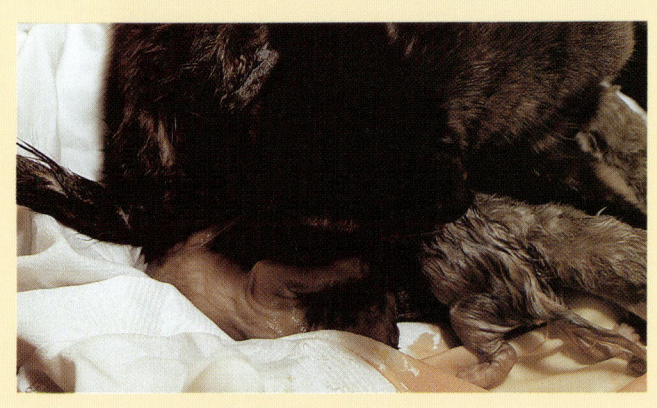

Die Mutter durchbeißt die Nabelschnur.

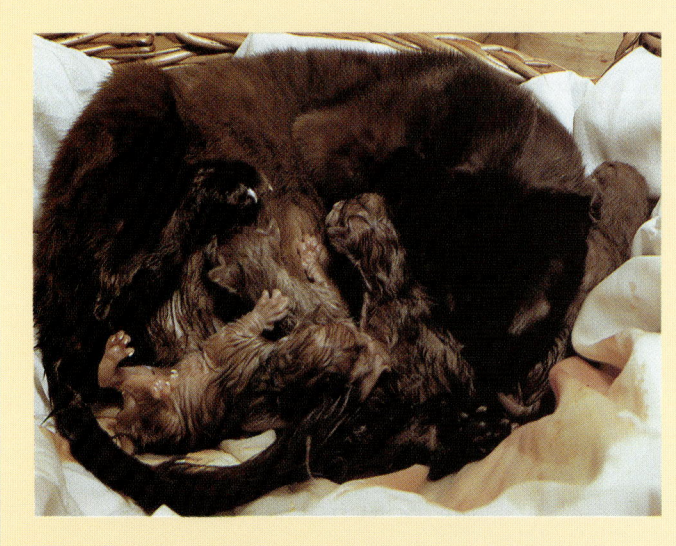

Die rauhe Zunge des Muttertiers reinigt und trocknet nicht nur die Jungen, sondern dient auch der Anregung des Blutkreislaufs.

Die stolze Mutter mit ihren fünf Sprößlingen, einige Tage nach der Geburt.

KEIN GRUND ZUR SORGE

Einige Vorgänge bei einer Geburt können recht beunruhigend wirken – vor allem dann, wenn man so etwas noch nie zuvor gesehen hat. Sie sind jedoch alle völlig normal, und es besteht kein Grund zur Beunruhigung. Der herkömmliche Ablauf der Geburt beinhaltet nun einmal einige unsaubere Phasen:

● Kurz vor der Geburt des ersten Kätzchens tritt ein Schleimpfropfen aus. Auch wenn dies schon bis zu einer Woche vor der Geburt geschieht, besteht kein Grund zur Sorge, es sei denn, der Schleim besitzt eine ungesunde grünliche Farbe oder es kommt zu Blutungen.

● Die Geburt ist sehr anstrengend, und manchmal treten dabei auch Exkremente aus. Dies kommt auch bei menschlichen Geburten vor und geschieht normalerweise, weil sich durch die Druckkraft der Wehen die Därme entleeren.

● Die Niederkunft ist ein blutiger Vorgang. Seien Sie deshalb nicht beunruhigt über die Menge rotgefärbter Absonderungen, die von der Katze ausgeschieden werden und die noch einige Tage nach der Geburt anhalten können. Falls sich allerdings die Farbe verändert oder der Ausfluß vermehrt, sollten Sie sofort Ihren Tierarzt konsultieren, da es sich um eine lebensbedrohende Infektion für Mutter und Nachwuchs handeln könnte. Mit Antibiotika kann er auch diese Infektion behandeln.

Jedes Kätzchen besitzt seine eigene Plazenta, deren bisheriger Hauptzweck die Versorgung des Kätzchens mit Nährstoffen im Mutterleib war. Jetzt aber hat sie eine ganz andere Aufgabe und dient als schnelle, nährstoffreiche Mahlzeit für die Mutterkatze, deren Milchproduktion dadurch angeregt wird. Die Katze sollte zwar wenigstens eine Plazenta fressen, aber nicht notwendigerweise alle.

Manche unerfahrene Mutterkatze verwechselt auch ein Kätzchen mit der Plazenta und versucht, ihr Junges zu fressen und statt dessen die Nachgeburt zu säugen. Sie sollten deshalb die Niederkunft Ihrer Katze beaufsichtigen, damit sie keine Fehler macht.

Es empfiehlt sich, eine Liste mit der exakten Geburtszeit und dem Geschlecht jedes Kätzchens anzulegen und zu prüfen, ob nach jeder Geburt auch eine vollständige Plazenta ausgestoßen wurde. Reste der Nachgeburt, die im Mutterleib verbleiben, können schwere Infektionen verursachen. Im Zweifelsfalle wenden Sie sich sofort an Ihren Tierarzt.

Der gesamte Geburtsvorgang kann nach einer knappen Stunde vorüber sein oder sich über einen halben Tag hinziehen. Falls es Ihrer Katze nicht offensichtlich schlecht geht, sollten Sie einfach der Natur ihren Lauf lassen. Wenn Ihre Katze sich überanstrengt oder ein Kätzchen festsitzt, rufen Sie Ihren Tierarzt oder den Besitzer des Deckkaters an, die Ihnen beide sicher helfen können.

PFLEGE NACH DER GEBURT

In den ersten paar Wochen versorgt die Mutter ihre Jungen mit allem, was sie brauchen. Sie füttert sie, wäscht sie und hält sie warm. Nach ungefähr zehn Tagen öffnen die Kätzchen ihre Augen und fangen an, die große weite Welt außerhalb der Wurfkiste wahrzunehmen. Ab der dritten Lebenswoche wollen sie diese dann auch erkunden. Während dieser Zeit sollten Sie Ihre Familienmitglieder bitten, darauf zu achten, wo sie hintreten, da das Leben eines Kätzchens nur allzuschnell durch einen kräftigen Fußtritt enden kann. (Deswegen wurde auch der Kätzchenkäfig erfunden.) Kätzchen werden mit der Zeit immer neugieriger, und wenn sie vier oder fünf Wochen alt sind, können sie erstmals feste Nahrung zu sich nehmen. Sie lassen sich am besten mit herkömmlicher Babynahrung entwöhnen, aber auch fein zerkleinertes Hühnchen oder Fisch eignen sich gut für diesen Zweck. Vor allem Sardinen werden von Katzenbabys geschätzt, da sie geruchsintensiv sind und zum Fressen animieren. Aber verfüttern Sie den Fisch nur in kleinen Mengen, sozusagen als Appetitanreger, da es sich um sehr fetthaltige Kost handelt. Im Alter von etwa sechs Wochen können die Kätzchen dann normales Katzenfutter zu sich nehmen. Gewöhnen Sie die Tiere an verschiedene Nahrungsmittel und Futtersorten, damit sie später keine wählerischen Kostgänger werden.

Fortsetzung Seite 102

Katzenzucht

Entwicklung der Kätzchen

Links:
Kätzchen kommen mit geschlossenen Augen auf die Welt und verbringen ihre ersten Lebenstage fast ausschließlich mit Schlafen und Trinken.

Unten links:
Nach ungefähr zehn Tagen öffnen sich die Augen des Kätzchens.

Unten rechts:
Im Alter von etwa drei Wochen stellen sich die Ohren aufrecht – das Tierchen sieht nun schon eher wie eine Katze aus.

KATZENZUCHT

Rechts:
Wenn die Kätzchen sechs Wochen alt sind, sollten sie bereits entwöhnt sein und feste Nahrung zu sich nehmen.

Unten rechts:
Zehn Wochen alte Kätzchen dürfen das erste Mal den Garten erforschen, allerdings nur unter strenger Aufsicht.

Unten:
Zwölf Wochen alt, geimpft, entwöhnt – diese Kätzchen können in ihre zukünftigen Heime abgegeben werden.

Mit zehn Wochen sind die Kätzchen dann bereit für ihre ersten beiden Impfungen. Hierbei handelt es sich um eine unkomplizierte Prozedur, doch in einigen seltenen Fällen vertragen die Kätzchen die Impfstoffe nicht. Dies ist aber nicht weiter gefährlich: Die Tiere fühlen sich lediglich ein bis zwei Tage unwohl und reagieren vielleicht mit ein paar Niesern und einer triefenden Nase. Aus diesem Grunde sollten Sie die Kätzchen noch drei oder vier Tage nach der Impfung bei sich behalten, damit sie sich erholen können, bevor sie in ihr neues Zuhause gehen.

›SCHLECHTE ANGEWOHNHEITEN‹ BEI KÄTZCHEN

Junge Katzen zeigen manchmal ein problematisches Verhalten im Umgang mit Fäkalien: Sie hegen dann ein übergroßes Interesse für ihre Katzenstreu, das so weit gehen kann, daß sie sie zu fressen versuchen. In diesem Fall ist das Katzenklo einfach zu sauber. Wenn Sie die Katzenstreu wechseln, lassen Sie immer etwas urindurchtränktes Material zurück – so erinnern Sie das Kätzchen an den Zweck des Katzenklos. Oder verwenden Sie einfach keine Katzenstreu, sondern zerkleinertes oder zerrissenes Papier, bis das Kätzchen begreift, daß die Schüssel als Toilette dient. Falls das Kätzchen Streu frißt, schwillt dieses Material (besonders Holzspäne) im Magen an und kann zu einer Verstopfung führen, die eine tierärztliche Behandlung erforderlich macht.

Obwohl es nur selten vorkommt, sind einige Kätzchen nicht stubenrein; diese Angewohnheit läßt sich nur äußerst schwer wieder abgewöhnen. Manchmal folgt sogar der ganze Wurf dem schlechten Beispiel eines einzigen Kätzchens. Die Ursache für dieses Verhalten ist meist eine nicht sorgfältig gereinigte Katzentoilette. Solange Sie sehr junge Kätzchen im Haus haben, sollten Sie besser auf ein spezielles Anti-Katzen-Spray verzichten, aber es gibt einen kleinen Trick: Da weder erwachsene noch junge Katzen gerne in der Nähe von Fäkalien fressen, stellen Sie einfach die Freßnäpfe auf die bevorzugte ›Ersatztoilette‹. Das Problem dürfte sich dadurch bald von selbst lösen. Kann man an den entsprechenden Platz keinen Napf stellen, legen Sie ihn mit Alu- oder Plastikfolie aus. Nur wenige Katzen mögen das Geräusch, wenn ihre Exkremente auf solche Materialien fallen.

VERKAUF IHRER KÄTZCHEN

Wenn Sie bereits für alle Kätzchen zukünftige Besitzer gefunden haben, laden Sie sie ein, die Tierchen regelmäßig zu besuchen. Da die Kätzchen vor ihrer zwölften Lebenswoche noch nicht über einen vollständigen Impfschutz verfügen, müssen die Besucher strikten Hygienevorschriften unterworfen werden. Lassen Sie sie immer erst die Hände mit einer ungiftigen Desinfektionslösung waschen, bevor sie die Kätzchen berühren. Ein frühzeitiger Umgang zwischen dem neuen Besitzer und dem Tier ist wichtig, da so erste Bande mit dem zukünftigen Haushaltsmitglied geknüpft werden.

Wenn Ihre Katze mehr Junge geworfen hat, als Sie vermitteln können, müssen Sie wohl oder übel die Werbetrommel rühren. Die meisten Rassekatzenvereine besitzen eine Liste mit den zum Verkauf stehenden Kätzchen – der mögliche Käufer hat sich immerhin bereits die Mühe gemacht, den richtigen Katzenverein zu finden. Sie können aber auch Anzeigen in den örtlichen Zeitungen und in Katzenmagazinen aufgeben. Allerdings sollten Sie die Interessenten gründlich befragen und Ihre Tiere nur in geeignete Hände geben (siehe »Wo finde ich eine Katze – welche nehme ich«).

Oben:
Die meisten Kätzchen wissen instinktiv, welchem Zweck das Katzenklo dient, und müssen nicht erst zur Stubenreinheit erzogen werden.

KATZENZUCHT

Links:
Kätzchen spielen und erkunden für ihr Leben gerne. Diese Herdplatte ist zwar abgeschaltet und kalt, dennoch sollte man die Kleinen nicht in der Küche spielen lassen, da dort zu viele Gefahren lauern.

Probleme bei der Zucht

Es gibt nur ein paar Probleme, die der Mutterkatze oder ihren Jungen während der ersten Wochen gefährlich werden können. Lassen Sie sich durch diese Beschreibungen nicht übermäßig verunsichern, aber beobachten Sie Ihre Schützlinge sorgfältig, damit Sie im Notfall sofort handeln können.

*Gelegentlich verfügt eine Mutterkatze nicht über genügend Milch für alle Kätzchen, besonders wenn es sich um einen großen Wurf handelt. Bei vier Sprößlingen (**unten**) dürfte sie keine Probleme haben. Manchmal ist auch eine Mastitis-Erkrankung die Ursache dafür, daß die Katze ihre Jungen nicht säugen kann. Die Kätzchen entwickeln sich jedoch genauso gut, wenn sie mit in Wasser gelöstem Milchpulver gefüttert werden, wie dieses gesunde Kätzchen beweist (**rechts**).*

KATZENZUCHT

Links:
Falls die Mutter nicht in der Lage ist, ihre Jungen zu säugen, können Sie mit dieser speziellen Kätzchenflasche dem Kleinen alle Nährstoffe einflößen, die es benötigt.

• INTUSSUSZEPTION •

BESCHREIBUNG
Hierbei handelt es sich um eine seltene Darmkrankheit, bei der sich die Gedärme wie ein Teleskop zusammenschieben und so eine Verstopfung verursachen. Die Symptome sind Appetitmangel und fehlender Stuhlgang, da akute Verstopfung vorliegt.

ABHILFE
In weniger schweren Fällen kann der betroffene Darmabschnitt herausoperiert werden. In schwereren Fällen sieht die Prognose nicht so positiv aus, und das erkrankte Kätzchen muß eventuell vom Tierarzt eingeschläfert werden.

• MILCHMANGEL •

BESCHREIBUNG
Im allgemeinen ist die Menge an Muttermilch von der ›Nachfrage‹ abhängig. Sind die Kätzchen sehr lange nicht hungrig oder zu schwach zum Saugen, hört die Milchproduktion bei der Mutter ganz auf. Mastitis (siehe rechts) ist eine andere Ursache dafür. Bei einem sehr großen Wurf kann es geschehen, daß die Mutter einfach nicht genug Milch für alle Kätzchen hat.

ABHILFE
Wenn der Wurf groß ist, müssen Sie die Kätzchen beim Säugen abwechseln und zusätzlich mit der Flasche füttern. Am besten verwenden Sie eine Mischung aus Milchpulver und kaltem, abgekochtem Wasser im Verhältnis 1 : 3. Es gibt zwar auch spezielles Katzenmilch-Ersatzpulver, doch führt es bei manchen Kätzchen zu Verstopfungen.

• MASTITIS •

BESCHREIBUNG
Mastitis betrifft normalerweise nur säugende Mutterkatzen. Als Symptome gelten ein schlechter Allgemeinzustand und eine oder mehrere angeschwollene Zitzen, die sich heiß und knotig anfühlen. Es besteht die Gefahr, daß die Kätzchen infizierte Milch trinken und eine Art Vergiftung erleiden.

ABHILFE
Es ist wichtig, daß die Kätzchen nicht an den infizierten Zitzen säugen. Sie können die befallene Zitze mit einem Verband bedecken. Wenden Sie sich aber sofort an Ihren Tierarzt, damit er die richtige Diagnose stellen und eine Behandlung mit den angemessenen Antibiotika einleiten kann.

• PYOMETRA •

BESCHREIBUNG
Diese Krankheit befällt Katzen in jedem Alter, tritt aber besonders häufig nach der Geburt auf. Dabei handelt es sich um eine Infektion des Uterus, die sich am leichtesten an einem cremigen, dickflüssigen Ausfluß aus der Vulva erkennen läßt.

ABHILFE
Bei leichteren Fällen helfen Antibiotika, bei schweren Fällen muß der Arzt die Fortpflanzungsorgane entfernen – das heißt, daß die Katze kastriert wird.

GESUNDHEITSPFLEGE

Katzen erfreuen sich im allgemeinen guter Gesundheit, jährliche Schutzimpfungen und Untersuchungen bewahren sie jedoch vor vielen Übeln. Vor allem die Impfungen sind ein wichtiger Schutz vor bestimmten Katzenkrankheiten, wenn sich auch einige Erkrankungen damit leider nicht verhüten lassen. Wenn Sie jedoch routinemäßig den Gesundheitszustand Ihrer Katze überwachen, können Sie Veränderungen frühzeitig erkennen und sofort Ihren Tierarzt konsultieren. Es können Ihrer Katze auch Unfälle zustoßen. Dieses Kapitel sagt Ihnen alles über die Gesundheit und etwaige Krankheitssymptome Ihrer Katze und was Sie als Besitzer tun können.

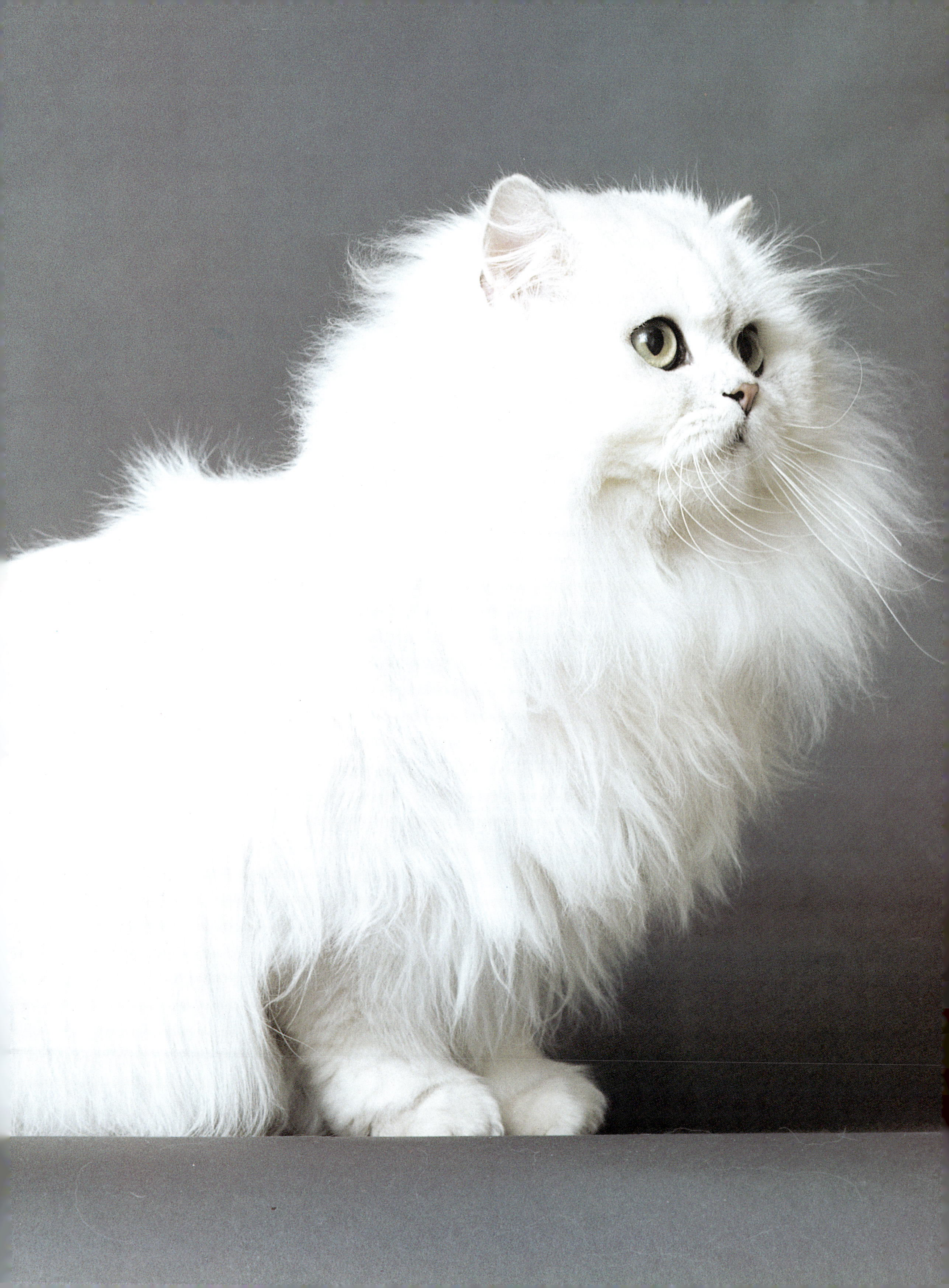

GESUNDHEITSPFLEGE

SCHUTZIMPFUNGEN

Meist werden Katzen nur einmal im Jahr zum Tierarzt gebracht, wenn die Impfauffrischung fällig ist. Bitten Sie den Veterinär, das Tier bei dieser Gelegenheit gründlich zu untersuchen. Die meisten Krankheiten sind, wenn sie frühzeitig entdeckt werden, heilbar. Mittlerweile sind Schutzimpfungen gegen zahlreiche Katzenkrankheiten möglich. Da sich die Impfungen jedoch von Land zu Land etwas unterscheiden, fragen Sie am besten Ihren Tierarzt, wogegen Sie Ihre Katze impfen lassen sollten.

Ebenso wie Menschen fühlen sich auch Katzen nach Impfungen gelegentlich etwas unwohl. Unter Umständen leiden sie sogar ein bis zwei Tage lang an einer Magenverstimmung. Solange die Störung nicht länger als achtundvierzig Stunden anhält, ist dies kein Anlaß zur Besorgnis.

Die Katze sollte geimpft sein, bevor sie zu Ihnen ins Haus kommt. Ist dies noch nicht geschehen, sollten Sie es so schnell wie möglich nachholen. Haben Sie bereits andere Katzen, bringen Sie das neue Tier erst einmal nicht in Kontakt mit ihnen. Nach der Impfung sollte der Neuankömmling zunächst sieben Tage in Quarantäne bleiben, denn Viren können noch mehrere Tage nach der Impfung übertragen werden.

Werden neue Krankheiten bekannt, versuchen Tierärzte und Virologen, die Viren zu isolieren und Impfstoffe gegen sie herzustellen. In den letzten Jahren wurde in der Presse viel über die Erreger der Katzenleukose (Katzenleukämie, FeLV) und der Immunschwäche bei Katzen (FIV) geschrieben. Die durch diese Viren verursachten Erkrankungen wurden als ›Katzen-AIDS‹ bezeichnet, was ebenso irreführend wie falsch ist und für viel unnötige Aufregung gesorgt hat. Zu anderen Infektionen wie der infektiösen Bauchfellentzündung (der felinen infektiösen Peritonitis, FIP) oder der Chlamydieninfektion laufen derzeit Forschungsarbeiten.

Zahlreiche neue Impfstoffe wurden und werden gegen einige dieser Erreger entwickelt, aber nicht alle sind von den Gesundheitsbehörden der verschiedenen Länder zugelassen. Welche Impfstoffe in Ihrem Land zur Verfügung stehen, sollten Sie bei Ihrem Tierarzt erfragen.

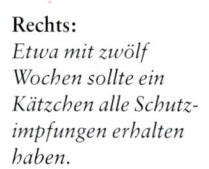

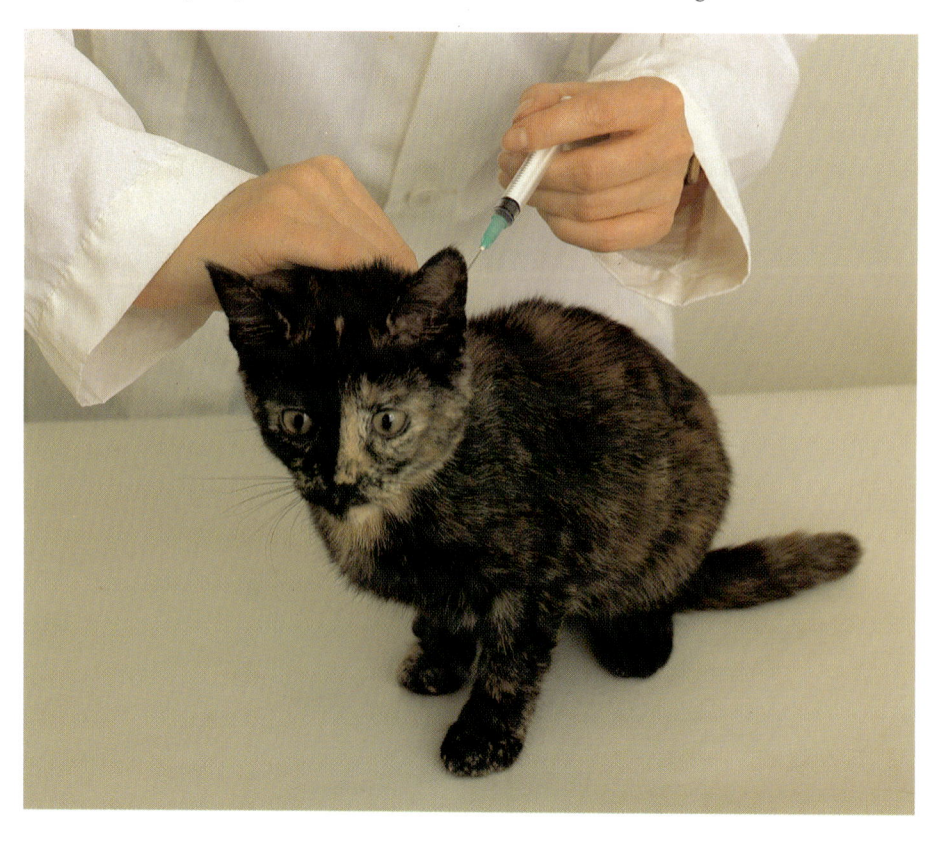

Rechts:
Etwa mit zwölf Wochen sollte ein Kätzchen alle Schutzimpfungen erhalten haben.

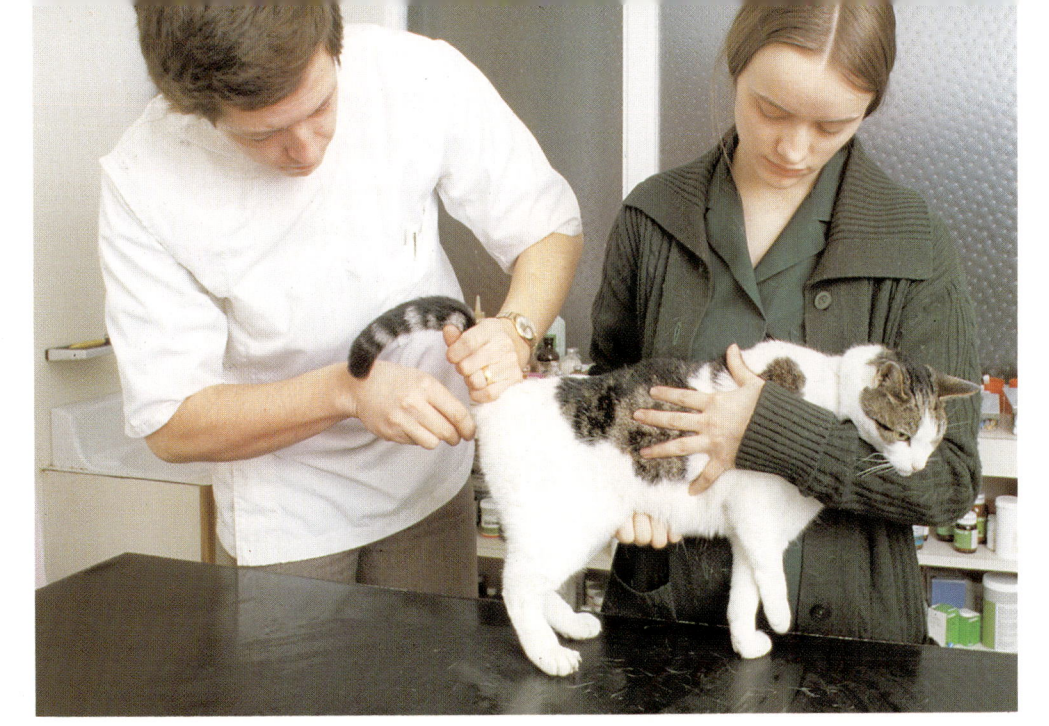

Rechts:
Anläßlich der jährlichen Impfauffrischung erfolgt bei den meisten Tierärzten ein gründlicher Gesundheits-Check-up.

• KATZENSEUCHE (FELINE PARVOVIROSE, PANLEUKOPENIE) •

BESCHREIBUNG/SYMPTOME

Das Parvovirus greift verschiedene Organe an, vor allem aber den Darm und das Zentralnervensystem. Katzenseuche kann mit zahlreichen, ganz unterschiedlichen Symptomen einhergehen, einige können auch ganz fehlen. Meist hockt die Katze in sich zusammengekauert da und wirkt krank und niedergeschlagen. Es kommt zu Erbrechen, Durchfall und später zur Austrocknung des Körpers.

ABHILFE

Zeigt Ihre Katze derartige Krankheitszeichen, sollten Sie sofort Kontakt mit Ihrem Tierarzt aufnehmen. Katzenseuche ist äußerst ansteckend für andere Katzen, Parvoviren sterben aber außerhalb des Katzenkörpers nach kurzer Zeit ab. Deshalb wird der Tierarzt möglicherweise lieber einen Hausbesuch machen, als Sie mit der Katze in seine Praxis kommen zu lassen. Steht die Diagnose Katzenseuche nachweislich fest, gibt es nur wenig Hoffnung auf Heilung.

IMPFSCHUTZ

Dies ist die wichtigste Impfung für Ihre Katze. Sie wird meist im Alter von zehn bis zwölf Wochen zum ersten Mal verabreicht und muß jährlich aufgefrischt werden. Gegen Katzenseuche und Katzenschnupfen werden heute kombinierte Impfstoffe angeboten.

• KATZENSCHNUPFEN •

BESCHREIBUNG/SYMPTOME

Unter diesem Begriff verstehen wir ein Krankheitsbild, das durch zwei verschiedene Viren ausgelöst werden kann, die beide die oberen Atemwege befallen: das feline Calicivirus (Auslöser der infektiösen Katzenrhinitis) und das feline Herpesvirus (Auslöser der infektiösen Rhinotracheitis). Caliciviren verursachen meist nur Nasenausfluß und Niesen, können aber auch zu ernsteren Krankheitsbildern mit Geschwürbildungen führen, die meist an Nase, Zunge oder Mund lokalisiert sind. Feline Herpesviren greifen Nase, Luftröhre und Lunge an und können zu schweren Atemstörungen führen. Beide Viren verursachen das typische Husten und Niesen, zugleich tritt wäßriger Ausfluß aus Augen, Nase und Rachen auf, und das Tier hat keinen Appetit.

ABHILFE

Katzenschnupfen ist vor allem bei sehr jungen und bei älteren Katzen eine ernste Erkrankung, die zum Tod des Tiers führen kann, wenn sie nicht umgehend behandelt wird. Bei einem ansonsten gesunden erwachsenen Tier sind die Symptome zwar ebenso ausgeprägt, die Katze verfügt jedoch über mehr Widerstandskraft, um die Krankheit zu überwinden. Auch nach einer Heilung bleibt immer die Gefahr bestehen, daß das Tier zu einem Überträger der Krankheit wird und die Viren unter Streß ausstreut, so daß andere Katzen infiziert werden können. Jeder bekannte Überträger sollte deshalb isoliert oder in ein Zuhause gebracht werden, wo keine anderen Katzen gefährdet sind.

IMPFSCHUTZ

Üblicherweise wird heute gegen feline Caliciviren, Herpesviren und Parvoviren ein kombinierter Impfstoff verabreicht, um einen umfassenden Impfschutz zu gewährleisten. Es sind zwei Einzelimpfungen in etwa dreiwöchigem Abstand notwendig, wobei die erste meist zwischen der neunten und zwölften Lebenswoche erfolgt, je nach verwendetem Impfstoff. Ihr Tierarzt wird Sie beraten, welcher Impfstoff sich für Ihre Katze oder Ihr Kätzchen am besten eignet.

FELINE IMMUNSCHWÄCHE (FIV)

BESCHREIBUNG/SYMPTOME

Das feline immuno-deficiency virus (FIV) greift das Immunsystem an und ähnelt strukturell eher dem menschlichen Gegenstück HIV als das feline Leukosevirus FeLV (siehe unten), es ist jedoch ebenfalls zwischen Katzen und Menschen nicht zu übertragen. Ähnlich wie HIV legt dieses Virus das Immunsystem lahm, nach einer Infektion können Katzen aber noch lange Zeit gesund bleiben, bevor sekundäre Infektionen auftreten.

ABHILFE

Wie bei FeLV kann eine Infektion mit dem FIV durch Blutuntersuchungen nachgewiesen werden. Sollte Ihr Tierarzt den Verdacht haben, daß eine Erkrankung Ihrer Katze auf dieses Virus zurückzuführen sein könnte, wird er deshalb eine Blutprobe entnehmen und untersuchen lassen.

IMPFSCHUTZ

Es sind rege Forschungstätigkeiten im Gange. Man hofft, vielleicht schon bald einen Impfstoff gegen FIV entwickeln zu können.

LEUKOSE

BESCHREIBUNG/SYMPTOME

Diese Krankheit ist in letzter Zeit stark ins Gespräch gekommen, weil sie fälschlicherweise oft als ›Katzen-AIDS‹ bezeichnet wird. Es stimmt zwar, daß es Ähnlichkeiten gibt zwischen dem felinen Leukosevirus (FeLV) und dem menschlichen HIV (human immuno-deficiency virus). FeLV zerstört das Immunsystem der Katze und wird durch längeren Kontakt mit dem Speichel und/oder Blut einer infizierten Katze übertragen, meist bei der Paarung. Deshalb bestehen die Besitzer von Deckkatern darauf, daß Zuchtkatzen, die dem Kater zugeführt werden, einen kurz zuvor durchgeführten FeLV-Test vorweisen können.

In bestimmten Einzelheiten ihrer chemischen Struktur ähneln sich die beiden Viren, so daß die allerersten Ansätze zum Auffinden von HIV-Antikörpern sich zum Teil auf die Forschungsarbeiten zum FeLV stützten, denn über Leukose wußte man mehr als über AIDS. Damit sind aber auch schon alle Gemeinsamkeiten genannt, und es muß klar gesagt werden, daß die beiden Viren keine Wechselwirkungen miteinander eingehen und auch nicht wechselseitig übertragbar sind.

ABHILFE

Aufgrund der Eigenheiten des Virus kann die Leukose mit ganz unterschiedlichen Symptomen einhergehen. Die Katze stirbt nicht an der FeLV-Infektion, sondern an einer anderen Krankheit, die sie aufgrund des Versagens ihres Immunsystems bekommt. Wenn Ihre Katze häufig an Infektionen leidet, wird Ihr Tierarzt dem vermutlich auf den Grund gehen wollen. Ein einfacher Bluttest zeigt, ob das Virus vorhanden ist oder nicht. Fällt der Test positiv aus, wird er nach etwa zwei Wochen wiederholt. Es kann durchaus sein, daß der Test zunächst positiv ausfällt und anzeigt, daß die Katze kurz zuvor in Kontakt mit dem Virus gekommen ist, und vierzehn Tage später negativ ist. Dies bedeutet, daß die FeLV-Infektion wohl nur vorübergehend war.

Da die Forschungsarbeiten zu dem felinen Leukosevirus weiter voranschreiten, sollten Sie Ihren Tierarzt darauf ansprechen. Er wird Sie über den neuesten Stand informieren können. Denken Sie daran, daß der Nachweis einer Leukose kein Todesurteil für Ihre Katze bedeuten muß. Sollten Sie jedoch weitere Katzen haben, die im Bluttest FeLV-negativ sind, wäre es sicher das Vernünftigste, die infizierte Katze in einem Haushalt unterzubringen, in dem keine anderen Katzen leben. Dort kann sie sogar recht alt werden, ohne jedoch Artgenossen anzustecken. Wie die meisten Viren ist auch das FeLV nicht lange außerhalb seines Wirtes lebensfähig und wird mit Desinfektionsmitteln unschädlich gemacht.

IMPFSCHUTZ

In den USA und Deutschland gibt es bereits seit längerer Zeit einen FeLV-Impfstoff, in Großbritannien wurde er erst 1992 zugelassen. Die Impfung erfolgt in zwei Einzelgaben im Abstand von fünfzehn bis einundzwanzig Tagen. Nur gesunde, FeLV-negative Katzen dürfen geimpft werden. Damit eine bestehende FeLV-Infektion ausgeschlossen werden kann, muß zuvor ein Test erfolgen. FeLV-negative Kätzinnen sollten vor der Paarung, trächtige Kätzinnen überhaupt nicht geimpft werden.

Bei einer FeLV-positiven Katze können Sie sich <u>nicht</u> mit AIDS infizieren. Ebensowenig kann Ihre Katze AIDS von einem HIV-positiven Menschen bekommen.

TOLLWUT

BESCHREIBUNG/SYMPTOME

Tollwut ist eine tödliche Krankheit und kann – anders als die meisten beim Tier auftretenden Infektionen – auf den Menschen übertragen werden. Deshalb verlangen alle tollwutfreien Länder, daß lebende Tiere aus Gegenden, in denen es Tollwut gibt, vor der Einfuhr geraume Zeit in Quarantäne bleiben müssen. Das Hauptsymptom der Tollwut wird als ›essentielle Hydrophobie‹ bezeichnet: Furcht vor dem Wasser. Oft ist das erste Anzeichen für eine Erkrankung eine Verhaltensänderung: Eine normalerweise ruhige, freundliche Katze kann urplötzlich und ohne Vorwarnung aggressiv werden. Die Tiere können Schaum vor dem Mund haben. In der Spätphase kommt es meist zu Lähmungen, vor allem im Kieferbereich.

ABHILFE

Ist ein Tier mit Tollwut infiziert, kann man nicht mehr viel tun. Besteht Tollwutverdacht, müssen Sie unter allen Umständen Ihren Tierarzt aufsuchen, um die Diagnose bestätigen zu lassen: Tollwut ist eine meldepflichtige Krankheit. Die Ansteckung erfolgt durch Speichel und andere Körperflüssigkeiten, die das Virus in hoher Konzentration enthalten. Das bedeutet, daß schon das Lecken eines infizierten Tiers an einer kleinen offenen Wunde an der Hand des Menschen ein ebenso großes Ansteckungsrisiko birgt wie ein Biß.

IMPFSCHUTZ

In vielen Ländern, in denen Tollwut heimisch ist, müssen alle Tiere, die an Tollwut erkranken können, geimpft werden; in Deutschland besteht diese gesetzliche Vorschrift allerdings nicht. Einige Inselstaaten wie Großbritannien, Irland und Neuseeland sind derzeit noch tollwutfrei. In Großbritannien ist die Tollwutimpfung außer bei Tieren, die für den Export bestimmt sind, nicht gesetzlich vorgeschrieben. Mit der Öffnung des Kanaltunnels könnte sich dies jedoch ändern.

FELINE INFEKTIÖSE PERITONITIS (FIP)

BESCHREIBUNG/SYMPTOME

Die Entdeckung des FIP-Virus löste überall große Besorgnis aus. Aufgrund der Vielzahl möglicher Symptome ist die feline infektiöse Peritonitis, also Bauchfellentzündung, nämlich äußerst schwer zu diagnostizieren, und ein Nachweis kann in der Regel nur durch Autopsie erfolgen. Erst glaubte man, FIP sei extrem ansteckend, was zahllose Katzenzüchter in Angst und Schrecken versetzte.

Die infektiöse Peritonitis bei Katzen tritt offenbar in zwei Formen auf, der ›nassen‹ und der ›trockenen‹. Die klassische, die ›nasse‹ FIP äußert sich in einem aufgetriebenen Bauch, der auf einer Flüssigkeitsansammlung im Peritoneum beruht (das ist das Bauchfell, die innere Auskleidung der Bauchhöhle). Begleiterscheinungen sind ein schlechter Allgemeinzustand, Durchfall, Erbrechen und Gewichtsabnahme. Die ›trockene‹ Form betrifft das Nervensystem und ist schwerer zu erkennen, da die Symptome denen vieler anderer Erkrankungen ähneln: Es kommt u.a. zu Gelbsucht, Atem- und Koordinationsstörungen und im letzten Stadium zu Krämpfen.

ABHILFE

Neuere Forschungsergebnisse zeigen, daß FIP nicht so leicht übertragbar ist, wie man zuerst angenommen hatte. FIP wird durch eins der vielen Coronaviren verursacht. Es kann zwar ein Bluttest erfolgen, in dem die Konzentration dieser Viren im Blut nachgewiesen wird, ohne hieraus jedoch erkennen zu können, mit welchem speziellen Coronavirus die Katze in Berührung gekommen ist. Deshalb darf man eine Katze nicht allein aufgrund eines positiven Bluttests auf Coronaviren einschläfern lassen. Man geht heute davon aus, daß das Virus bei einer infizierten Katze vor allem im Speichel vorliegt. Es kann außerhalb seines Wirts nicht lange überleben und läßt sich mit den meisten in der Tiermedizin üblichen Desinfektionsmitteln unschädlich machen.

IMPFSCHUTZ

Bis heute gibt es noch keine Schutzimpfung gegen FIP. Aufgrund der raschen Fortschritte in der Tierheilkunde ist jedoch damit zu rechnen, daß eine Impfung bald möglich sein wird.

CHLAMYDIEN

BESCHREIBUNG/SYMPTOME

Chlamydien gelten teilweise als eigenständige Viren, werden jedoch von manchen Tierärzten eher den Bakterien zugeordnet. Die Symptome einer Chlamydieninfektion können denen eines schweren Katzenschnupfens ähneln, meist mit starkem Ausfluß aus den Augen und der Nase. Chlamydieninfektionen treten nicht sehr häufig auf und sind dann meist in Züchterhaushalten mit mehreren Tieren zu beobachten.

ABHILFE

Bringen Sie die Katze zum Tierarzt, und lassen Sie eine eindeutige Diagnose stellen. Handelt es sich wirklich um Chlamydien, wird er Ihrer Katze Antibiotika verschreiben. Wichtig ist, die Augen des Tiers feucht zu halten, damit es zwischen der inneren Lidseite und der Hornhaut nicht zu Verklebungen kommt. Der Tierarzt wird Ihnen ein geeignetes Präparat geben. Gehören zu dem Haushalt mehrere Katzen, muß das erkrankte Tier isoliert werden.

IMPFSCHUTZ

In Großbritannien ist seit 1991 ein Impfstoff für den tierärztlichen Gebrauch zugelassen. Auch in Deutschland gibt es einen Impfstoff, der jedoch nur selten angewandt wird.

Parasiten

Parasiten können sich innerhalb und außerhalb des Körpers ansiedeln. In beiden Fällen verursachen sie der Katze Unbehagen und Beschwerden und können unbehandelt zu Krankheiten führen. Je früher der Befall erkannt wird, desto erfolgreicher kann man dagegen vorgehen. Sollten Sie den Verdacht hegen, Ihre Katze könnte von einem der hier genannten Parasiten befallen sein, wenden Sie sich bitte umgehend an Ihren Tierarzt.

Innere Parasiten (Endoparasiten)

• WÜRMER •

BESCHREIBUNG/SYMPTOME

Irgendwann in ihrem Leben hat fast jede Katze einmal Würmer. Es gibt vor allem zwei Arten: die runden Spulwürmer und die flacheren Bandwürmer. Durch regelmäßiges Entwurmen der Katze kann ein Befall vermieden werden; geeignete Präparate gibt es bei Ihrem Tierarzt zu kaufen.

Spulwürmer leben im Darm des Tiers und ernähren sich von angedautem Futter. Die Katze kann deswegen nicht alle benötigten Nährstoffe aus dem Futter ziehen, wird schlecht aussehen und ein struppiges, glanzloses Fell aufweisen; auch kann der Bauch aufgetrieben sein. Bei einem kleinen Kätzchen kann ein Wurmbefall dramatischer verlaufen. Es kommt oft zu Durchfall, Verstopfung oder Anämie, die das Kätzchen schwer erkranken lassen. Spulwurmeier werden mit dem Stuhl ausgeschieden und können bei mangelnder Hygiene zu erneuten Infektionen führen.

Ein Bandwurmbefall ist meist am Auftauchen beweglicher ›Reiskörner‹ um den After zu erkennen. Es handelt sich dabei um die reifen Segmente des Bandwurms, in denen die Eier enthalten sind. Flöhe können im Lebenszyklus des Bandwurms als Zwischenwirte auftreten: Der Floh frißt das Ei, die Katze frißt den Floh, das Ei wird in ihren Darm abgegeben und setzt dort einen neuen Zyklus in Gang. Auch aus diesem Grund müssen Katzen stets flohfrei gehalten werden.

ABHILFE

Man kann Katzen mit einer einzigen Pille sowohl gegen Spul- als auch gegen Bandwürmer ›entwurmen‹, dies ist aber nicht in allen Fällen zu empfehlen. Ihr Tierarzt wird Ihnen raten, welches Präparat Sie am besten verwenden sollten, in welcher Dosis und wie oft die Wurmkur verabreicht wird. In einigen Ländern gibt es Wurmkuren im Laden zu kaufen; lesen Sie aber deren Gebrauchsanweisung vorher genau durch. Solche Produkte sind selten so wirksam wie die bewährten Präparate, die der Tierarzt Ihnen geben kann. In Deutschland sind Wurmkuren rezeptpflichtig.

• TOXOPLASMOSE •

BESCHREIBUNG/SYMPTOME

Toxoplasmose ist eine vieldiskutierte Erkrankung, denn es handelt sich dabei um eine durch Protozoen (Einzeller), nämlich Toxoplasmen, ausgelöste Zoonose, das heißt eine Krankheit, die vom Tier auf den Menschen übertragen werden kann, im Fall der Toxoplasmose insbesondere von Katzen und Hunden.

ABHILFE

Bei Katzen und erwachsenen Menschen tritt eine Toxoplasmose selten als Krankheitsbild in Erscheinung. Das eigentliche Risiko besteht für menschliche Embryonen, die schlimmstenfalls Mißbildungen, wie beispielsweise Blindheit, erleiden können. Die Eier (Oozysten) der Toxoplasmen werden von infizierten Katzen massenhaft mit dem Kot ausgeschieden; deshalb sollten Schwangere keinesfalls mit Katzenstreu oder -kot in Berührung kommen. Außerdem sollten Sie darauf achten, daß Kinder sich nach dem Berühren der Katze und insbesondere nach dem Säubern des Katzenklos die Hände waschen.

Äussere Parasiten (Ektoparasiten)

Jede Katze, die nach draußen darf, wird einer Reihe von äußeren Parasiten begegnen, die sich nur allzugern auf Katzen niederlassen.

Unten:
Wenn Katzen sich kratzen, dann im wesentlichen, weil es sie juckt – wie diese Katze es vormacht. Wenn sich ein Stubentiger aber ständig kratzt, könnte das auch auf Flohbefall hindeuten. Dies sollte vom Tierarzt überprüft und entsprechend behandelt werden.

GESUNDHEITSPFLEGE

• FLÖHE / HAARLINGE •

BESCHREIBUNG/SYMPTOME

Flöhe sind die häufigsten Parasiten. Sie befallen Katzen in der Stadt ebenso wie auf dem Lande – eine allgegenwärtige Plage.

Das erste Anzeichen für Flohbefall ist meist ausgiebiges Kratzen, überwiegend am Kopf und an der unteren Wirbelsäule. Vor allem im Frühjahr und Sommer, wenn das warme Wetter die Flöhe aus ihrem Winterschlaf lockt, kommt es zu Flohbefall. Außer wenn Ihre Katze sehr stark befallen ist, sehen Sie die Flöhe meist nicht einmal (sie hüpfen sehr schnell!); im Fell der Katze zeigt sich jedoch der verräterische Flohkot, kleine schwarze Krümel, die wie grob zerstoßener schwarzer Pfeffer aussehen. Flöhe sind Blutsauger, und ihr Kot sieht zwar schwarz aus, besteht aber im Prinzip aus verdautem Blut. Setzen Sie die Katze auf eine saubere weiße Fläche, die Sie zuvor angefeuchtet haben, und kämmen Sie ihr Fell. Wenn der herausfallende Schmutz sich beim Auflösen auf der feuchten Oberfläche rot färbt, ist dies ein sicheres Zeichen für Flohbefall.

ABHILFE

Es gibt Flohhalsbänder zu kaufen, sie sind jedoch selten wirksam und verursachen gelegentlich allergische Reaktionen im Nacken- und Halsbereich. Handelsübliche Flohpulver und -sprays sind ebenfalls in der Regel unwirksam. Kaufen Sie lieber bei Ihrem Tierarzt ein hochwertiges Präparat, das Ihre Katze nachhaltig von diesen Plagegeistern befreit. Präparate, mit denen Sie Ihre Wohnung und Möbel behandeln können, gibt es ebenfalls zu kaufen, achten Sie aber darauf, daß Sie die Gebrauchsanweisung genau befolgen.

Regelmäßiges Einsprühen Ihrer Katze und ihres Lagers, vor allem im Sommer, dürfte verhindern, daß Flöhe in Ihrem Haushalt heimisch werden. Auf jeden Floh im Katzenfell kommen etwa 100 weitere im Haus, die nur darauf warten, sich auf die Katze zu stürzen, Blut zu saugen, wieder abzuspringen, zu brüten und sich zu vermehren. Denken Sie daran, daß Flöhe auch menschliches Blut mögen. Sie beißen gern einmal zu, bleiben aber nicht lange beim Menschen, weil uns das einladende Fellkleid fehlt, in dem Flöhe sich gern auf Dauer häuslich einrichten.

Haarlinge sind etwas über einen Millimeter lange sogenannte Beißläuse, die man im Fell krabbeln sieht. Sie kommen in der Regel nur bei sehr heruntergekommenen Tieren vor und werden genauso wie Flöhe bekämpft.

• MILBEN •

BESCHREIBUNG/SYMPTOME

Es gibt im wesentlichen zwei Arten von Milben: Die eine Sorte sitzt im Fell, während die andere sich auf die Ohren der Katze konzentriert. Milben sind winzige Tiere und mit bloßem Auge nicht zu erkennen, aber der Schaden, den sie anrichten, ist leider allzu deutlich sichtbar. Milben können Haarausfall verursachen und die schuppigen, unschönen Fellveränderungen bewirken, die man als ›Räude‹ bezeichnet. Ein häßlicher, dicker, brauner, wachsartiger und übelriechender Belag in den Gehörgängen ist typisch für Ohrmilbenbefall.

ABHILFE

Räude kann ähnlich wie Hautpilzbefall aussehen, so daß Sie mit Ihrer Katze lieber zum Tierarzt gehen sollten, damit er eine korrekte Diagnose stellt und die Behandlung einleitet. Bei Ohrmilbenbefall können Sie sanft den äußeren Teil des Ohres mit einem Wattebausch oder Wattestäbchen säubern; gehen Sie dabei aber sehr vorsichtig vor, denn das Ohr ist sehr empfindlich. Da Sie die Katze zu Ihrem Tierarzt bringen müssen, damit er die richtigen Ohrentropfen verschreibt, sollten Sie ihm am besten auch das Reinigen der Ohren überlassen.

• ZECKEN •

BESCHREIBUNG/SYMPTOME

Zecken finden sich meist bei Katzen, die auf dem Lande leben. Sie lassen sich von anderen Tieren oder von hohen Grashalmen auf die Katze fallen.

Wie Flöhe sind Zecken Blutsauger, allerdings springen sie nicht von Katze zu Katze über, sondern graben sich mit dem Kopf tief in die Haut des Wirts ein und bleiben dort, bis sie satt sind oder herausgezogen werden. Eine mit Blut vollgesogene Zecke kann leicht Erbsengröße erreichen.

ABHILFE

Eine Zecke können Sie recht leicht selbst entfernen. Wichtig dabei ist, daß die ganze Zecke mit Kopf herausgezogen wird. Bleibt der Kopf nämlich in der Haut stecken, kommt es zu einer Infektion und möglicherweise zu einem Abszeß. Die Zecke besitzt am Kopf Widerhaken, mit denen sie sich in ihrem Wirt festgräbt. Damit sich diese Haken lockern, muß die Zecke mit Alkohol betäubt werden. Haben Sie keinen reinen Alkohol im Haus, nehmen Sie einfach Wodka, Whisky oder Gin – das ist zwar teurer, aber genauso wirkungsvoll. Betupfen Sie die Zecke gründlich mit Alkohol, und ziehen Sie sie dann mit einer Pinzette vorsichtig heraus. Das kann ein bißchen unangenehm sein, und wenn Sie empfindlich sind, bitten Sie Ihren Tierarzt, es für Sie zu tun.

Unten:
Bei Verdacht auf Ohrmilbenbefall wird der Tierarzt den Gehörgang gründlich untersuchen.

GESUNDHEITSPFLEGE

WENN SIE IHRER KATZE EINE PILLE EINGEBEN MÜSSEN

Irgendwann im Leben Ihrer Katze werden Sie vor dem Problem stehen, ihr eine Pille oder Tablette verabreichen zu müssen. Katzen sind dabei meist ziemlich zappelig, aber mit etwas Übung bekommt man es gut hin. Wichtig ist, daß die ganze Pille geschluckt wird, vor allem bei einer Antibiotika-Behandlung.

DIE PILLE VERSTECKEN

Sie können versuchen, die Pille so im Futter zu verbergen, daß die Katze sie ahnungslos mitfrißt. Sie sollten die Pille jedoch nicht zerstoßen untermischen, weil ein Teil des Futters – und damit auch ein Teil des Medikaments – vielleicht nicht aufgegessen wird. Nehmen Sie lieber einen Leckerbissen, beispielsweise etwas zerkleinertes Hühnerfleisch oder Fisch, zerdrücken Sie die Pille, mengen Sie sie unter die Masse, und formen Sie ein walnußgroßes Bällchen. Achten Sie darauf, daß die Katze es ganz auffrißt, dann können Sie auch sicher sein, daß sie die ganze Pille geschluckt hat. Viele Katzen mögen Butter: Auch in diesem Fall zerdrücken Sie die Pille und vermengen sie mit etwas weicher Butter. Streichen Sie der Katze die Butter auf eine Pfote, und sie wird sie restlos abschlecken.

DIE PILLE VON HAND GEBEN

Die direkteste Methode ist natürlich, der Katze das Maul zu öffnen und die Pille hineinzulegen, aber oft ist das gar nicht so einfach. Manche Katzen entwickeln besonderes Geschick darin, die Pille im Maul zu verstecken und hinter Ihrem Rücken wieder auszuspucken. Mit etwas Übung dürfte folgendes Vorgehen am effektivsten sein:

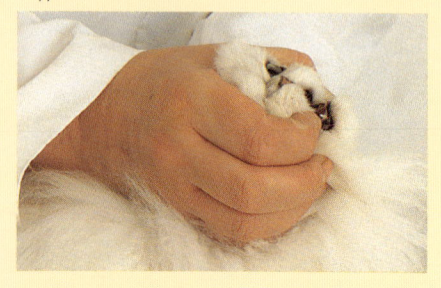

1 Um das Maul zu öffnen, greifen Sie mit der Hand um den Oberkiefer und biegen den Kopf der Katze dabei etwas zurück. Mit Daumen und Zeigefinger drücken Sie auf beiden Seiten gegen die Wangen, und die Katze wird das Maul öffnen.

2 Mit der anderen Hand schieben Sie ihr die Pille rasch so weit wie möglich in den Rachen.

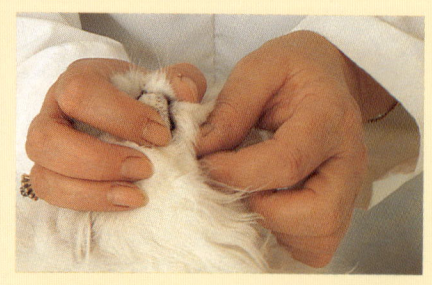

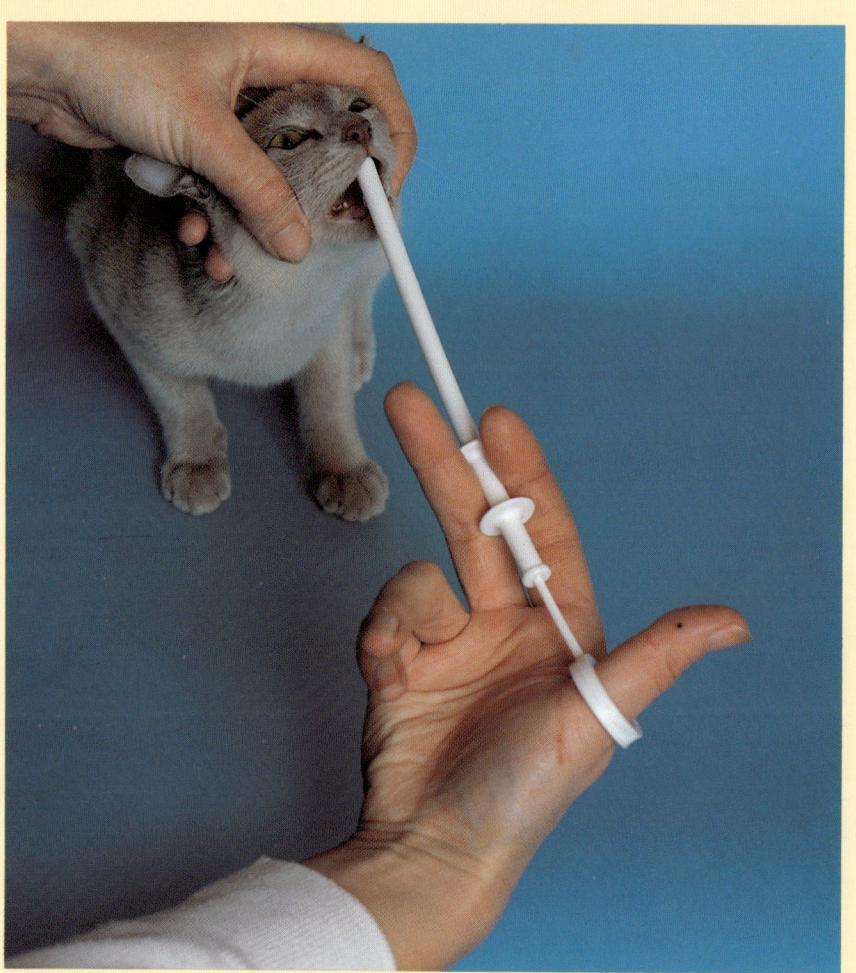

PILLENEINGEBER

Man kann auch ein Gerät kaufen, das als ›Pilleneingeber‹ bezeichnet wird (siehe oben). Das ist ein langer Kunststoffkolben, der ein bißchen wie eine Sahnespritze aussieht. Legen Sie die Pille hinein, öffnen Sie der Katze das Maul, führen Sie den Pilleneingeber ein und schieben Sie den Kolben vor. Dadurch landet die Pille im Rachen. Halten Sie Maul und Nasenlöcher der Katze wie rechts beschrieben zu.

3 Schließen Sie das Maul der Katze, halten Sie es mit einer Hand geschlossen, und halten Sie ihr mit der anderen Hand die Nasenlöcher zu – dies löst den Schluckreflex aus. Wenn Sie gesehen haben, daß die Katze geschluckt hat, können Sie sie loslassen.

114

GESUNDHEITSPFLEGE

WEITERE ERKRANKUNGEN

Unten:
Ist ein Abszeß aufgebrochen, bildet sich ein tiefes Loch, das peinlich sauber gehalten werden muß, um eine Neuinfektion zu verhindern. Bei einem Analabszeß wie auf diesem Foto ist strikte Hygiene natürlich noch wichtiger.

Katzen sind im allgemeinen gesunde Tiere. Wenn Ihre Katze regelmäßig geimpft, gut gefüttert und gepflegt wird, dürfte sie ein sorgenfreies Leben führen. Allerdings gibt es einige Infektionen, die ihr zu schaffen machen können. Die meisten können schnell diagnostiziert und durch die Gabe von Antibiotika durch einen qualifizierten Tierarzt nachhaltig beseitigt werden, einige können Sie auch recht gut selbst behandeln. Das Beste ist immer, Sie bitten den Tierarzt um Rat, selbst wenn es nur telefonisch ist. Die goldene Regel lautet, daß Sie niemals eine Behandlung selbst vornehmen sollten, wenn Sie nicht absolut sicher sind, daß Sie das richtige Verfahren auf die angemessene Art und Weise einsetzen.

Unten:
Katzenakne kommt recht häufig vor und ist bei hellfarbigen Katzen besser sichtbar.

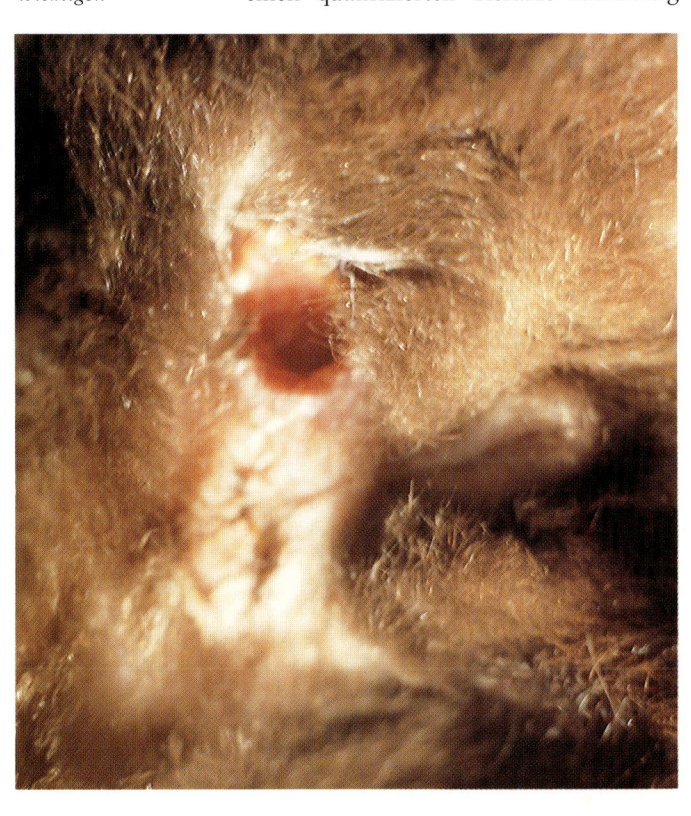

• ABSZESSE •

BESCHREIBUNG

Ein Abszeß bildet sich am häufigsten nach dem Biß einer anderen Katze, kann aber auch andere Ursachen haben. Jede unbehandelte punktförmige Hautverletzung kann sich infizieren und zu einem Abszeß führen. Die Diagnose ist nicht schwierig: Ein Abszeß sieht aus wie ein großer Pikkel, und das ist er eigentlich auch – eine eitergefüllte Beule an der verletzten Stelle.

ABHILFE

Die Infektion muß so schnell wie möglich unter Kontrolle gebracht werden, damit es nicht zu einer Sepsis (Blutvergiftung) kommt. Die Katze muß sofort Antibiotika erhalten. Das Auflegen einer heißen Kompresse hilft, den Abszeß zu öffnen, so daß der Eiter abfließen kann. Die offene Wunde muß sauber gehalten werden, damit sich kein neuer Abszeß bildet. Reinigen Sie sie mit einem Wattebausch, den Sie zuvor in warme, verdünnte Kochsalzlösung getaucht haben.

• AKNE •

BESCHREIBUNG

Katzenakne tritt meist am Kinn von Tieren auf, die allein in einem Haushalt leben. Die Katze kann diesen Teil ihres Gesichts selbst schlecht putzen, und ohne die Hilfe eines Artgenossen, der die fettigen Futterreste mit seiner rauhen Zunge von ihrem Kinn leckt, können die Poren verstopfen; es bilden sich Mitesser (man erkennt sie an den schwarzen Krümeln unterm Katzenkinn), die sich entzünden oder sogar zu Abszessen werden. Meist fallen die Haare an den betroffenen Stellen aus.

ABHILFE

Tränken Sie einen Wattebausch in warmer Kochsalzlösung, und drücken Sie ihn auf die betroffene Stelle. Dies unterstützt die Entwicklung des Mitessers, der schließlich aufbricht. Anschließend wird ein für Katzen geeignetes mildes Antiseptikum angewendet. Geht die Akne nicht zurück, sollten Sie Ihren Tierarzt aufsuchen, denn sie spricht auf eine Antibiotika-Behandlung gut an.

115

ANALDRÜSENVERSTOPFUNG

BESCHREIBUNG
Zu beiden Seiten des Afters befinden sich zwei kleine Öffnungen, die Sekret direkt aus den Analdrüsen ableiten. Aufgrund ihrer Nähe zum After können diese Öffnungen verstopfen, so daß die Drüsen sich entzünden. Normalerweise sind die Drüsenöffnungen kaum zu sehen. Sind sie jedoch verstopft, treten die Pfropfen wie schwarze Reiskörner auf beiden Seiten des Afters in Erscheinung. Die Katze rutscht dann wahrscheinlich mit dem Po über den Boden (›Schlittenfahren‹) oder leckt sich häufig die Analregion, um die Reizung zu lindern.

ABHILFE
Die Pfropfen können bei einer sehr gutmütigen Katze mit den Fingern oder einer Pinzette vorsichtig herausgezogen werden. Versuchen Sie dies aber niemals bei einer ›ungnädigen‹, zappeligen Katze oder wenn Sie nicht genau wissen, was Sie zu tun haben. Die Behandlung der entzündeten Analdrüsen sollten Sie am besten von Ihrem Tierarzt vornehmen lassen, Sie können sie aber auch selbst ausdrücken. Legen Sie eine warme Wattekompresse auf, und drücken Sie vorsichtig von beiden Seiten. Das austretende Sekret riecht ausgesprochen unangenehm, und wenn Sie sich dem nicht gewachsen fühlen, sollten Sie die Prozedur lieber Ihrem Tierarzt überlassen. Ohne Behandlung kann es aufgrund der Infektion zu einem Abszeß kommen, der an dieser empfindlichen Stelle für Ihre Katze sehr unangenehm ist.

ANALPROLAPS (VORFALL)

BESCHREIBUNG
Analprolapse kommen recht selten vor; sie versetzen den unwissenden Katzenbesitzer oft in Panik: Bei einem Analprolaps stülpt sich ein kleiner Abschnitt des Enddarms von innen nach außen, so daß die Katze aussieht, als schaue ihr eine Himbeere aus dem After heraus.

ABHILFE
Die Katze muß so schnell wie möglich zum Tierarzt gebracht werden, denn ein Prolaps ist für das Tier äußerst unangenehm und erfordert unter Umständen eine Operation. Die Ursache für einen Prolaps sind im wesentlichen Ernährungsfehler mit zu wenig Ballaststoffen, es gibt aber auch andere Auslöser. Ihr Tierarzt kann Ihnen mehr darüber sagen. Versuchen Sie niemals, den Prolaps selbst ins Rektum zurückzuschieben!

ARTHRITIS

BESCHREIBUNG
Diese Erkrankung tritt meist bei älteren Katzen auf, kann aber – wie beim Menschen auch – in jeder Altersgruppe vorkommen. Bei jüngeren Katzen kann eine Arthritis mit dem Calicivirus, einem Auslöser des Katzenschnupfens, im Zusammenhang stehen und ist meist vorübergehend. Die Arthritis befällt die Gelenke und führt zu Schwellungen, Entzündungen, Schmerzen und eventuell Lahmen, wenn sie an einem Bein auftritt.

ABHILFE
Lassen Sie vom Tierarzt die Diagnose abklären und besprechen Sie mit ihm, welche der derzeit zur Verfügung stehenden Behandlungsmöglichkeiten für Ihr Tier am besten geeignet sind. Wärme tut ihm in jedem Fall gut, und eine Wärmflasche oder ein Heizkissen werden das schmerzhafte Leiden lindern. Oft empfiehlt sich auch eine Massage, die jedoch sehr vorsichtig erfolgen sollte. Im Handel sind elektrische Massagegeräte erhältlich; richtig angewendet, können sie den Schmerz lindern und die Beweglichkeit des betroffenen Beins verbessern. Hin und wieder wird eine osteopathische Behandlung eingesetzt. Arthritis kann durch Übergewicht begünstigt werden, deshalb sollten Sie darauf achten, daß Ihre Katze das ihrer Größe und Statur angemessene Gewicht hat.

Links:
Wenn eine Katze an Arthritis leidet, tut ihr zusätzliche Wärme gut. Ein elektrisch beheiztes Katzenlager kann beispielsweise sehr nützlich sein.

ASTHMA

BESCHREIBUNG
Katzen können als allergische Reaktion auf viele Umwelteinflüsse die gemeinhin als Asthma bezeichneten Atembeschwerden entwickeln. Die Symptome sind Nasenausfluß, Niesen, tränende Augen und schwerer Atem; all diese Symptome können aber auch auf einen Katzenschnupfen hindeuten.

ABHILFE
Ihr Tierarzt muß die Katze unbedingt untersuchen, damit eine gesicherte Diagnose gestellt werden kann. Hält er Asthma für die Ursache der Beschwerden, wird er Ihnen wahrscheinlich nahelegen, die Katze während der Zeit des stärksten Pollenfluges im Haus zu lassen und die Fenster geschlossen zu halten.

GESUNDHEITSPFLEGE

Oben:
Ebenso wie Menschen können auch Katzen an Allergien wie Asthma und Heuschnupfen leiden. Sollte Ihre Katze dazu neigen, ist es das Vernünftigste, sie im Haus zu halten, solange der Pollenflug am stärksten ist.

Unten:
Wenn eine allergische Reaktion eine Augenreizung verursacht, wird Ihr Tierarzt Ihnen wahrscheinlich zu einer lindernden Augensalbe raten. Wenden Sie aber niemals ein Präparat an, das für Menschen gedacht ist.

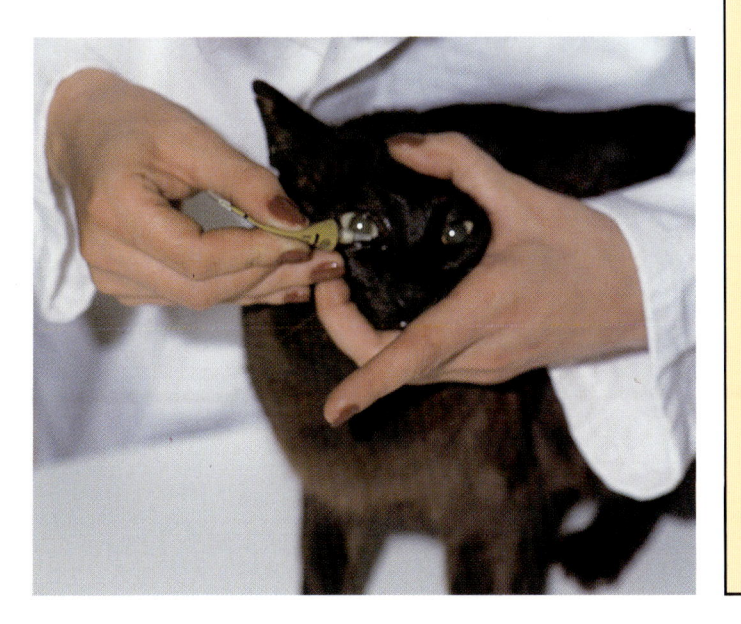

• VERSTOPFUNG •

BESCHREIBUNG

Verstopfung beruht meist auf unausgewogener Ernährung und kann oft einfach dadurch behoben werden, daß man dem Futter mehr Ballaststoffe zusetzt wie z.B. Kleie. Eine verstopfte Katze hat ein stumpfes, ›konditionsloses‹ Fell, wirkt lethargisch und wird im Katzenklo pressen, ohne jedoch Kot abzusetzen. Der nur gelegentlich ausgeschiedene harte Stuhl ist aufgrund gerissener Äderchen mit Blut gesprenkelt.

ABHILFE

Die Verstopfung können Sie ohne weiteres zu Hause behandeln, indem Sie der Katze etwas Paraffinöl einflößen. Bestehen die Symptome danach weiter, fragen Sie Ihren Tierarzt, ob sie vielleicht eine andere, ernstere Ursache haben, beispielsweise einen Darmverschluß durch Haarballen.

• SCHUPPEN •

BESCHREIBUNG

Schuppen sind natürlich keine bedrohliche Krankheit, wirken aber unansehnlich. Die abgestorbenen Hautschuppen bilden sich im Fell und können sich ansammeln, wenn die Katze nicht regelmäßig gebürstet wird. Trockene Haut kann diese Erscheinung verschlimmern. Sie kann ernährungsbedingt sein, so daß sich ein stärker ölhaltiges Futter wie Sardinen oder dergleichen als nützlich erweisen kann.

ABHILFE

Eine Fellpflegelotion hilft rasch, aber nur vorübergehend. Bleibt die Störung längere Zeit bestehen, könnte auch eine Hauterkrankung dahinterstecken, für die Ihr Veterinär das richtige Präparat verordnen kann. Auch wenn Sie an sich selbst Hautausschlag auf Brust oder Armen feststellen, sollten Sie Ihren Tierarzt ansprechen, denn dies kann auf eine Pilzinfektion hindeuten, die Sie von Ihrer Katze bekommen haben.

• DIABETES (›ZUCKERKRANKHEIT‹) •

BESCHREIBUNG

Diese Krankheit kann Katzen jeden Alters treffen, meist jedoch ältere oder übergewichtige Tiere. Die Symptome sind vermehrter Durst und Appetit bei gleichzeitigem deutlichen Gewichtsverlust. Ihr Tierarzt kann anhand von Blut- und Urinproben eine genaue Diagnose stellen.

ABHILFE

Wie beim Menschen besteht die Behandlung des Diabetes in täglichen Insulininjektionen. Ihr Veterinär zeigt Ihnen, wie gespritzt wird, und wenn Sie die Technik einmal beherrschen, ist es nicht schwer. Wichtig ist, daß eine zuckerkranke Katze ihre Mahlzeiten regelmäßig erhält und das Futter keine Kohlenhydrate oder Zucker enthält. Wenn die Erkrankung richtig behandelt wird und der Zustand sich stabilisiert, kann die Katze noch viele Jahre leben, vorausgesetzt, daß sie die richtigen Medikamente bekommt und eine entsprechende Diät eingehalten wird.

GESUNDHEITSPFLEGE

• DURCHFALL •

BESCHREIBUNG

Viele Katzen haben gelegentlich weichen Stuhl. Meistens war dann die Kost zu fett oder nicht so frisch, wie sie hätte sein sollen.

ABHILFE

Lassen Sie die Katze vierundzwanzig Stunden lang fasten; geben Sie ihr nur Mineralwasser (kein Leitungswasser) zu trinken und dreimal täglich einen Teelöffel Naturjoghurt mit lebenden Kulturen. Das hilft, das natürliche Gleichgewicht der Darmflora wiederherzustellen. Hält aber der Durchfall länger als achtundvierzig Stunden an oder verschlechtert sich der Zustand des Tiers, sollten Sie Ihren Veterinär um Rat fragen.

• OHRBESCHWERDEN •

BESCHREIBUNG

Beginnt eine Katze, sich vermehrt an den Ohren zu kratzen oder den Kopf auf eine Seite zu legen, hat sie wahrscheinlich Ohrbeschwerden. Die häufigste Ursache sind Ohrmilben (siehe »Parasiten«); es könnte sich allerdings auch ein Fremdkörper im Gehörgang befinden, beispielsweise ein Grassamen, der beim Keimen starke Reizungen und großes Unbehagen auslösen kann.

ABHILFE

Suchen Sie wegen der Diagnose und Behandlung Ihren Tierarzt auf.

• EKZEME •

BESCHREIBUNG

Das Problem mit Ekzemen ist, daß ungeachtet der vielen möglichen Ursachen das äußere Erscheinungsbild immer gleich ist. Das macht die Diagnose und Behandlung sehr schwierig.

ABHILFE

Am häufigsten werden Ekzeme durch Flohallergien ausgelöst, und die Behandlung besteht logischerweise in einer ausreichenden Dosis Flohspray und dem regelmäßigen Einsprühen der Wohnung, damit die Flöhe sich nicht weiter vermehren. Miliare (hirsekornartige) Ekzeme können auch auf Hormonstörungen beruhen, wenn eine Kätzin beispielsweise so früh kastriert wird, daß ihr endokrines System noch nicht voll ausgebildet ist. In diesem Fall wird die Katze mit Hormonpräparaten behandelt. Wie beim Menschen können auch bestimmte Nahrungsmittel allergische Ekzeme auslösen, die dann mit einer Kostveränderung behandelt werden sollten. Haarausfall mit kahlen, schuppigen Stellen sollte in jedem Fall vom Tierarzt untersucht werden, denn es könnte sich dabei auch um eine sehr ansteckende Hautpilzinfektion (siehe »Hautpilze«) handeln.

Links:
Beispiel einer Flohallergie (Dermatitis). Die betroffene Stelle wurde rasiert, sonst wären hier normalerweise spärliche, abgebrochene Haare zu sehen.

• FELINE DYSAUTONOMIE •

BESCHREIBUNG

Diese Erkrankung wurde erst vor relativ kurzer Zeit entdeckt und zunächst als Key-Gaskell-Syndrom bezeichnet. Eines der Leitsymptome sind einseitig oder beidseitig erweiterte Pupillen; deshalb wurde es auch ›Syndrom der erweiterten Pupille‹ genannt. Als weitere Symptome können Erbrechen, Verstopfung und Austrocknen von Nase und Mundhöhle hinzukommen, die zu Würgen und erschwerter Nahrungsaufnahme führen.

ABHILFE

Die Erforschung dieses recht seltenen Krankheitsbildes dauert noch an. Derzeit ist nicht bekannt, inwieweit eine Ansteckungsgefahr besteht, wie sie übertragen wird und welche Ursachen als Auslöser in Frage kommen. Die Behandlung kann deshalb nur symptomatisch sein. Meist trifft die Krankheit jüngere Katzen, wurde jedoch auch gelegentlich bei älteren Tieren beobachtet. Die Sterblichkeit war bei den wenigen bekannten Fällen sehr hoch.

Oben:
Bei Verdacht auf feline Dysautonomie wird der Tierarzt die Augen der Katze gründlich untersuchen und die Pupillenreflexe prüfen.

• INFEKTIÖSE KATZENANÄMIE (FIA) •

BESCHREIBUNG

Aus uns unbekannten Gründen scheint die infektiöse Katzenanämie vor allem junge Kater zu befallen. Es handelt sich um eine bakterielle Infektion, von der man annimmt, daß sie durch Fliegen und Mücken übertragen wird. Zu den Symptomen gehören Lethargie und Appetitmangel, ferner nehmen die normalerweise rosafarbenen Hautbereiche wie Lippen, Zahnfleisch und Mundhöhle eine blasse Färbung an.

ABHILFE

Die Krankheit kann durch eine Blutuntersuchung diagnostiziert werden. Bei positivem Test müssen weitere Untersuchungen auf das feline Leukosevirus erfolgen. Liegt lediglich der Erreger der felinen infektiösen Anämie vor, ist eine Behandlung möglich, vorausgesetzt, daß die Diagnose in einem frühen Stadium erfolgt. Bei gleichzeitigem Vorkommen von FeLV ist die Prognose allerdings nicht sehr günstig.

ANFÄLLE

BESCHREIBUNG

Wenn Ihre Katze einen Anfall hat, werden Sie dies sofort erkennen. Sie wird umfallen, speicheln und höchstwahrscheinlich unter Zuckungen leiden.

ABHILFE

Eine sofortige tierärztliche Untersuchung ist notwendig, denn Anfälle können vielfältige Ursachen haben, die alle umgehend behandelt werden müssen. Wenn Sie den Verdacht haben, Ihre Katze könnte Gift geschluckt haben, sollten Sie rasch reagieren. Bereiten Sie eine gesättigte Kochsalzlösung zu (aus Salz und Wasser) und flößen Sie diese der Katze ein, damit sie erbricht. Dadurch wird ein Großteil des Gifts aus dem Magen entfernt, bevor es verdaut werden kann. Allerdings dürfen Sie niemals Erbrechen herbeiführen, wenn es sich um eine ätzende Substanz handeln könnte. Während des Anfalls sollten Sie sich beim Umgang mit der Katze durch dicke Handschuhe schützen und das Tier in eine Decke oder ein Handtuch wickeln.

Unten:
Wenn Ihre Katze einen Anfall erleidet, schützen Sie sich vor Kratzern und Bissen durch dicke Handschuhe, und wickeln Sie die Katze fest in eine Decke.

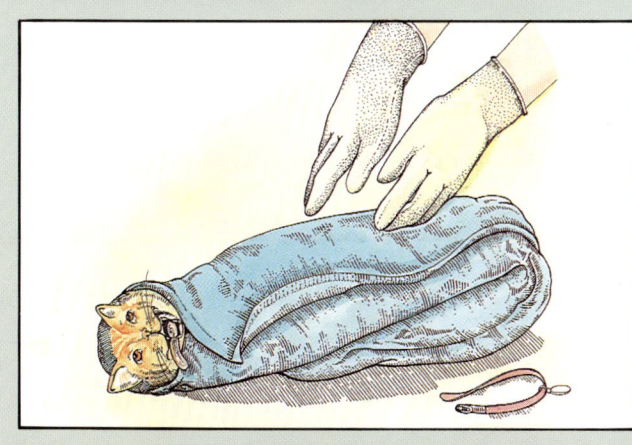

HAARBALLEN

BESCHREIBUNG

Katzen sind sehr reinliche Geschöpfe und verbringen einen großen Teil ihrer Zeit damit, sich selbst und andere Katzen zu putzen. Dabei schlucken sie natürlich auch eine Menge Haare. Haare sind unverdaulich, und wenn sich größere Mengen davon im Darm ansammeln, kann es zur Bildung von ›Haarballen‹ kommen, die den Darm verstopfen. Sie können bei der Katze Husten, Unbehagen und Verstopfung auslösen.

ABHILFE

Freilebende Katzen befreien sich von Haarballen, indem sie Gras fressen, das als natürliches Brechmittel wirkt. Katzen, die nur im Haus leben, stellt man im Tierhandel erhältliche Schalen mit ›Katzengras‹ hin, die den gewünschten Effekt zeitigen. Zur Vorbeugung sollten Sie Ihre Katze regelmäßig kämmen und bürsten, denn dann wird sie auch weniger Haare herunterschlucken.

BLUTERGÜSSE (HÄMATOME)

BESCHREIBUNG

Ein Hämatom sieht zunächst einem Abszeß (einer großen, flüssigkeitsgefüllten Schwellung) sehr ähnlich, ist aber mit Blut statt mit Eiter gefüllt. Meist treten Blutergüsse am Ohr auf (Othämatom, Blutohr), meist als Folge einer Kampfverletzung.

ABHILFE

Das Ohr ist ein empfindliches Organ, und ein Othämatom kann unbehandelt zu einem bleibenden ›Hängeohr‹ führen. Um dies zu verhindern, sollte die Katze so bald wie möglich zum Tierarzt gebracht werden; sie benötigt außerdem eine Behandlung mit Antibiotika, damit es nicht zu einer Infektion kommt.

Oben:
Ein Hämatom – eine große, blutgefüllte Schwellung – tritt meist am Ohr auf (›Blutohr‹), oft infolge einer Kampfverletzung.

Unten:
Wird ein Blutohr nicht behandelt, entwickelt sich ein sogenanntes Hängeohr. Eine sofortige Behandlung kann eine solche Deformierung verhindern.

GESUNDHEITSPFLEGE

• ZAHN- UND MUNDHÖHLENPROBLEME •

BESCHREIBUNG

Das erste Anzeichen für Zahn- oder Mundhöhlenbeschwerden ist meist, daß die Katze mit der Pfote an ihrem Gesicht herumwischt oder am Futter zwar interessiert ist, aber nicht fressen will.

Bei einem Kätzchen von etwa sechzehn Wochen hängt dies meist mit dem Zahnen zusammen. Beim Durchbrechen der bleibenden Zähne werden die Milchzähne herausgestoßen, und dabei kann das Zahnfleisch wund werden. Gelegentlich wächst ein bleibender Zahn nicht gerade, so daß dann zwei Zähne schief nebeneinander stehen.

Wenn die Katze Beschwerden in der Mundhöhle hat, kann das aber auch andere Gründe haben: So könnte ein Fremdkörper in der Kehle festsitzen, etwa ein Knochensplitter, eine Nadel oder ein anderer scharfer Gegenstand. Zahnfleischerkrankungen wie z.B. eine Zahnfleischentzündung verursachen ebenso wie lockere Zähne große Beschwerden. Solche Störungen treten zwar im wesentlichen bei älteren Katzen auf, können aber grundsätzlich in jedem Alter vorkommen, vor allem dann, wenn das Futter der Katze nicht genügend ›zu beißen‹ gibt, damit Zähne und Zahnfleisch trainiert werden.

ABHILFE

Wenn ein Jungtier beim Zahnen starke Beschwerden hat, fragen Sie Ihren Tierarzt. Salben gegen die Zahnungsbeschwerden menschlicher Babys dürfen auf keinen Fall angewendet werden.

Wenn Sie den Verdacht haben, Ihre Katze könnte einen Fremdkörper im Rachen stecken haben, sollten Sie sofort den Tierarzt aufsuchen. Der Gegenstand muß umgehend entfernt werden, um Ihre Katze vor dem Ersticken zu bewahren. Bei Zahnfleischerkrankungen und lockeren Zähnen wird ebenfalls eine Untersuchung durch den Tierarzt erforderlich. Notfalls wird er der Katze Zähne ziehen müssen.

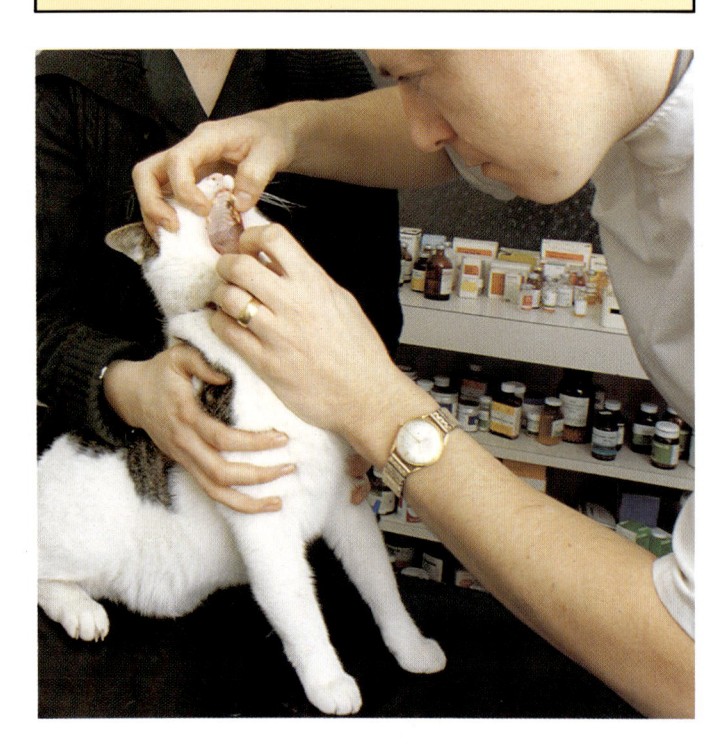

Oben:
Es gibt verschiedene harmlose Zahnfleisch- und Zahnerkrankungen, die problemlos zu behandeln sind. Bei der Untersuchung der Mundhöhle können sich aber auch Hinweise auf eine andere, schwerwiegende Krankheit ergeben. Beispielsweise kann die Blässe der Schleimhäute auf eine Anämie hindeuten, unter Umständen auf eine infektiöse Katzenanämie.

• HAUTPILZE •

BESCHREIBUNG

Mikrosporie und Trichophytie sind sehr ansteckende Hautpilzerkrankungen mit ähnlichem Erscheinungsbild. Sie müssen umgehend diagnostiziert werden, damit sie sich nicht weiter ausbreiten, und bedürfen einer sofortigen Einleitung der oft langwierigen Behandlung durch den Tierarzt.

Die Symptome sind unterschiedlich und nicht immer alle vorhanden. Meist steht der Fellverlust im Vordergrund. In der Regel fallen die Haare nicht aus, sondern brechen eher ab. Es bilden sich kahle Stellen und gelegentlich schuppige Flecken auf der Haut. Am häufigsten sind Kopf, Ohren und Zehen betroffen. Jeder Haarausfall sollte als verdächtig eingestuft und die Katze zum Tierarzt gebracht werden. Die Diagnose ist oft schwierig. In der Regel stellt sich eine Pilzinfektion im ultravioletten Licht einer Wood'schen Lampe als Fluoreszenz dar, dies ist jedoch nicht immer der Fall – einige Pilzarten können nur anhand von Pilzkulturen aus Hautabsonderungen nachgewiesen werden.

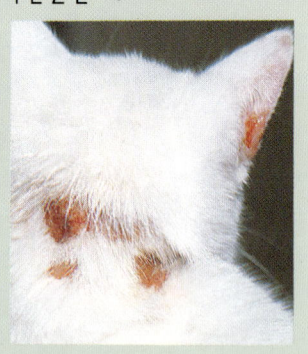

Oben:
Hautpilze befallen meist Kopf, Ohren und Füße. In schweren Fällen können sie aber auch an anderen Stellen des Körpers auftauchen.

ABHILFE

Steht die Diagnose fest, werden Hautpilze mit Griseofulvin behandelt, daneben kann auch ein antimykotisches Shampoo notwendig sein. Oral eingenommenes Griseofulvin tritt in die Blutbahn über, gelangt bis in jedes einzelne Haar und tötet auf seinem Weg alle Pilze. Um die Behandlung zu beschleunigen, werden Langhaarkatzen gelegentlich geschoren, denn je kürzer der Weg bis in die Haarspitze für das Präparat ist, desto schneller wird der Pilz aus dem Körper entfernt. Bei Kurzhaarkatzen schneiden manche Veterinäre sogar die Schnurrhaare kürzer: Da sie bekanntlich viel länger sind als das Fell, würde das Tier bei der ›Katzenwäsche‹ des Gesichts sonst bereits pilzfreie Fellpartien ständig selbst wieder infizieren.

Eine Katze mit Pilzbefall muß von anderen Katzen des Haushalts isoliert werden und sollte im Haus bleiben, um die Nachbarskatzen nicht anzustecken. Ein strenges Hygieneprogramm muß eingehalten werden: Alles, was die Katze zuvor als Lager benutzt hatte, wird verbrannt und durch neues Material ersetzt, wobei Sie die Anweisungen Ihres Tierarztes zur Sauberhaltung des neuen Lagers befolgen sollten. Da Hautpilze eine der wenigen von der Katze auf den Menschen übertragbaren Erkrankungen sind, müssen Sie bei sich selbst und Ihrer Familie mit Argusaugen auf das Auftreten schuppiger, juckender Flecken achten. Die ärztliche Behandlung beim Menschen ist die gleiche wie bei der Katze. Lassen Sie sich von Ihrem Hausarzt jedoch nicht überreden, Ihre Katze einschläfern zu lassen, nur weil Sie vielleicht Hautpilze haben – daran ist noch niemand gestorben.

Nach vier bis sechs Wochen wird der Tierarzt die Katze nochmals unter einer Wood'schen Lampe untersuchen, um sicherzustellen, daß alle Hautpilzspuren verschwunden sind. Falls dies nicht der Fall ist, kann eine weitere Behandlung mit Griseofulvin durchgeführt werden. Solange Ihr Haushalt noch nicht pilzfrei ist, sollten Sie möglichst niemanden besuchen, der selbst Tiere hält, oder solche Leute zu sich einladen, denn Hautpilze können auch über Schuhe oder Kleider übertragen werden.

GESUNDHEITSPFLEGE

UNFÄLLE UND NOTFALLSITUATIONEN

Unfälle passieren auch bei sorgfältigster Pflege der Katze, und es ist immer besser zu wissen, was Sie im Notfall zu tun haben. Die Kenntnis der Ersten Hilfe für Katzen kann Ihrer eigenen Katze vielleicht einmal das Leben retten. Wenn Sie jedoch Erste Hilfe leisten, müssen Sie sicher sein, daß Sie das Richtige tun, denn sonst richten Sie womöglich Schaden an. Im Kapitel »Gefahren für Ihre Katze« werden mögliche Gefahrensituationen geschildert, in die Ihre Katze geraten kann. An dieser Stelle möchten wir Ihnen grundlegende Ratschläge für die Sofortmaßnahmen geben, die Sie bei einem Unfall für Ihre Katze ergreifen können.

DIE FAHRT ZUM TIERARZT

Außer bei geringfügigen Verletzungen, die Sie selbst behandeln können, leisten Sie Erste Hilfe, wenn Sie mit dem Verfahren vertraut sind, und bringen Ihre Katze dann sofort zum Tierarzt. Ihn zu einem Hausbesuch zu rufen, würde zuviel Zeit kosten, und es kann dann immer noch sein, daß eine Notfallbehandlung erforderlich ist, die nur in der Praxis durchgeführt werden kann, ganz zu schweigen von einer Operation.

Wenn Sie die Katze im Auto zum Tierarzt bringen müssen, fahren Sie nicht allein. Falls möglich, lassen Sie einen Freund oder Nachbarn mitfahren. Wenn die verletzte Katze im Transportbehälter sich selbst überlassen bleibt, könnte sie in Panik geraten und sich selbst noch weiteren Schaden zufügen. Besser ist es, Sie wickeln die Katze in eine Decke, und jemand nimmt sie auf den Arm. Das beruhigt die Katze, so daß sie nicht so schnell einen Schock entwickeln wird. Auch Sie selbst riskieren nicht so leicht einen Autounfall, wenn Sie wissen, daß Ihre Katze sicher festgehalten wird und es so bequem wie möglich hat.

Nach jedem Unfall muß die Katze gegen Schock behandelt werden: Lagern Sie das Tier ruhig und warm, wickeln Sie es in eine Decke oder ein Handtuch, bis Sie zum Tierarzt kommen.

GESUNDHEITSPFLEGE

Links:
Wenn Katzen ihr Revier verteidigen, kommt es oft zu Kämpfen. Achten Sie auf punktförmige Stich- und Bißwunden, denn sie können sich leicht entzünden und zu einem Abszeß führen.

BISSVERLETZUNGEN DURCH ANDERE TIERE
(SIEHE AUCH ›SCHLANGENBISSE‹)

BESCHREIBUNG
Jede freilaufende Katze wird unweigerlich irgendwann einmal in eine Auseinandersetzung mit einem Artgenossen geraten. In den Mundhöhlen aller Tiere, übrigens auch des Menschen, sind zahlreiche Bakterien vorhanden, die Infektionen verursachen können, wenn sie in die Blutbahn gelangen.

ABHILFE
● Jede Wunde muß sofort mit einem für Katzen geeigneten verdünnten Antiseptikum ausgewaschen werden, um die lokale Infektion möglichst gering zu halten. Selbst eine kleine Wunde kann zu einem Abszeß führen.
● Suchen Sie dann Ihren Tierarzt auf, damit er Ihrer Katze sofort ein Antibiotikum injiziert und ein orales Antibiotikum für die Weiterbehandlung verordnet.

VERBRENNUNGEN

BESCHREIBUNG
Es gibt im wesentlichen drei Arten von oberflächlichen Verletzungen, die alle die Bildung von Blasen an der betroffenen Stelle zur Folge haben:
● Verbrennungen durch direktes Berühren einer heißen Oberfläche;
● Verbrühungen durch Kontakt mit kochender Flüssigkeit;
● Verätzungen durch Kontakt mit giftigen Chemikalien.

Die beiden ersten Verbrennungsformen können Ihrer Katze am ehesten in der Küche zustoßen. Verätzungen passieren eher dann, wenn die Katze in einen Raum spaziert, in dem gefährliche Chemikalien lagern.

ABHILFE
● Halten Sie die Blasen sofort unter einen kalten Wasserstrahl.
● Tragen Sie niemals Salben, Lotionen oder Butter auf die verbrannte Stelle auf.
● Stechen Sie Blasen nicht auf.
● Bringen Sie die Katze so schnell wie möglich zum Tierarzt.

Rechts:
Wenn Ihre Katze sich verbrannt hat, halten Sie die verbrannte Stelle sofort in einen kalten Wasserstrahl, bis die Verletzung vollständig abgekühlt ist.

GESUNDHEITSPFLEGE

WIEDERBELEBUNG

Sofortige Wiederbelebung entscheidet über Leben und Tod Ihrer Katze, wenn sie nicht mehr atmet. Dies kann verschiedene Ursachen haben, meistens Ertrinken (darunter fallen auch neugeborene Kätzchen, die Fruchtwasser eingeatmet haben) und Stromstöße (siehe nächste Seite).

1 Biegen Sie den Kopf der Katze nach hinten, halten Sie ihr den Mund zu, und blasen Sie Ihren Atem in ihre Nasenlöcher.

2 Warten Sie, bis die Luft wieder ausgeströmt ist, und beatmen Sie weiter, bis die Katze wieder von selbst atmet. Fängt die Katze nicht wieder an zu atmen, muß eine Herzmassage vorgenommen werden.

3 Für die Herzmassage legen Sie die Katze auf die Seite und drücken mehrmals rasch auf den Brustkorb direkt hinter dem Ellbogen des Vorderbeins, wo das Herz liegt, und lassen wieder los. Machen Sie sich keine Gedanken, ob Sie die Katze dabei grob anfassen: Wenn sie nicht atmet, ist sie nach menschlichem Ermessen tot, und wenn Sie es mit der Massage schaffen, sie wiederzubeleben, dürfte eine gebrochene Rippe keine allzugroße Rolle spielen.

GESUNDHEITSPFLEGE

• ERTRINKEN •

BESCHREIBUNG

Eine Katze muß nicht unbedingt in einen tiefen See fallen, um zu ertrinken. Ertrinken bedeutet, daß die Lungen sich mit Wasser statt mit Luft füllen, und das kann aus unterschiedlichen Gründen passieren. Wichtig ist, sofort das Wasser aus den Lungen zu entfernen, damit die Katze wieder Luft bekommt.

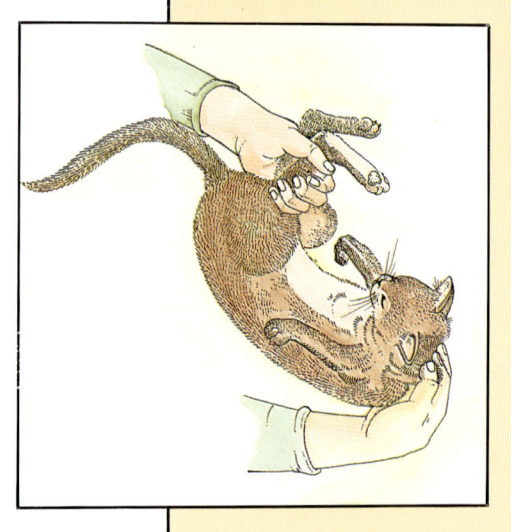

ABHILFE

• Halten Sie die Katze mit dem Kopf nach unten und klopfen Sie ihr fest auf den Rücken. Wenn dabei das Wasser nicht herausläuft und die Katze offenbar nicht atmet, müssen Sie zu drastischeren Maßnahmen greifen.
• Fassen Sie die Katze fest an den Hautfalten in ihrem Nacken, greifen Sie mit der anderen Hand die Hinterbeine, und schwenken Sie die Katze ruckartig nach unten.
• Wenn das Wasser aus den Lungen entfernt ist, beginnen Sie mit der Wiederbelebung. Gehen Sie dabei in etwa nach den Empfehlungen des Roten Kreuzes für menschliche Opfer vor, das heißt hier Mund-zu-Mund-Beatmung, wobei sich für Katzen die Mund-zu-Nase-Beatmung besser eignet (siehe »Wiederbelebung«).

Links: *Um das Wasser aus den Lungen zu entfernen, halten Sie die Katze an den Hautfalten im Nacken fest und greifen mit der anderen Hand die Hinterbeine. Schwenken Sie die Katze ruckartig nach unten.*

• STROMSTÖSSE •

BESCHREIBUNG

Katzen sind dafür berüchtigt, daß sie gerne etwas zernagen, und die von elektrischen Kabeln ausgehenden Gefahren sind ihnen natürlich unbekannt. Sollte Ihre Katze unter Strom stehen, berühren Sie sie nicht, bevor Sie nicht das Gerät ausgeschaltet und den Stecker herausgezogen haben, denn sonst bekommen Sie selbst einen Schlag!

ABHILFE

• Führen Sie die Schritte 1–3 zur Wiederbelebung durch (siehe vorangehende Seite).
• Fahren Sie dann sofort zum Tierarzt.

• STÜRZE •

BESCHREIBUNG

Man sagt immer, Katzen würden bei Stürzen stets auf allen vier Füßen landen, aber das ist nicht immer der Fall. Kieferfrakturen sind nach Stürzen viel häufiger zu beobachten als gebrochene Beine, und selbst wenn eine Katze nichts gebrochen hat, könnte sie doch eine Gehirnerschütterung erlitten haben.

ABHILFE

• Wenn Sie eine Fraktur vermuten, suchen Sie umgehend Ihren Tierarzt auf, und halten Sie die Katze fest, damit sie sich nicht selbst weiteren Schaden zufügt.
• Es können auch innere Verletzungen vorliegen, die Sie selbst nicht feststellen können. Behandeln Sie Ihre Katze gegen Schock, und rufen Sie Ihren Tierarzt an. Er wird Ihnen sagen, wie Sie die Katze transportieren sollen. Bringen Sie sie dann schnell in die Praxis.

Links: *Katzen haben offenbar eine natürliche Vorliebe für elektrische Geräte, und selbst dieses so harmlos wirkende Telefon mit Anrufbeantworter kann einen gefährlichen Stromstoß auslösen, wenn die Katze das Stromkabel durchnagt.*

Gesundheitspflege

Links:
Kleine Katzen dürfen niemals unbeaufsichtigt draußen herumtollen. Wenn gerade niemand zur Stelle gewesen wäre, hätte dieses Kätzchen hier einen bösen Sturz aus dem Baum erleiden können.

GESUNDHEITSPFLEGE

• INSEKTENSTICHE •

BESCHREIBUNG

Am häufigsten werden Katzen von Wespen und Bienen gestochen. Ein äußerlicher Wespenstich verursacht eine lokale Reizung. Katzen lieben es, fliegende Objekte zu jagen, und gelegentlich fangen und verschlucken sie Wespen oder Bienen. Dadurch kann es zu Stichen in Maul oder Rachen kommen.

ABHILFE

• Bei einem äußerlichen Wespenstich kühlen Sie die betroffene Stelle mit einer kalten Kompresse.
• Bienenstachel bleiben im Opfer zurück und müssen entfernt werden. Wenn Sie den Stachel sehen, ziehen Sie ihn mit einer feinen Pinzette heraus. Ist er nicht zu erkennen, bringen Sie die Katze zum Tierarzt.
• Wenn Ihre Katze in die Mundhöhle gestochen wurde, müssen Sie so schnell wie möglich mit ihr zum Tierarzt; der Rachen schwillt rasch zu, und die Katze kann ersticken, wenn sie nicht umgehend behandelt wird. In der Zwischenzeit sollten Sie der Katze einen kleinen Eiswürfel ins Maul legen, um die Schwellung einzudämmen.

• KLEINE SCHNITT- UND SCHÜRFWUNDEN •

BESCHREIBUNG

Kleine oberflächliche Wunden können Sie leicht selbst versorgen, so wie Sie das aufgeschürfte Knie eines Kindes behandeln würden.

Unten:
Auf eine stark blutende Wunde wird eine kalte Kompresse fest aufgedrückt. Wenn die Blutung innerhalb weniger Minuten nicht aufhört, bringen Sie die Katze zum Tierarzt, denn dann muß die Wunde wahrscheinlich genäht werden.

ABHILFE

• Tragen Sie ein verdünntes Antiseptikum auf, und achten Sie darauf, ob sich möglicherweise eine Infektion bildet.
• Die Versorgung tieferer Wunden ist etwas aufwendiger, vor allem, wenn sie stark bluten.
• Drücken Sie eine kalte Kompresse direkt auf die Wunde, um die Blutung zum Stillstand zu bringen.
• Hört die Blutung nicht innerhalb weniger Minuten auf, sollten Sie die Katze zum Tierarzt bringen, denn dann muß die Wunde wahrscheinlich genäht werden.

• VERGIFTUNGEN •

BESCHREIBUNG

Katzen können sich auf zweierlei Weise vergiften: entweder durch Verschlucken des Giftes oder durch Aufnahme durch die Pfotenballen.

ABHILFE

• Wichtig ist in jedem Fall, die Katze so schnell wie möglich zum Tierarzt zu bringen.
• Wenn Sie wissen, um welches Gift es sich handelt, nehmen Sie eine Probe davon mit, denn das kann Diagnose und Behandlung sehr beschleunigen.
• Wenn Sie sicher sind, daß Ihre Katze Gift gefressen hat, sollten Sie ihr zwangsweise ein Brechmittel in Form einer gesättigten Kochsalzlösung verabreichen.
• Die Katze darf nicht zum Erbrechen gebracht werden, wenn Sie den Verdacht haben, sie könnte eine ätzende Substanz geschluckt haben, denn dann würde das Erbrechen den Schaden noch verschlimmern.

Oben:
Katzen werden von kleinen Flugobjekten magisch angezogen, aber die Biene könnte für diese neugierige Katze zu einer Gefahr werden.

GESUNDHEITSPFLEGE

• VERKEHRSUNFÄLLE •

BESCHREIBUNG

Jede Katze, die einen Verkehrsunfall erlitten hat, muß umgehend in tierärztliche Behandlung und sollte sofort zur nächstgelegenen Praxis gebracht werden. Meist haben Unfallopfer multiple Verletzungen.

ABHILFE

- Bewegen Sie die verletzte Katze so wenig wie möglich.
- Legen Sie einen Mantel, eine Decke oder was Sie sonst zur Hand haben neben der Katze auf den Boden und benutzen Sie es als Behelfstrage. Legen Sie die Katze vorsichtig darauf, und bewegen Sie ihre Beine dabei so wenig wie möglich.
- Lagern Sie den Kopf etwas tiefer als den übrigen Körper, ohne daß er allerdings herabbaumelt. Dadurch stellen Sie sicher, daß das Gehirn durchblutet wird und es nicht zu Hirnschäden kommt.
- Halten Sie die Katze so warm und ruhig wie möglich, bis Sie die Tierarztpraxis erreichen.

Oben:
Eine Katze, die bei einem Verkehrsunfall verletzt wurde, darf so wenig wie möglich und nur sehr, sehr vorsichtig bewegt werden. Unfallopfer müssen in jedem Fall so schnell wie möglich zum Tierarzt. Aus einem Mantel kann man eine brauchbare Trage anfertigen: Legen Sie die Katze vorsichtig darauf, und halten Sie mit einer anderen Person zusammen beide Seiten des Mantels fest, um die ›Trage‹ anzuheben. Lagern Sie den Kopf der Katze etwas tiefer als den Körper, damit die Durchblutung des Gehirns gefördert wird.

• SCHLANGENBISSE •

BESCHREIBUNG

In einigen Teilen der Welt kommen Schlangenbisse recht häufig vor, vor allem auf dem Lande. Wohnen Sie in einer solchen Gegend, sind Sie sich sicher dieser Gefahr bewußt und kennen die bei Ihnen heimischen Schlangen. Oft wird übersehen, daß es auch bei uns noch eine Giftschlange gibt – die Ringelnatter.

ABHILFE

- Wenn Ihre Katze von einer Giftschlange gebissen wurde, müssen Sie sehr rasch handeln, denn das Gift wird schnell durch das Kreislaufsystem verteilt, und ein Serum muß so bald wie möglich verabreicht werden.
- Wenn Ihr Tierarzt kilometerweit entfernt wohnt, können Sie am ehesten noch eine Aderpresse anlegen, um die Durchblutung und damit die Ausbreitung des Gifts zu vermindern. Dies sollte aber nur im äußersten Notfall geschehen, denn dabei kann leicht der Blutfluß so stark eingeschränkt werden, daß das Gewebe abstirbt und später eine Amputation notwendig wird.
- Wenn der Biß von einer ungiftigen Schlange stammt, verhalten Sie sich wie bei einer anderen Stich- oder Bißwunde (siehe auch »Bißverletzungen durch andere Tiere«).

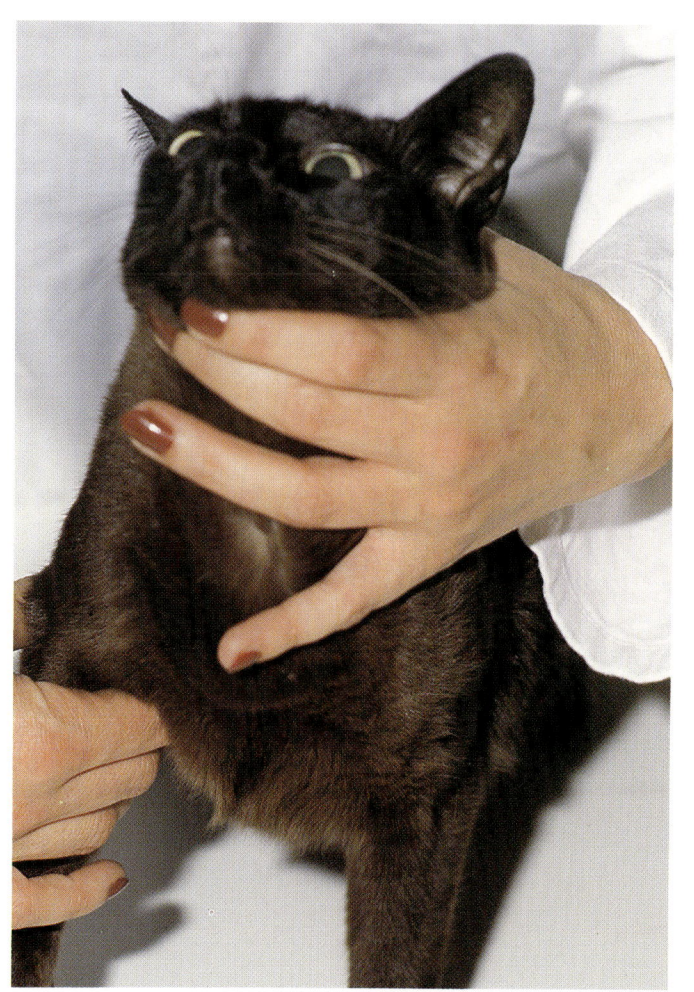

Rechts:
Bei der Katze kann der Puls an der Innenseite der oberen Vorderbeine (in den ›Achselhöhlen‹) gemessen werden.

Klassifikation der Katzenrassen

Edelkatzen gibt es zwar nicht in der gleichen Vielfalt wie Rassehunde, doch die Auswahl ist immer noch immens. Die einzelnen Rassen unterscheiden sich nicht nur hinsichtlich Gestalt, Farbe und Größe, sondern weisen auch unterschiedliche Charaktere und Persönlichkeiten auf. Einige sind wesentlich anspruchsvoller als andere, manche bleiben nicht gerne allein, wieder andere bevorzugen eine absolut ruhige Umgebung. Lassen Sie sich niemals verleiten, ein Kätzchen allein wegen seines Aussehens zu kaufen.

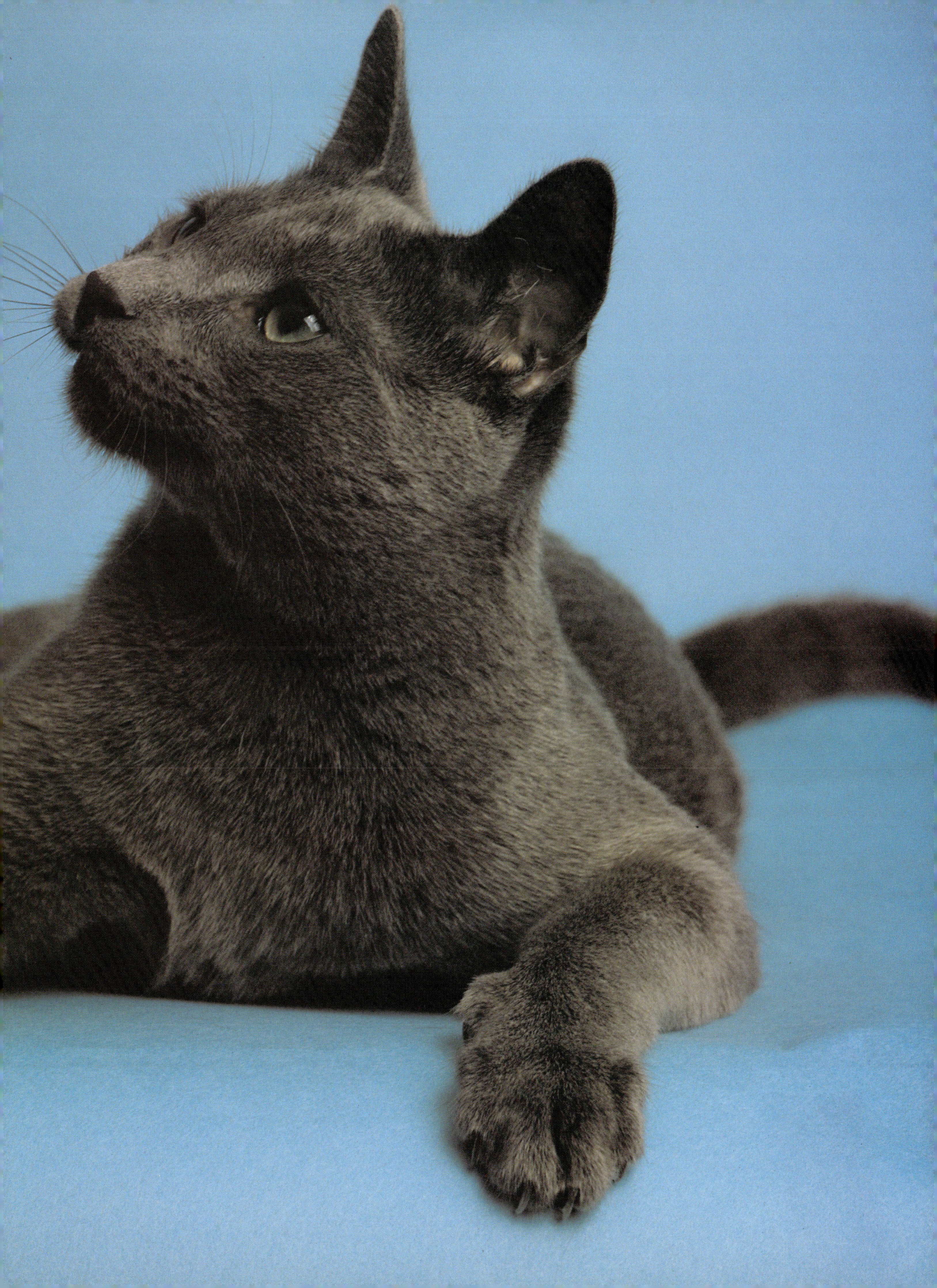

Einige Katzenrassen sind recht alt und durch natürliche Selektion entstanden, manche sogar nur in einer bestimmten Gegend zu finden wie beispielsweise die schwanzlose Manx. Neuere Rassen wurden und werden dagegen von Züchtern durch gezielte Einkreuzungen ›kreiert‹. Durch die Herausbildung neuer Haarfarben und Fellzeichnungen sowie verschiedener Haarlängen sorgen Züchter dafür, daß es Edelkatzen heute in einer ganzen Palette von Farbschlägen gibt.

Die internationalen Katzenzuchtverbände teilen Edelkatzen in etwas unterschiedliche Klassen ein. Einige Rassen gibt es nur in bestimmten Ländern, während andere überall auf der Welt zu finden sind. Die Klassifikation in diesem Buch stützt sich im großen und ganzen auf die Richtlinien des britischen Governing Council of the Cat Fancy (GCCF), eines großen europäischen Dachverbands. Wo es mir erforderlich schien, werden dabei jedoch auch alternative Namen angegeben.

Es gibt sieben Grundtypen, die alle im folgenden beschrieben werden. Wenn Sie die beliebteste aller Katzensorten – die Hauskatze – dazurechnen, sind es sogar acht Grundtypen.

Langhaarkatzen vom Persertyp

Für sie alle gilt der gleiche Standard hinsichtlich Typus, Form, Größe und Haarlänge. Alle haben kurze Nasen, kleine Ohren und ein üppiges Fell. Es gibt eine Vielfalt von Farben und Zeichnungen. Es handelt sich meist um ruhige, friedliebende Tiere, die nicht allzuviel Aufmerksamkeit fordern. Aufwendig ist allerdings die Fellpflege, bei der diesen Katzen geholfen werden muß. Hierfür müssen Sie mindestens eine Viertelstunde pro Tag einkalkulieren.

Langhaarkatzen vom Typ Nicht-Perser (Semi-Langhaar/ Halblanghaar)

Das einzige, was die in dieser Gruppe zusammengefaßten Rassen gemeinsam haben, ist die Haarlänge. Jede Rasse ist in Typus und Temperament ganz eigenständig. Die Gruppe umfaßt unter anderem

Unten:
Die (Heilige) Birma ist eine der beliebtesten Halblanghaarkatzen. Diese beiden Birma Blue-Point zeigen deutlich die typischen Abzeichen und die bei dieser Rasse einzigartigen weißen ›Handschuhe‹.

die (Heilige) Birma, Türkische Katzen, Maine Coons und die Norwegische Waldkatze. Vom Charakter her sind sie alle völlig verschieden.

Britisch und Amerikanisch Kurzhaar

Wie die einzelnen Perserrassen sehen sich auch Amerikanisch und Britisch Kurzhaar weitgehend ähnlich. In Deutschland wird Britisch Kurzhaar bei einigen Zuchtvereinen teilweise als Europäisch Kurzhaar geführt. Allerdings gilt dies nicht generell, denn bei Britisch Kurzhaar wurden Perser eingekreuzt, während der zierlichere kontinentale Kurzhaartyp, der inzwischen oft als ›keltische Kurzhaar‹ bezeichnet wird, definiert wird als reine »Hauskatze mit Stammbaum«. Und die Exemplare ohne Stammbaum in den anerkannten Farbschlägen fallen in die Klasse ›Hauskatzen‹, für die es keinen Standard gibt. Diese Kurzhaarkatzen sind meist vom Temperament her ruhiger als die übrigen Kurzhaarrassen, benötigen jedoch zusätzliche Fellpflege aufgrund ihres dichten, kurzen Haarkleides. Britisch und Amerikanisch Kurzhaar können sich zu recht großen, schweren Exemplaren entwickeln.

Weitere Kurzhaarrassen

Sie werden der Bequemlichkeit halber zu einer Gruppe zusammengefaßt. Einige Va-

Rechts:
Wer große, massige Katzen mag, wird mit Britisch Kurzhaar gut bedient sein. Es gibt sie in vielen Farben und Zeichnungen, von denen Britisch Blau (Kartäuser) wohl die beliebteste ist.

Oben:
In der Obergruppe ›Andere Kurzhaarkatzen‹ wird eine Vielzahl von Rassen zusammengefaßt, die in keine andere Gruppe gehören. Die Ägyptische Mau ist eine gefleckte Katze, der Typus ist jedoch ganz anders als der ihrer engen Verwandten, der Oriental Spotted Tabby.

KLASSIFIKATION DER KATZENRASSEN

Unten:
Die Snowshoe (Schneeschuhkatze) ist als Rasse bisher vom Governing Council of the Cat Fancy (GCCF) in Großbritannien nicht anerkannt, jedoch bei der Cat Association of Britain (CAB) und den verschiedenen amerikanischen Katzenzuchtverbänden sehr beliebt. Es handelt sich um eine neuere, gezielte Kurzhaarzüchtung.

rietäten wie die Exotic Shorthair werden in den USA und Europa sogar in der Langhaarklasse gerichtet, und andererseits fallen einige Halblanghaarrassen, so z. B. Somali und Abessinier, in die Kurzhaarklasse. Hierher gehören alle kurzhaarigen Katzen, die in keine der anderen festgelegten Gruppen fallen. Wie bei den Halblanghaarkatzen sind auch hier die Rassen ganz unterschiedlich in Aussehen und Temperament. Die Gruppe umfaßt Abessinier, Cornish und Devon Rex, Amerikanisch Drahthaar (American Wirehair) und Amerikanisch Curl sowie neuere Rassen wie die Asian Cats einschließlich Burmilla und die getupften Bengalkatzen und Ocicats.

Orientalisch Kurzhaar

Diese Katzen sind von der Gestalt und Größe her mit den Siamesen identisch und werden nach dem Standard für Siamkatzen gerichtet. Im Unterschied zu diesen weisen sie nicht die Abzeichen auf, die in der Genetik als ›Himalaya-Faktor‹ bezeichnet werden. Es gibt Orientalisch Kurzhaar in einer ganzen Palette von Farben, und alle haben in etwa das gleiche Temperament wie die Siamesen.

Burmesen

Burmakatzen sind eine ganz eigenständige Gruppe. Alle Burma sind Vertreter des gleichen Typs und Charakters, sie unterscheiden sich nur im Farbschlag. Sie sind aktiv, fordern viel Aufmerksamkeit und bleiben nicht gerne allein. Meist sind sie jedoch nicht ganz so gesprächig wie die Siamesen. Der Charakter der Burma ist so bemerkenswert und ihre Anhänglichkeit so groß, daß sie heute zu einer der beliebtesten Katzenrassen geworden sind.

Siamesen

Siamesen sind sehr bekannt und relativ einfach zu züchten. Sie sind elegant, geschmeidig und weisen die typischen Abzeichen auf. Wie die Burmakatze brauchen sie nicht nur Aufmerksamkeit – sie fordern sie.

Die folgenden Kapitel beschreiben im einzelnen all diese Rassen und ihre Charaktere sowie die Standards, die sie erfüllen müssen, um in Großbritannien einen Challenge- oder Premior-Titel bzw. den entsprechenden Titel in anderen Ländern zu erlangen (siehe »Katzenausstellungen«).

Klassifikation der Katzenrassen

Links:
Die beliebten Siamkatzen sind leicht als eigenständige Rasse zu erkennen. Es gibt sie in zahlreichen verschiedenen Haarfarben und Zeichnungen. Diese Blue-Point verkörpert die ganze Eleganz dieser bezaubernden Rasse.

Oben links:
Die Korat ist eine der ältesten bekannten Katzenrassen mit natürlicher Blaufärbung. Sie stammt aus Thailand, wo sie als ›Si-Sawat‹ – Glücksbringer – gilt. Sie existiert nur in der ursprünglichen blauen Farbe.

Rechts:
Die erste Burmakatze, ein braunes Tier mit dem Namen Wong Mau, kam in den dreißiger Jahren in die Vereinigten Staaten. Heute gibt es nach dem Standard für Burmakatzen zehn verschiedene Farbschläge, beispielsweise dieses hübsche cremefarbene Jungtier.

Klassifikation der Katzenrassen

Genetik

Die Genetik kann man als Wissenschaft von den Wahrscheinlichkeiten bezeichnen, wenn eine Wissenschaft überhaupt auf der Möglichkeit des Eintreffens bestimmter Ereignisse begründet sein kann statt auf präzisen, nachgewiesenen Ergebnissen. Mitte der achtziger Jahre des 18. Jahrhunderts machte der österreichische Mönch Gregor Mendel sich Gedanken über die verschiedenen Blütenfarben, die er an den Erbsenpflanzen im Klostergarten beobachtete. Er meinte, es müsse irgendeine göttliche Ordnung geben, die darüber entschied, welche von den Pflanzen die eine oder andere Blütenfarbe, die eine oder andere Blattform, runzlige oder glatte Erbsen hervorbrachte, welche zwergwüchsig waren und welche normale Größe hatten. Was er sah, war das äußere Erscheinungsbild (der Phänotyp) der Pflanzen, das durch ihre genetische Anlage (ihren Genotyp) bedingt ist. Er legte damit den Grundstein für die Wissenschaft, die wir heute als Genetik bezeichnen. Sie beschäftigt sich mit dem äußeren und inneren Erscheinungsbild jedes Lebewesens – und damit auch dem der Katze.

Mendel entdeckte, daß bei selektiver Bestäubung bestimmter Pflanzen mit den Blüten der gleichen Farbe die Blüten der Tochterpflanze fast immer die gleiche Farbe hatten wie die der Eltern. Er forschte weiter, ob dies auch auf Tiere zutraf. Er wählte zahme Mäuse, weil sie sich sehr rasch vermehren, und stellte auch bei ihnen fest, daß die Nachkommen zweier gleichartiger Elternteile meist die gleiche Farbe aufweisen wie diese.

Kreuzte man jedoch Erbsen unterschiedlicher Farbe oder Mäuse mit verschiedener Haarfarbe, schien die beim Nachwuchs auftretende Farbe entweder nur von dem einen oder nur von dem anderen Elternteil dominiert zu werden. Und nun wurde die Sache interessant: Wenn man nämlich zwei Nachkommen der ersten Generation untereinander kreuzte, ähnelten in der zweiten Generation einige der Pflanzen oder Mäuse dem einen, einige dem andern Großelternteil. Mendel hatte entdeckt, daß es zwei Arten von Genen gibt, nämlich dominante (merkmalsbestimmende) und rezessive (unterlegene), und daß alle Lebewesen je einen Satz Gene von jedem Elternteil erben. Was hat dieses Wissen nun mit Katzen zu tun?

VERERBUNGSMUSTER DER FELLMERKMALE BEI DER KATZE

Das Aussehen einer Katze wird durch zahlreiche verschiedene Gene festgelegt. Einige bestimmen die Form von Körper, Augen und Kopf, andere die Farbe, Länge und Zeichnung des Fells, und manche bedingen sogar eine Neigung zu bestimmten Defekten. Da die Kombinationsmöglichkeiten schier endlos sind, möchte ich mich im Rahmen dieses Buches auf die Vererbungsmuster der Fellmerkmale beschränken. Der Phänotyp (das Erscheinungsbild) wird durch den Genotyp (den genetischen Code) festgelegt. Was das Fell einer Katze angeht, gibt es im wesentlichen drei Bereiche, in denen Unterschiede möglich sind: Lang- oder Kurzhaar, verschiedene Haarfarben und verschiedene Zeichnungen.

Haarfarbe

Um es zu Anfang einfach zu machen, könnten Sie mit zwei braunen Burmakatzen beginnen, die beide Träger eines rezessiven Gens für die Farbe Blau sind. Wenn man diese beiden Tiere paart, erhalten alle Nachkommen je ein Gen von jedem Elternteil. Das Ergebnis ist das sogenannte Mendelsche Verhältnis von 1 : 2 : 1, also ein reinerbig braunes Kätzchen, zwei braune Tiere mit der rezessiven Anlage für Blau und ein reinerbig blaues Jungtier. Das Diagramm unten zeigt diesen Vererbungsgang

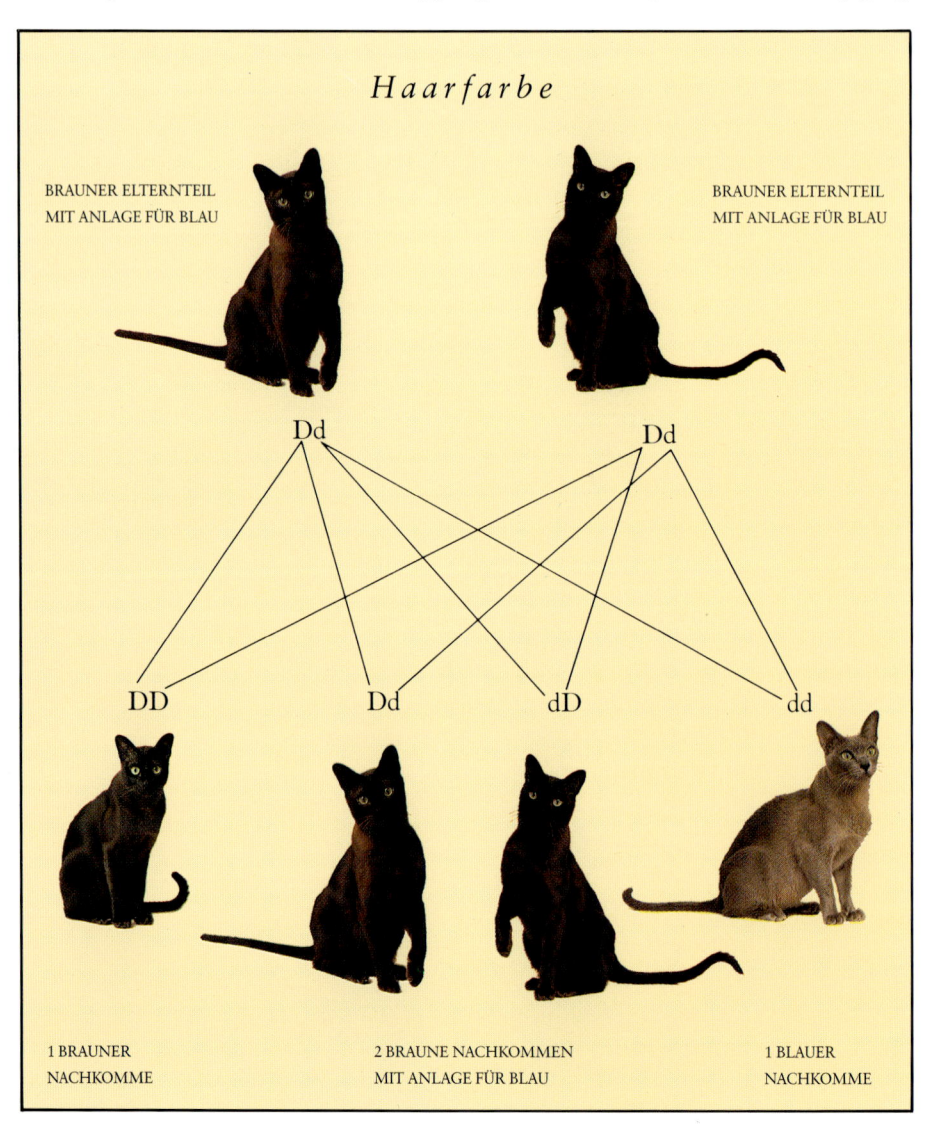

Haarfarbe

BRAUNER ELTERNTEIL MIT ANLAGE FÜR BLAU   BRAUNER ELTERNTEIL MIT ANLAGE FÜR BLAU

Dd   Dd

DD   Dd   dD   dd

1 BRAUNER NACHKOMME   2 BRAUNE NACHKOMMEN MIT ANLAGE FÜR BLAU   1 BLAUER NACHKOMME

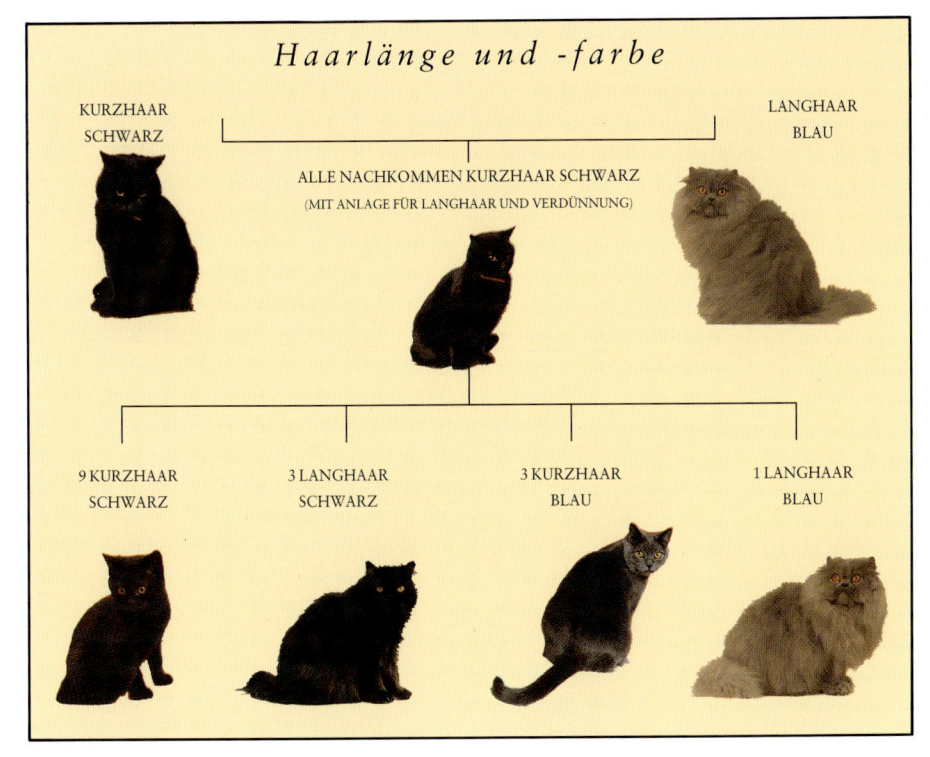

Haarlänge und -farbe

KURZHAAR SCHWARZ × LANGHAAR BLAU

ALLE NACHKOMMEN KURZHAAR SCHWARZ
(MIT ANLAGE FÜR LANGHAAR UND VERDÜNNUNG)

- 9 KURZHAAR SCHWARZ
- 3 LANGHAAR SCHWARZ
- 3 KURZHAAR BLAU
- 1 LANGHAAR BLAU

Das Burmilla-Programm

CHINCHILLA — BURMA LILAC

Die beiden für das erste Burmilla-Zuchtprogramm gewählten Rassen (oben); die erste Generation von Burmillas (rechts) und (unten) Beispiele für die in den folgenden Generationen auftretende Vielfalt von Haarfarben, -längen und -mustern.

BURMILLA

ASIAN TICKED TABBY

BURMILLA

ASIAN TABBY — ASIAN SMOKE

BOMBAY — TIFFANIE CREME

---

in vereinfachter Form. Dabei steht das große **D** für das dominante Gen für Braun, das kleine **d** für das rezessive Gen für die Verdünnung Blau. In diesem leicht nachvollziehbaren Beispiel geht es nur um ein Merkmal, die Haarfarbe.

Haarlänge und -farbe

Wenn man nun zwei Merkmale betrachtet, nämlich Haarfarbe und -länge, gibt es bereits mehr Möglichkeiten. Wird eine reinerbig kurzhaarige schwarze Katze mit einer reinerbig langhaarigen blauen Katze gekreuzt, ist Schwarz dominant über Blau und Kurzhaar dominant über Langhaar. Die Nachkommen der ersten Generation sind alle gleich. Werden zwei davon untereinander gekreuzt, können vier verschiedene Phänotypen entstehen, die sich in Haarfarbe und -länge unterscheiden.

Das Diagramm (*oben*) zeigt das Verhältnis von drei schwarzen Tieren (dominant) zu einem blauen Tier (rezessiv) und drei kurzhaarigen Tieren (dominant) zu einem langhaarigen Tier (rezessiv).

Fellzeichnung, Haarlänge und -farbe

Kommt ein drittes Merkmal hinzu, nämlich die Fellzeichnung, entstehen sogar noch weit mehr Möglichkeiten.

In einem in neuerer Zeit erfolgten Programm zur Zucht einer neuen Rasse, der zur Gruppe der Asian Cats gehörenden Burmilla, werden diese drei Merkmale und ihr Vererbungsmuster deutlich. Das ursprüngliche Elternpaar war ein männlicher Perser Chinchilla (eine langhaarige Varietät mit schwarzen Haarspitzen – Tipping) und eine Burmakatze der Farbe Lilac (eine kurzhaarige, verdünnt-rezessive Anlage für einfarbiges Haar ohne Zeichnung). Da das Gen für gezeichnetes Haar (Chinchilla) dominant über die Anlage für einfarbiges Haar (Burma) und das Gen für kurzes Haar (Burma) dominant über das für langes Haar (Chinchilla) ist, waren alle Nachkommen der ersten Generation vom Burmatypus, kurzhaarig mit Tipping, und alle Träger des rezessiven Gens für langhaariges Fell.

Theoretisch können bei der Kreuzung zweier dieser Nachkommen sechzehn verschiedene Farbkombinationen für Länge und Zeichnung des Fells auftreten, also acht Farben mit kurzem Haar und noch einmal acht mit langem Haar. Dieses Phänomen geht auf das zweite Mendelsche Gesetz über das Verhältnis zwischen dominanten und rezessiven Genen zurück und zeigt, daß zwei Katzen identischer Haarfarbe, -länge und -zeichnung Nachkommen hervorbringen können, die vollkommen unterschiedlich aussehen. Es zeigt auch, wie kompliziert die Genetik bei Katzen wird, wenn mehr als ein Merkmal zum Tragen kommt. In der Praxis wollten die Züchter den Burmatypus erhalten und kreuzten deshalb die erste Burmilla-Generation wiederum mit Burmakatzen. Deshalb kamen in den frühen Phasen des Zuchtprogramms langhaarige Exemplare, die Tiffanies, relativ selten vor.

Langhaarkatzen vom Persertyp

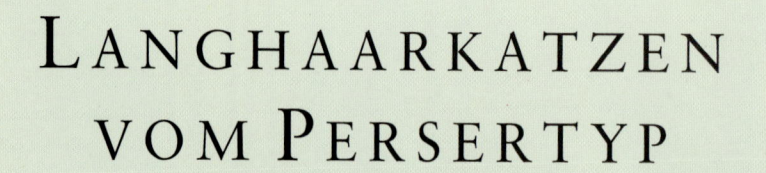

Langhaarige Perser gehören zu den ältesten bekannten Edelkatzen. Das lange, üppige Fell läßt sie besonders elegant und eindrucksvoll aussehen. Im Laufe der Jahre ist die Perserkatze durch Zuchtprogramme allerdings stark verändert worden. Heute besitzt sie ein kurzes, wie eingedrückt wirkendes Gesicht, einen kompakten Körper und langes, dichtes Fell; sie wird in einer Vielfalt von Farbschlägen gezüchtet.

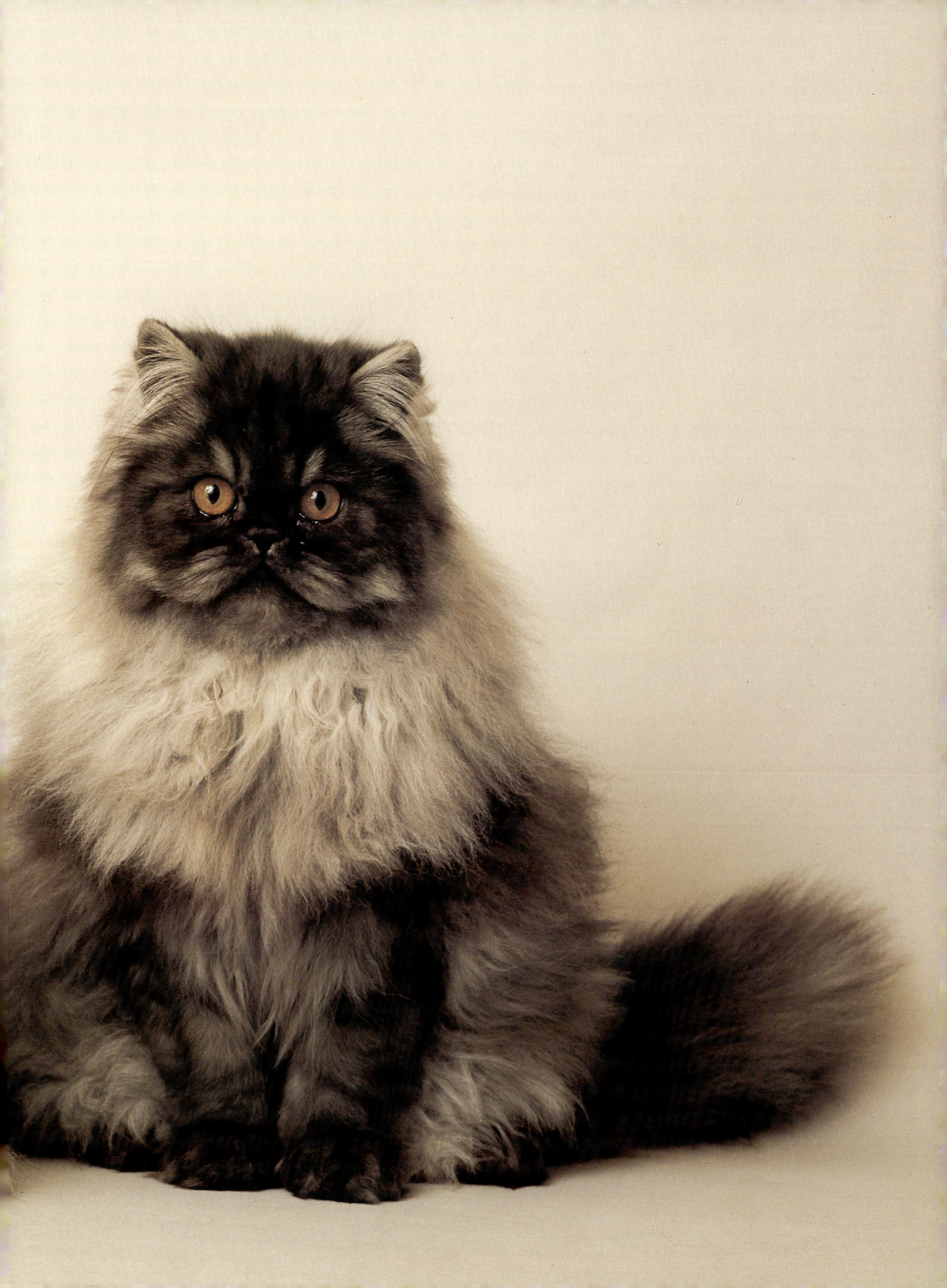

Herkunft

In Europa gibt es Langhaarkatzen erst seit dem 16. Jahrhundert, in einigen Teilen der Welt kennt man sie jedoch schon wesentlich länger.

Die ersten Langhaarkatzen lebten offenbar in der Türkei, in der Nähe von Ankara, und wurden als Angora bekannt, dürfen jedoch nicht mit der heute unter diesem Namen bekannten Rasse verwechselt werden (siehe »Orientalisch Kurzhaar«). Andere Langhaarkatzen wurden in Persien, dem heutigen Iran, entdeckt, und da sie ein viel dichteres Fell besaßen, übertrafen sie die anderen Rassen schon bald an Popularität.

Diese sogenannten frühen Perser sahen völlig anders aus als ihre Artgenossen, die man heute auf Katzenausstellungen antrifft. Ihre Gesichter waren viel länger, und ihr Fell war weder so dicht noch so

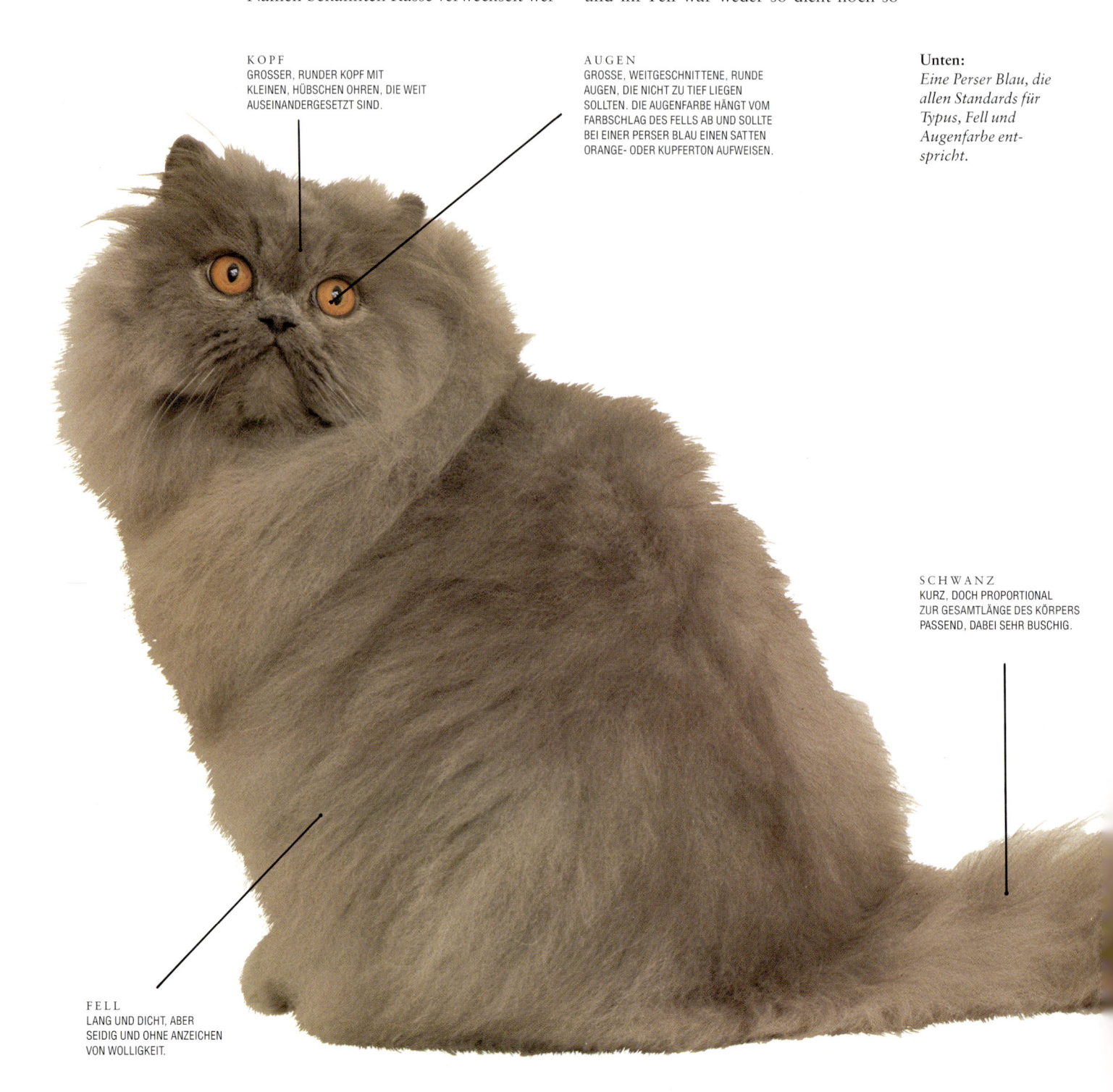

KOPF
GROSSER, RUNDER KOPF MIT KLEINEN, HÜBSCHEN OHREN, DIE WEIT AUSEINANDERGESETZT SIND.

AUGEN
GROSSE, WEITGESCHNITTENE, RUNDE AUGEN, DIE NICHT ZU TIEF LIEGEN SOLLTEN. DIE AUGENFARBE HÄNGT VOM FARBSCHLAG DES FELLS AB UND SOLLTE BEI EINER PERSER BLAU EINEN SATTEN ORANGE- ODER KUPFERTON AUFWEISEN.

Unten:
Eine Perser Blau, die allen Standards für Typus, Fell und Augenfarbe entspricht.

SCHWANZ
KURZ, DOCH PROPORTIONAL ZUR GESAMTLÄNGE DES KÖRPERS PASSEND, DABEI SEHR BUSCHIG.

FELL
LANG UND DICHT, ABER SEIDIG UND OHNE ANZEICHEN VON WOLLIGKEIT.

üppig wie das ihrer modernen Namensvettern. In den ersten Berichten über Langhaarkatzen aus der Mitte des 19. Jahrhunderts wurde sowohl von einer Braun-Tabby als auch von einem rabenschwarzen Exemplar berichtet. Um die Jahrhundertwende gab es bereits mehr als zwölf anerkannte Farbschläge, unter anderem die wohl schönste aller Langhaarkatzen, die Perser Chinchilla. Heute sind bei Perserkatzen mehr als sechzig Varietäten und Farbschläge anerkannt.

Charakter und Temperament

Im allgemeinen haben Perser ein ruhiges, freundliches Wesen. Der Zeitaufwand, der für ihre Fellpflege aufgebracht werden muß, wird durch die Tatsache ausgeglichen, daß sie nicht fortwährend die volle Aufmerksamkeit ihres Besitzers verlangen. Sie sind weniger ›redefreudig‹ als andere Rassen und vertragen es auch, wenn ihr Besitzer tagsüber nicht zu Hause ist, obwohl man in jedem Fall gut daran tut, zwei Katzen zu halten.

Typus und Standard

Alle Perserkatzen werden nach denselben festgelegten Standards beurteilt. Unterschiede bestehen nur hinsichtlich der Farbschläge und Fellmuster.

Perserkatzen sind wahrscheinlich die imposantesten aller Edelkatzen. Aufgrund ihres langen, üppigen Fells, des buschigen Schwanzes und der ausgeprägten ›Mähne‹ am Hals sehen sie wunderschön aus, benötigen jedoch eine aufwendige Fellpflege, damit ihr Haarkleid in makellosem Zustand bleibt. Diese Pflege ist sehr zeitaufwendig, und jeder, der sich eine Perserkatze anschaffen möchte, sollte sich überlegen, ob er bereit ist, wenigstens fünfzehn Minuten täglich für die Fellpflege seiner Katze zu opfern.

Laut Standard ist die Perserkatze eine kleine, elegante, etwas kompakte Katze mit großen, ausdrucksvollen Augen, einer winzigen Nase und kleinen, weit auseinandergesetzten Ohren. Die Augenfarbe kann je nach Farbschlag unterschiedlich ausfallen, sollte aber immer zum Fell passen. Jeder Farbschlag erfordert eine geringe Modifizierung des Standards, die Katze soll jedoch im großen und ganzen immer noch aussehen wie eine typische Perserkatze.

Farbschläge
EINFARBIG (SELF)

Schwarz

Die Perser Schwarz gehört zu den ältesten Varietäten und ist immer noch eine der populärsten Vertreterinnen ihrer Rasse. Bei ausgewachsenen Tieren soll das Fell glänzend tiefschwarz sein, und die Augen sollen dunkel kupferfarben sein – eine beeindruckende Kombination. Auch wenn Jungtiere noch schwache Markierungen oder sogar einzelne weiße Haare aufweisen dürfen, gilt dies bei ausgewachsenen Katzen als schwerer Fehler. Bei jeder schwarzen Katze, ob lang- oder kurzhaarig, dauert es eine gewisse Zeit, bis sich die Fellfarbe vollständig herausgebildet hat – kleine Abweichungen bis zum Alter von etwa sechs Monaten werden daher noch akzeptiert.

Blau

Angeblich war die Perser Blau die bevorzugte Katze von Königin Viktoria von Großbritannien. Ohne Zweifel gehört die Blau zu den ältesten Perserfarbschlägen und wird daher oft auch als die ursprüngliche Farbe dieser Rasse angesehen. Das Fell soll pastellfarben sein und keinerlei Markierungen oder Farbabweichungen erkennen lassen, die Augen sollen einen satten Kupfer- oder Orangeton aufweisen.

Oben:
Die Popularität schwarzer Katzen war im Laufe der Zeit starken Schwankungen unterworfen. Diese makellos schöne schwarze Perserkatze verkörpert die ganze Eleganz ihrer Rasse.

LANGHAARKATZEN VOM PERSERTYP

Chocolate

Diese Varietät gehört zu den neueren Züchtungen und ist wie die Lilac ein Nebenprodukt der Perser Colourpoint-Züchtung. Sie sollte ein gleichmäßiges, mittelbraun bis schokoladenfarbenes Fell besitzen, die Augenfarbe soll ein satter Kupferton sein.

Creme

Creme Perserkatzen sind seit dem Ende des 19. Jahrhunderts bekannt, waren jedoch damals nicht sonderlich beliebt, da sie zunächst als eine mißlungene blasse Variante der Perser Rot angesehen wurden.

Inzwischen gehören sie jedoch zu den beliebtesten Varietäten und werden wegen ihrer wunderschönen Pastellfarbe bewundert. Ein zu feuriger Rotstich gilt als Fehler, das Fell soll gleichmäßig cremefarben sein, die Augen sollten einen satten Kupferton aufweisen.

Lilac

Die Lilac ist ein anderes Nebenprodukt der Colourpoint-Züchtung. Ihr Fell soll ein gut durchgefärbtes Taubenblau mit rosa Schimmer sein, ohne jede Zeichnung oder Schattierung. Die Augen sollten kupferfarben sein.

Links:
Diese Chocolate besitzt die gewünschte warme, mittelbraune ›Schokoladenfärbung‹.

Unten:
Perserkätzchen wirken sehr niedlich und anziehend, man sollte sich jedoch gut überlegen, ob man bereit ist, die Zeit für die aufwendige Fellpflege aufzubringen.

LANGHAARKATZEN VOM PERSERTYP

Rechts:
Die Perser Creme gehört zu den bekanntesten einfarbigen Perserzüchtungen und ist auch heute noch sehr beliebt.

Oben:
Die Lilac ist wie die Chocolate eine neuere Varietät und entstand bei der Colourpoint-Züchtung.

Rot

Die Perser Rot gehört zu den ältesten Farbschlägen dieser Rasse, ist aber extrem schwierig zu züchten – bei allen rot- und cremefarbenen Varietäten erweist sich die Eliminierung von Tabby-Markierungen als problematisch. Das Fell soll einen reinen, dunklen, warmen Orangeton ohne Schattierungen aufweisen, die Haare sollten bis zur Wurzel durchgefärbt sein. Die Augen besitzen einen satten Kupferton.

Oben und links:
Die majestätische Erscheinung der Perserkatze täuscht darüber hinweg, daß es sich im Grunde um eine stämmige und robuste Rasse handelt, die sich sehr gerne draußen aufhält, wenn dies ohne Gefahren möglich ist. Wenn die Perserkatze während der kälteren Jahreszeit Auslauf hat, entwikkelt sie außerdem ein noch dichteres Fell, ein Vorteil, der allerdings auch einen Mehraufwand an Fellpflege erfordert.

LANGHAARKATZEN VOM PERSERTYP

Links:
Die eleganten weißen Perserkatzen gehören nach wie vor zu den beliebtesten Varietäten dieser Rasse.

Weiß

Weiß war die ursprüngliche Farbe der Angorakatzen, doch da der Persertyp seit Anfang des 20. Jahrhunderts bevorzugt wird, weisen die weißen Perser inzwischen keinerlei Ähnlichkeit mehr mit ihren türkischen Vorfahren auf. Heute entsprechen sie den typischen Standards für Perser, es gibt allerdings drei Farbvarianten für die Augen: kupferfarben, blau oder odd-eyed (ein Auge blau, das andere kupferfarben). Man sollte jedoch bei der weißen Perserkatze bedenken, daß sie häufig gebadet werden muß, besonders wenn sie Auslauf nach draußen hat.

AUGENFARBEN BEI PERSER WEISS

Weiße Perserkatzen werden mit drei Augenfarben gezüchtet (im Uhrzeigersinn von links): kupferfarben, blau oder odd-eyed.

LANGHAARKATZEN VOM PERSERTYP

Rechts:
Das Fell der Perser Blaucreme soll eine sanfte Vermischung blauer und cremefarbener Pastelltöne aufweisen.

*Die Perser Cameo besitzt ein abwechslungsreiches Fell; das Unterfell sollte so hell wie möglich sein, wobei die Spitzen der Leithaare gefärbt sein sollten, beispielsweise wie bei der Rot (***rechts***) oder Tortie (***außen rechts***).*

FELLMUSTER

Bicolor

Die klassische Kombination dieser Rasse ist Weiß mit jeder anderen Farbe, wobei die Augenfarbe jedoch in jedem Fall ein sattes Kupfergold sein sollte. Wie bei allen anderen Katzen mit weißem Fell sollte man die zweifarbigen Langhaarkatzen von Zeit zu Zeit baden, damit ihr Fell schön glänzend bleibt.

Blaucreme

Die Blaucreme gehört zu den Tortie- (Schildpatt-) Varietäten, und daher handelt es sich bei diesem Farbschlag auch meist um weibliche Tiere. Wie bei allen Schildpatt-Katzen sind die seltenen männlichen Exemplare in der Regel unfruchtbar. Die Blaucreme entstand bei der Kreuzung von Perser Blau mit Perser Creme. Die britischen Standards erfordern, daß sich die Farben sanft mischen, ohne daß deutlich abgegrenzte Partien einer Farbe erkennbar sind. Im Gegensatz dazu fordern die amerikanischen Standards eine klare, deutlich abgegrenzte Sprenkelung. Die Augen sollten in jedem Fall kupfer- oder orangefarben sein.

Cameo

Cameos sind Perserkatzen mit einer unterschiedlichen Färbung der Haarspitzen (Tipping); sie sind verwandt mit der Chinchilla und der Smoke. Es gibt drei Cameo-Farbschläge: Shell (Muschelfarben) Cameo, Shaded (Schattiert) Cameo sowie Smoke (Rauchfarben) Cameo, je nach Intensität des Felltippings. Die Shell Cameo hat das kürzeste Tipping, hier ist nur die äußerste Haarspitze gefärbt, während bei der Shaded Cameo ungefähr die Hälfte des Haares pigmentiert ist. Bei der Smoke Cameo schließlich wird das weiße Unterfell nur sichtbar, wenn sich die Katze bewegt oder man ihr ins Fell greift. Für jede der drei Varietäten sind drei Farbschläge erlaubt: Rot, Creme und Tortie (Schildpatt).

Unten:
Das Fell dieser Bicolor Creme mit Weiß zeigt die erforderlichen deutlich abgegrenzten Farbpartien.

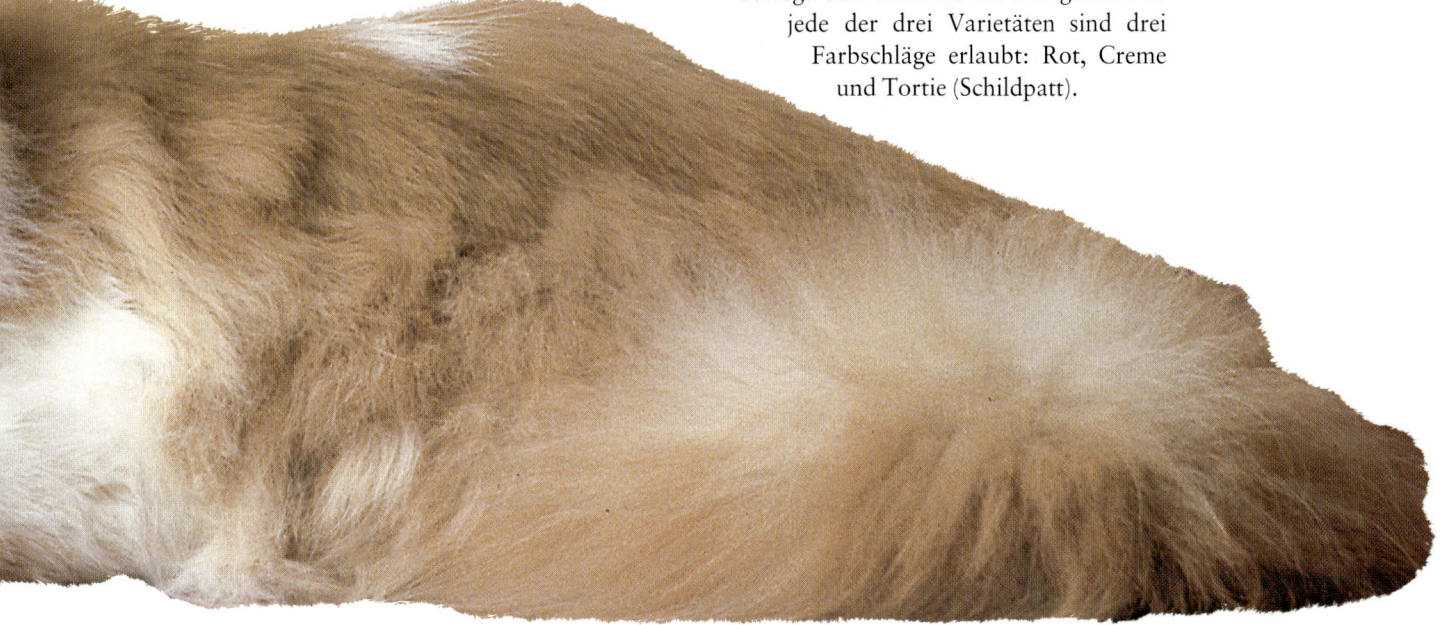

Rechts:
Die Chinchilla gehört zu den beliebtesten Perserkatzen überhaupt, was nicht weiter verwunderlich ist, denn sie sieht sehr elegant und zierlich, ja beinahe feenhaft aus. Ihr Fell ist weiß mit leichtem schwarzen Tipping, was ihrem Aussehen zusätzlichen Glanz verleiht. Die Augenfarbe sollte Grün mit schwarzer Umrandung sein, der Nasenspiegel sollte ziegelrot sein, ebenfalls mit schwarzer Umrandung.

Chinchilla

In den USA sind die Standards für die Chinchilla identisch mit den allgemeinen Standards für Perser, in Großbritannien darf diese Varietät jedoch leichter und zierlicher sein und eine etwas längere Nase haben als die meisten anderen Perser.

Die Perser Chinchilla gehört verständlicherweise zu den beliebtesten Langhaarkatzen überhaupt. Ihr schneeweißes Fell, das an den Spitzen ganz leicht schwarz getippt ist, verleiht dieser Katze ein sprühendes, beinahe ätherisches und feenhaftes Aussehen.

Das Fell soll an Kopf, Rücken, Beinen, Schwanz und den Flanken gleichmäßig schwarz getippt, der Unterbauch schneeweiß sein. Der Nasenspiegel ist ziegelrot mit schwarzer Umrandung. Die großen, ausdrucksvollen Augen sollen grün sein, ohne irgendeine Spur von Blau und wie mit einem Maskarastrich schwarz umrandet.

Colourpoint
(USA: HIMALAYAN)

Colourpoints sind das Ergebnis einer Kreuzung von blauen Persern mit Siamkatzen, wodurch das typische Point-Muster, der sogenannte Himalaya-Faktor, entstand. Unabhängig von der Farbe der Points sollte die Colourpoint dem Typus der Perserkatze entsprechen, wobei jedoch die Abzeichen nur im Gesicht, an den Ohren, am Schwanz und an den Beinen auftreten dürfen. Der festgelegte Standard für die Augenfarbe der Colourpoint ist Tiefblau, ähnlich der Augenfarbe der Siamkatzen.

Colourpoints werden in genauso vielen Farbschlägen gezüchtet wie Siamkatzen: Seal, Blau, Chocolate, Lilac, Rot, Creme, Tortie, Tabby und Tortie-Tabby (Torbie). Diese Farbschläge und die entsprechenden Farben von Nasenspiegel und Pfotenballen sollten den Standards für Siamkatzen entsprechen. (Zu weiteren Einzelheiten siehe »Siamesen«.)

Colourpoints weisen die typische ›Himalaya-Zeichnung‹ auf, die durch die Kreuzung von Persern und Siam entstanden ist, und kommen in genauso vielen Farbschlägen vor wie Siamesen. Unabhängig von der Farbe ist es wichtig, daß sich die Points auf Ohren, Gesicht, Beine und Schwanz beschränken. Auf dieser Seite sind eine Tortie-Tabby (**rechts**), *eine Seal* (**unten links**), *eine Blau* (**ganz unten links**) *und eine Creme* (**unten rechts**) *abgebildet.*

LANGHAARKATZEN VOM PERSERTYP

Oben:
*Die mit der Chinchilla verwandten Golden (**links**) und Shaded Golden (**rechts**) sind das Ergebnis der Einführung des geschlechtsspezifischen Rot-Gens in die Chinchillazucht. Ursprünglich galten sie als ›Golden Chinchillas‹.*

Golden

Erst während der letzten Jahre hat man festgestellt, daß die Chinchilla ein rezessives Gen trägt, den sogenannten Rot-Faktor: Das Ergebnis dieser Entdeckung ist die Golden. Ihr Fell soll denselben Grad an Tipping aufweisen wie das der Chinchilla, ihre Grundfarbe ist jedoch ein sattes Creme mit braunem Tipping; am Unterkörper sollte das Fell eine etwas hellere Tönung aufweisen. Die Shaded Golden ist ebenso wie die Shaded Silver aus der Chinchillazucht entstanden, weist jedoch ein sehr viel kräftigeres Tipping auf. Beide Varietäten sollen lebhafte grüne Augen wie die Chinchilla besitzen.

Pewter (Zinn)

Die Pewter entstand aus der Kreuzung zwischen Chinchillas und einfarbigen Persern. Ihr Fell besitzt ein sehr viel intensiveres Tipping als das der Chinchilla. Das englische Wort ›Pewter‹, das ›Zinn‹ bedeutet, bezeichnet treffend die Farbe des Fells. Die Augen dieser Varietät sollten einen satten Kupferton aufweisen.

Shaded Silver

Die Shaded Silver weist ein kräftigeres Tipping auf als die Chinchilla und wird noch nicht überall als eigene Varietät anerkannt. Sie hat große Ähnlichkeit mit der Chinchilla, wie sie einen ziegelroten Nasenspiegel und schwarz umrandete Augen, allerdings ein dunkleres Tipping.

Oben:
Die Pewter ist so etwas wie ein Mittelding zwischen Chinchilla und Smoke: nicht so blaß wie die Chinchilla und nicht so dunkel wie die Smoke.

Rechts:
Die Shaded Silver ist eng mit der Chinchilla verwandt. Augen und Nasenspiegel haben dieselbe Farbe wie bei der Chinchilla, ihr Fell weist jedoch ein kräftigeres Tipping auf.

LANGHAARKATZEN VOM PERSERTYP

Rechts:
Tabbies haben die Fellzeichnung von Wildkatzen, die als Tarnung für wildlebende Katzen unentbehrlich ist, kommen jedoch in zahlreichen Farbschlägen vor. Die Silber-Tabby gehört zu den beliebtesten Varietäten.

Unten:
Die Perser Smoke gibt es in zahlreichen Farbschlägen, wobei die Black Smoke die klassische Vertreterin ist. Unabhängig von der Farbe soll die Unterwolle möglichst weiß sein, und die eigentliche Farbe sollte an Rücken, Kopf und Beinen am deutlichsten ausgeprägt sein. Die Augen sollten immer kupfer- oder orangefarben sein.

Links:
Diese Perser Rot-Tabby besitzt das lange, dichte, seidige Fell, das für diese Rasse typisch ist.

LANGHAARKATZEN VOM PERSERTYP

Unten:
Perser Braun-Tabbies gehören zwar zu den ältesten Farbschlägen, sind aber trotz neuerer und imposanterer Varietäten immer noch sehr beliebt.

Smoke

Diese rauchfarbene Perserkatze ist eine weitere Varietät, die es seit dem 19. Jahrhundert gibt. Ursprünglich entstand sie aus der Kreuzung von Chinchillas mit schwarzen Persern. Das Tipping der Smoke ist beinahe umgekehrt wie bei der Chinchilla: Nur der unterste Teil des Fells zeigt eine hellere Färbung, das Tipping reicht fast bis zu den Haarwurzeln. Inzwischen werden Smokes in einer Vielzahl von Farbschlägen gezüchtet, und es gibt heute bereits zehn anerkannte Varietäten. Unabhängig von der Fellfarbe sollten die Augen kupfer- oder orangefarben sein.

Tabby

Die Braun-Tabby gehört wohl zu den ältesten Perservarietäten, doch auch in dieser Gruppe mit der klassischen Tabby-Zeichnung gibt es inzwischen zehn anerkannte Farbschläge: Braun, Silber, Blau, Chocolate, Lilac, Rot und vier Farbschläge bei den Tortie-Tabbies. Weil die Tabby den Standards der Perser entspricht, ist es besonders bei sehr dichtem Fell oft schwierig, die Tabby-Markierungen zu erkennen. Die meisten Tabbies sollten Augen in einem tiefen Kupferton aufweisen, bei der Silber-Tabby soll die Augenfarbe Grün oder Haselnußbraun sein.

LANGHAARKATZEN VOM PERSERTYP

Oben:
Braun-Tabbies mit Weiß sollten deutliche schwarze Zeichnungen auf einem warmen Braunton aufweisen. Die weißen Partien sollten deutlich abgegrenzt sein.

Tabby mit Weiß

Tabbies mit Weiß werden in denselben Farbschlägen anerkannt wie Tabbies allgemein. Sie sollten gleichmäßig, deutlich abgegrenzte weiße Fellpartien aufweisen. Ihre Augenfarbe entspricht den Standards für Tabbies.

Tortie (Tortoiseshell, Schildpatt)

Bei Torties handelt es sich fast ausschließlich um weibliche Tiere. Das Fell dieser Varietät weist normalerweise eine Mischung aus roten, cremefarbenen und schwarzen Flecken auf. Es gibt allerdings inzwischen auch Torties in den verdünnt-rezessiv vererbten Farbschlägen Blau, Chocolate und Lilac. Unabhängig von der Fellfarbe sollen die Augen intensiv kupfer- oder orangefarben sein.

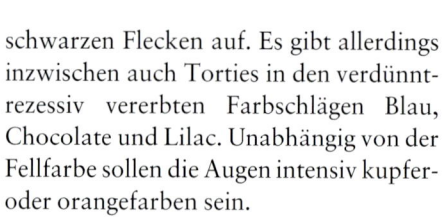

Tortie (Schildpatt) mit Weiß
(USA: CALICO)

Farbschläge und Augenfarbe sind identisch mit denen der Torties. Der einzige Unterschied besteht darin, daß das Fell innerhalb der Tortie-Zeichnungen auch weiße Fellpartien aufweist.

Oben:
Blau-Tabbies mit Weiß sollten bläuliche Zeichnungen auf beigefarbenem Grund aufweisen.

Links:
Schildpattkatzen sind fast ausschließlich weiblich, da ein geschlechtsspezifisches Gen für ihr Fellmuster verantwortlich ist. Das Fell einer Braun-Tortie sollte schwarze, rote und cremefarbene Flecken aufweisen.

LANGHAARKATZEN VOM PERSERTYP

Unten:
Die Exotisch Kurzhaar gehört eindeutig zur Rasse der Perserkatzen – auch wenn sie kurzes Fell hat – und unterscheidet sich deutlich von der Britisch Kurzhaar. Sie kommt in allen Farbschlägen und Fellmustern vor wie die Perser.

Oben:
Bei der Tortie mit Weiß (Perser Schildpatt mit Weiß, in den USA heißt sie Calico) muß wenigstens ein Drittel Weißanteil im Fell vorhanden sein. Die anerkannten Farbschläge entsprechen denen für Perser Schildpatt.

EXOTISCH KURZHAAR (EXOTIC SHORTHAIR)

Es mag merkwürdig erscheinen, eine Kurzhaarvarietät in die Kategorie der Langhaarkatzen einzuordnen, doch die Exotisch Kurzhaar ist eindeutig dem Persertyp zuzuordnen. Sie entspricht diesem Typus in allen Punkten, besitzt dasselbe Temperament und wird in allen für Perser anerkannten Farbschlägen gezüchtet. Der einzige Unterschied besteht darin, daß sie ein kurzhaariges Fell besitzt.

VORTEILE

- Ausgeglichen, freundlich und anhänglich.
- Stellen keine hohen Ansprüche.
- Sehr kinderlieb.
- Nicht sehr laut, Kätzinnen sind ruhiger als bei den meisten anderen Rassen, auch wenn sie rollig sind.
- Können allein zu Hause bleiben.

NACHTEILE

- Tägliche Fellpflege erforderlich.
- Verlieren ganzjährig Fellhaare.

Langhaarkatzen vom Typ Nicht-Perser

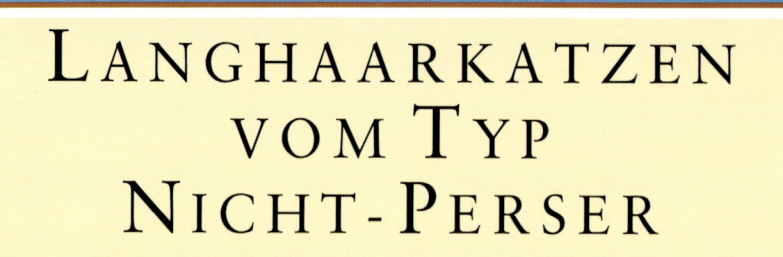

(Semi-Langhaar/Halblanghaar)

Die in dieser Gruppe zusammengefaßten Rassen sind völlig unterschiedlich und stammen aus verschiedenen Ländern und Klimazonen. Viele von ihnen sind neuere ›Modezüchtungen‹. Ihre einzige Gemeinsamkeit besteht darin, daß sie alle ein halblanges Fell besitzen, das weder so lang noch so üppig ist wie das der Perser. Jede Rasse hat ihre typischen individuellen Eigenheiten, Bedürfnisse und Ansprüche und muß daher als vollkommen eigenständig angesehen werden.

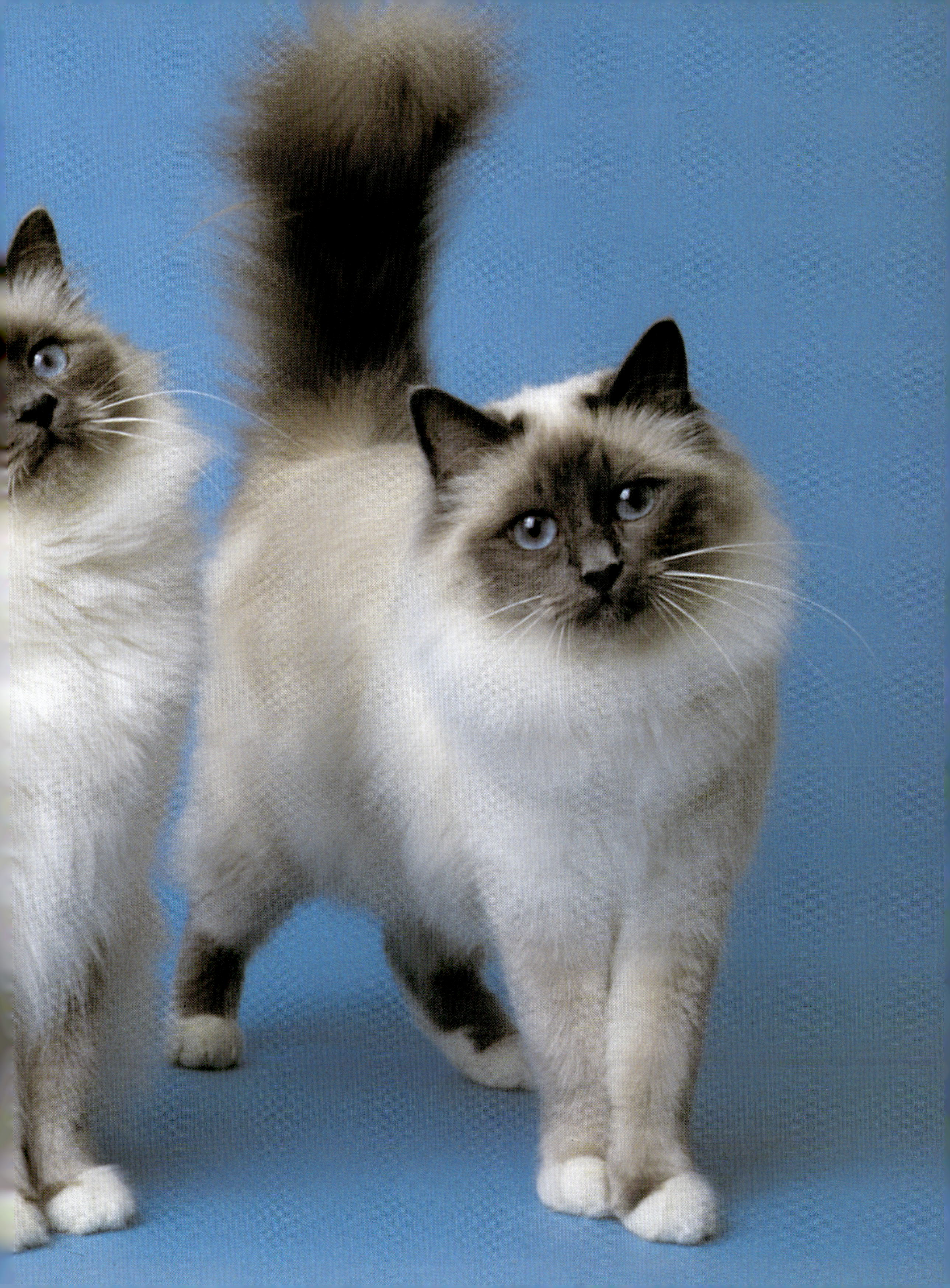

ANGORA
(siehe ›Orientalisch Kurzhaar‹)

BALINESE
(siehe ›Siamesen‹)

BIRMA

Herkunft

Birmas werden oft für die heiligen Tempelkatzen aus Burma gehalten (in vielen Züchterstandards werden sie deshalb als ›Heilige Birma‹ geführt) und stammen auch tatsächlich aus diesem Land. Sie sind eine wunderschöne Rasse, und um ihre charakteristischen Fellabzeichen und die weißen Pfoten rankt sich eine Legende: Angeblich spürte eine dieser Tempelkatzen, daß der Hohepriester im Sterben lag, sprang vorsichtig auf seinen entkräfteten Körper und legte ihm zärtlich die Pfoten auf die Brust, um ihn während seiner letzten Stunden zu trösten. Als der Priester starb, wurden die Pfoten der Katze schneeweiß und sind es bis auf den heutigen Tag geblieben. Aufgrund dieser besonderen Treue, so erzählt man sich, wird jede Birma nach ihrem Tod von der Seele eines Priesters in den Himmel geleitet.

Diesen schönen Geschichten steht die schnöde Wirklichkeit entgegen: Die Birma entstammt wahrscheinlich einer modernen französischen Züchtung aus den frühen zwanziger Jahren, bei der Siamesen mit Bicolor Langhaarkatzen gepaart wurden. Die ersten Birmakatzen besaßen ein ähnliches Fell wie die Seal-Point Siam, einen hellen, milchigen Cremeton mit dunklen Seal-Points und den typischen weißen Pfoten.

Charakter und Temperament

Die Birma ist eine intelligente Katze, jedoch nicht so fordernd und laut wie die Siam oder die Burmakatze. Ihr halblanges Fell sollte zwar regelmäßig gebürstet werden, doch ist es lange nicht so pflegeaufwendig wie das der Perser Langhaar. Sie ist ein ideales Haustier, mag Kinder und verträgt sich auch gut mit anderen Tieren.

Typus und Standard

Der Körper der Birma soll mittelgroß sein, das Fell lang und seidig, jedoch nicht so lang und üppig wie das der Perser Langhaar.

Inzwischen wird die Birma in zahlreichen Farbschlägen gezüchtet, bisher sind bereits zwanzig Varietäten anerkannt. Die ursprüngliche Seal-Point ist möglicherweise immer noch die beliebteste Vertreterin dieser Rasse, doch es gibt die Birma auch in den Farbschlägen Blau, Chocolate, Lilac, Rot, Creme und in den entsprechenden Schildpatt-(Tortie-) sowie Tabby-Mustern. Unabhängig vom Farbschlag soll das Fell gleichmäßig gezeichnet sein, die Points sollten symmetrisch und auf Gesicht, Ohren, Schwanz und Beine beschränkt sein. Die Füße sind weiß, wobei die weißen ›Handschuhe‹ an den Vorderbeinen in einer geraden Linie enden und nur bis zum oberen Teil der Pfoten reichen sollten. Die beiden Hinterpfoten weisen weiße ›Söckchen‹ auf, die sich bandförmig bis zu den Sprunggelenken nach oben ziehen. Bei allen Birmas sollte die Augenfarbe von einem leuchtenden Saphirblau sein.

Unten:
Die Birma stammt aus Burma, ist aber im Gegensatz zur Burmakatze, die aus demselben Land stammt, eine langhaarige Rasse. Bei den abgebildeten Katzen handelt es sich um Blue-Point Birmas.

LANGHAARKATZEN VOM TYP NICHT-PERSER

Rechts:
Diese Seal-Point war die erste Birma, die in Großbritannien den Titel Grand Champion errang. Dieser wunderschöne kastrierte Kater weist alle Feinheiten auf, die der Standard für diese Rasse vorschreibt.

SCHWANZ
DER SCHWANZ SOLL BUSCHIG SEIN UND ZU DEN ÜBRIGEN PROPORTIONEN DES KÖRPERS PASSEN.

KOPF
EIN BREITER, ABGERUNDETER, KRÄFTIGER KOPF MIT MITTELGROSSEN OHREN, DIE WEIT AUSEINANDER GESETZT SIND. IM PROFIL GESEHEN SOLLTE DIE NASE EINE LEICHTE EINBUCHTUNG AUFWEISEN, DIE AUGEN SOLLTEN FAST RUND SEIN.

KÖRPER
EIN KRÄFTIGER, LANGGESTRECKTER KÖRPER MIT MITTELLANGEN, KRÄFTIGEN BEINEN, LANGEM, SEIDIGEM FELL UND EINER ›HALSKRAUSE‹.

LANGHAARKATZEN VOM TYP NICHT-PERSER

KOPF
DER KOPF IST MITTELLANG MIT EINER KANTIGEN SCHNAUZE UND EINEM KRÄFTIGEN KINN; DIE OHREN SIND GROSS, HOCH AM KOPF ANGESETZT UND WEIT AUSEINANDER GESETZT, UNTEN BREIT UND OBEN SPITZ ZULAUFEND.

FELL
DAS FELL SOLL UNREGELMÄSSIG UND WASSERABWEISEND, JEDOCH NICHT VERFILZT SEIN, DABEI AN KOPF, HALS UND SCHULTERN KÜRZER UND NICHT SO ÜPPIG; ES MUSS UNBEDINGT EINE ÜPPIGE ›HALSKRAUSE‹ AUFWEISEN. DER SCHWANZ SOLL BUSCHIG UND WEHEND SEIN.

KÖRPER
GROSS, KRÄFTIG UND MUSKULÖS, MIT LANGEN, KRÄFTIGEN BEINEN UND GROSSEN, RUNDEN PFOTEN.

Oben:
Diese Maine Coon Silber-Tabby weist die typischen Standards ihrer Rasse auf.

CYMRIC
(siehe ›Manx, Britisch Kurzhaar‹)

MAINE COON

Herkunft

Wie der Name erkennen läßt, handelt es sich bei der Maine Coon ursprünglich um eine amerikanische Rasse. Vor einigen Jahren kam sie nach Großbritannien, wo sie immer populärer wird, und auch in Deutschland gehört sie inzwischen zu den beliebtesten Edelkatzen. Ihr Name ist zusammengesetzt aus dem Namen des amerikanischen Bundesstaates Maine und dem Wort Coon, das vom amerikanischen ›racoon‹, ›Waschbär‹, abgeleitet ist, offenbar weil ihr buschiger Schwanz an dieses Tier erinnert. Einer anderen, romantischeren Geschichte zufolge schickte Marie Antoinette ihre geliebten Katzen nach Amerika, um sie während der Französischen Revolution in Sicherheit zu bringen – sie sollen die Ahnen der heutigen Maine Coon sein. Bei einigen amerikanischen Züchtervereinen war die Maine Coon bereits 1967, in Europa seit den achtziger Jahren anerkannt.

Charakter und Temperament

Obwohl die Maine Coon recht groß wird, ist sie sehr sanftmütig. Sie ist verspielt und freundlich und eine zärtliche Hausgenossin.

Typus und Standard

Die Maine Coon ist eine große, stämmige, äußerst attraktive Halblanghaarkatze. Ihr Kopf sollte lang sein, jedoch nicht so lang wie bei der Siam, mit einer deutlich kantigen Schnauze. Die Beine sind lang, das Fell ist schwer und besonders üppig im Hals- (›Halskrause‹) und Bauchbereich und am Schwanz. Ihr Fell ist nicht so üppig wie das der Perser Langhaar, die Fellpflege deshalb lange nicht so aufwendig, obwohl das Haarkleid dick und dicht ist und die Katze während der strengen Wintermonate in Neuengland gut vor Kälte schützt. Die klassische Maine Coon ist eine Tabby mit Weiß, doch bei dieser Rasse sind inzwischen so gut wie alle Farbschläge und Muster anerkannt. Die Augenfarbe kann Grün, Haselnußbraun, Kupferfarben, Blau oder odd-eyed (verschiedenfarbig) sein.

Rechts:
Eine braune Maine Coon Tortie-Tabby sollte schwarze und rote Markierungen auf einer Grundfarbe in einem warmen Kupferton aufweisen.

Links:
Das Fell einer Maine Coon Tortie mit Weiß sollte in der Hauptsache die Tortie-Grundfarbe aufweisen, im Idealfall mit weißen Farbpartien auf Gesicht, Brust, Beinen und Füßen.

Rechts:
Norwegische Waldkatzen sind eine neue, interessante Rasse. Sie können selbst glatte, unwegsame Felsen erklimmen und sind sowohl elegant als auch robust. Diese Blau-Tabby mit Weiß verkörpert genau den Idealtypus ihrer Rasse.

NORWEGISCHE WALDKATZE

Herkunft

Diese Rasse ist der Maine Coon ein wenig ähnlich, entwickelte sich indes im kalten Klima des nördlichen Skandinavien. Ihr dickes Fell wappnet die Katze gegen die strengen Winter. In einigen nordischen Märchen wird eine Feen- oder Trollkatze beschrieben, bei der es sich durchaus um die Norwegische Waldkatze handeln könnte, die mit ihrem langen, wallenden Schwanz ein wenig wie ein Zauberwesen wirkt. Sie ist eine ausgezeichnete Kletterin und erreicht Stellen, die für die meisten anderen Katzen unzugänglich sind, was sie natürlich noch geheimnisvoller macht. Schon vor dem Zweiten Weltkrieg wurde sie in Norwegen auf Ausstellungen gezeigt, die FIFé (Fédération Internationale Féline) erkannte sie jedoch erst 1977 offiziell an. In Deutschland ist diese Rasse inzwischen sehr beliebt und gehört zusammen mit der Maine Coon zu den populärsten Halblanghaarkatzen.

Charakter und Temperament

Die Norwegische Waldkatze ist eine lebhafte, unabhängige Katze. Sie ist eine gute Jägerin, besitzt ein dichtes, wasserabweisendes Fell und ist für einen Auslauf im Garten sehr dankbar. Da sie sehr anhänglich ist, sollte man sie nicht zu lange allein lassen.

Typus und Standard

Der Kopf sollte annähernd dreieckig sein, mit großen, hoch angesetzten Ohren. Die Nase soll gerade, die Augen sollen mandelförmig geschnitten sein. Das dichte, wasserabweisende Fell sollte lang sein, mit langen Leithaaren über einem dicken Unterfell.

Links:
Norwegische Waldkatzen sind in einer Fülle von Farben und Fellmustern anerkannt; hier ist eine Braun-Tabby mit Weiß abgebildet.

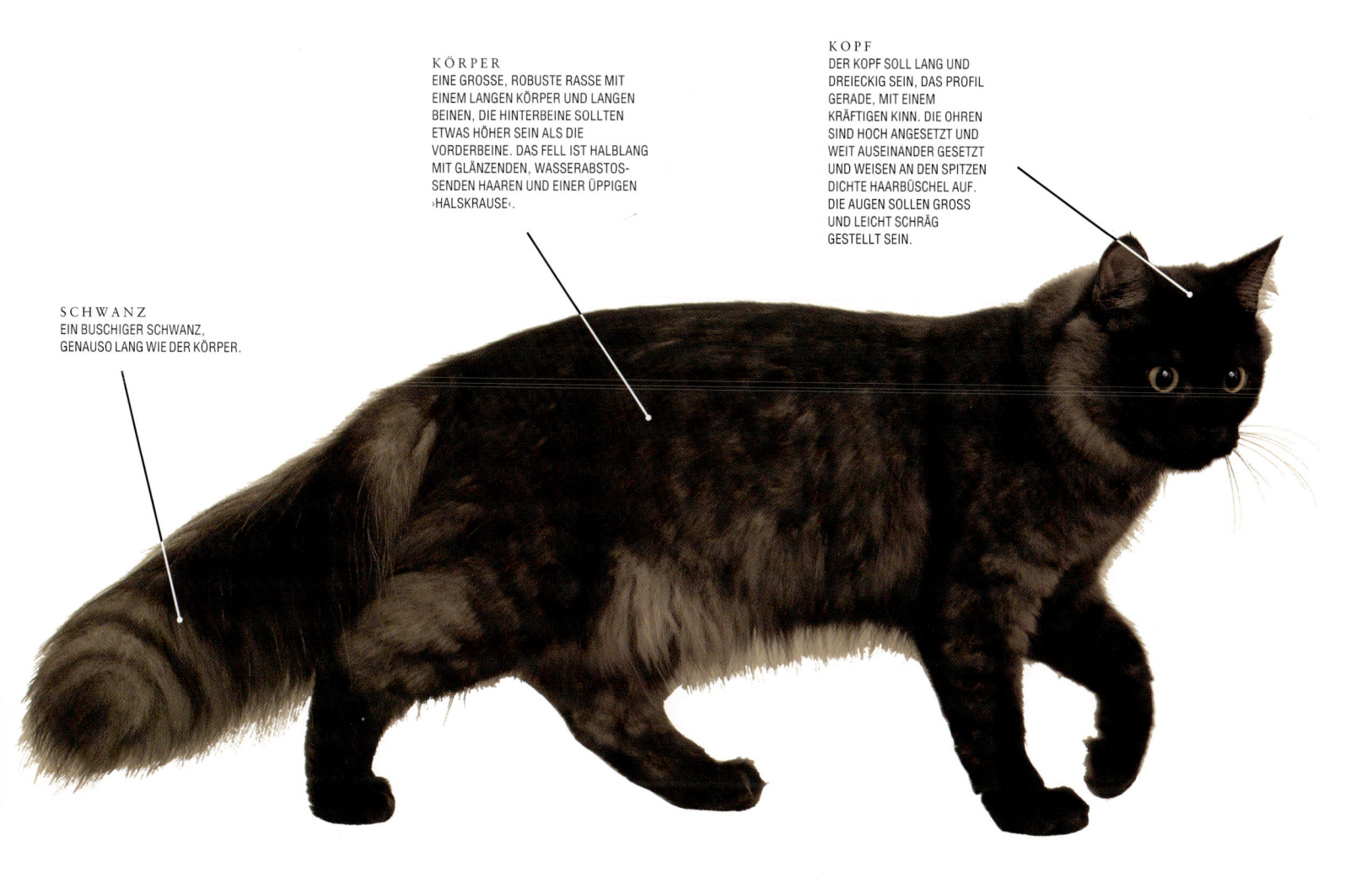

LANGHAARKATZEN VOM TYP NICHT-PERSER

KÖRPER
EINE GROSSE, ROBUSTE RASSE MIT EINEM LANGEN KÖRPER UND LANGEN BEINEN, DIE HINTERBEINE SOLLTEN ETWAS HÖHER SEIN ALS DIE VORDERBEINE. DAS FELL IST HALBLANG MIT GLÄNZENDEN, WASSERABSTOSSENDEN HAAREN UND EINER ÜPPIGEN ›HALSKRAUSE‹.

KOPF
DER KOPF SOLL LANG UND DREIECKIG SEIN, DAS PROFIL GERADE, MIT EINEM KRÄFTIGEN KINN. DIE OHREN SIND HOCH ANGESETZT UND WEIT AUSEINANDER GESETZT UND WEISEN AN DEN SPITZEN DICHTE HAARBÜSCHEL AUF. DIE AUGEN SOLLEN GROSS UND LEICHT SCHRÄG GESTELLT SEIN.

SCHWANZ
EIN BUSCHIGER SCHWANZ, GENAUSO LANG WIE DER KÖRPER.

Oben:
Diese Norwegische Waldkatze Smoke zeigt den wallenden Schwanz in seiner ganzen Perfektion.

Rechts:
Perser mit Pekinesengesicht entsprechen nicht den allgemeinen Zuchtstandards von Persern. In Großbritannien und Deutschland weder gezüchtet noch anerkannt, werden sie in den USA indes in genauso vielen Farben und Mustern gezüchtet wie die Perser.

LANGHAAR MIT PEKINESENGESICHT (PEKE-FACED)

Hierbei handelt es sich um eine umstrittene Rasse, die im wesentlichen eine extreme Perser-Spielart ist. Die Rasse wird in diesem Kapitel behandelt, weil sie einige Merkmale aufweist, die für die übliche Perser Langhaar nicht erwünscht sind. Die Nase ist so kurz, daß sie fast flach anliegt, was häufiger als bei anderen Katzen zu Atembeschwerden führt. Außerdem befindet sich zwischen den Augen eine horizontale Einbuchtung (Stop), so daß die Stirn aussieht, als wäre sie gerunzelt, was die Augen vorstehen und besonders groß wirken läßt. Diese Rasse kommt hauptsächlich in den USA vor. Temperament und Charakter sind ähnlich wie bei der Perser Langhaar. Die Peke-Faced wird in Vereinen, in denen sie als eigene Rasse gilt, in allen für Perser anerkannten Farben gezüchtet.

LANGHAARKATZEN VOM TYP NICHT-PERSER

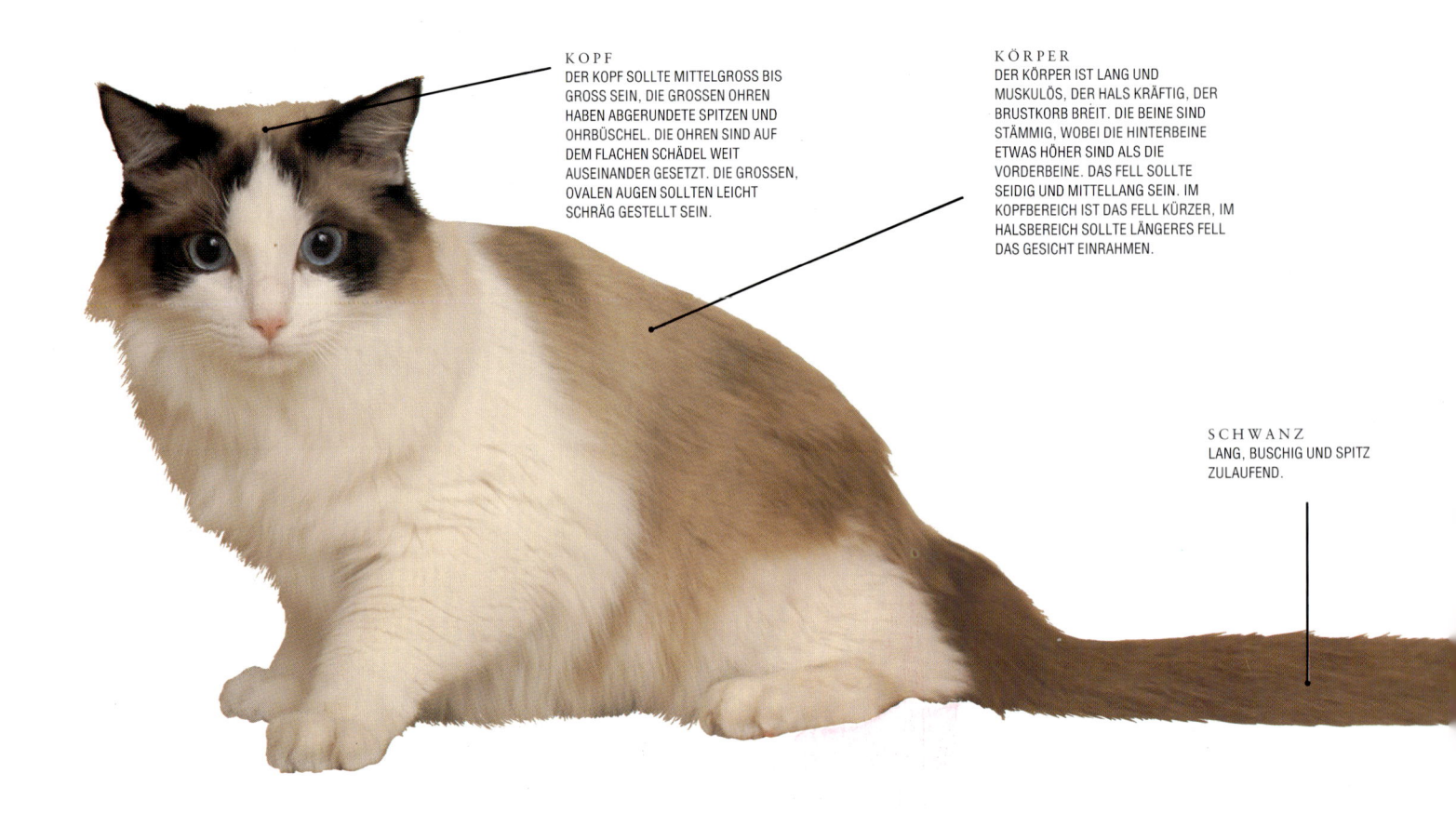

KOPF
DER KOPF SOLLTE MITTELGROSS BIS GROSS SEIN, DIE GROSSEN OHREN HABEN ABGERUNDETE SPITZEN UND OHRBÜSCHEL. DIE OHREN SIND AUF DEM FLACHEN SCHÄDEL WEIT AUSEINANDER GESETZT. DIE GROSSEN, OVALEN AUGEN SOLLTEN LEICHT SCHRÄG GESTELLT SEIN.

KÖRPER
DER KÖRPER IST LANG UND MUSKULÖS, DER HALS KRÄFTIG, DER BRUSTKORB BREIT. DIE BEINE SIND STÄMMIG, WOBEI DIE HINTERBEINE ETWAS HÖHER SIND ALS DIE VORDERBEINE. DAS FELL SOLLTE SEIDIG UND MITTELLANG SEIN. IM KOPFBEREICH IST DAS FELL KÜRZER, IM HALSBEREICH SOLLTE LÄNGERES FELL DAS GESICHT EINRAHMEN.

SCHWANZ
LANG, BUSCHIG UND SPITZ ZULAUFEND.

Oben:
Eine Ragdoll Bicolor mit der erwünschten V-Markierung auf der Stirn.

RAGDOLL

Herkunft

Die Herkunft dieser Rasse, die in den sechziger Jahren in den USA populär wurde, ist umstritten. Angeblich besteht der besondere Charme dieser Katze darin, daß sie sich völlig entspannt herunterhängen läßt, wenn man sie hochhebt, doch hat man dies auch bei anderen Katzen, die ihrem Besitzer vertrauen, beobachtet.

Die ersten Ragdollkätzchen sollen in Kalifornien geboren worden sein. Ihre Mutter war angeblich eine weiße Perserkatze, die von einem unbekannten Kater trächtig war. Nachdem sie sich bei einem Autounfall das Becken gebrochen hatte, soll sie einen Wurf Kätzchen bekommen haben, die sich schlaff wie Stoff- oder Schlenkerpuppen (ragdolls) hängen ließen, wenn man sie hochnahm. Dies ist jedoch ein Märchen, da das Erbgut einer Katze natürlich durch einen Verkehrsunfall nicht verändert werden kann. Die tatsächliche Herkunft der Ragdoll bleibt daher weiterhin im dunkeln, wahrscheinlich war sie das Ergebnis eines Zuchtprogramms. Ihre Ahnen waren vermutlich Siamesen, Colourpoints oder Birmakatzen.

Charakter und Temperament

Die Ragdoll ist wohl eine der sanftesten Hauskatzen überhaupt. Sie stellt keine besonderen Ansprüche an ihren Besitzer, ist sehr geduldig, entspannt und ausgeglichen. Angeblich soll sie schmerzempfindlicher sein als die meisten anderen Rassen, doch dies ist mehr als fragwürdig und sollte natürlich auf keinen Fall ausprobiert werden.

Typus und Standard

Ragdolls sind in drei unterschiedlichen Grundmustern anerkannt: Bicolor, Colourpoint und Mitted (abgeleitet von englisch ›mitten‹, ›Fausthandschuhe‹, das heißt mit weißen Füßen) und werden in den Farben Seal, Blau, Chocolate und Lilac gezüchtet. Die Farbpartien sind im allgemeinen beschränkt auf Gesicht, Beine und Schwanz, ähnlich wie bei Birmakatzen und Colourpoints. Das Fell ist an Brust, Bauch und Hinterkopf, wo es die typische ›Halskrause‹ zeigt, und am Schwanz besonders lang. Der Schwanz sollte dicht und flauschig aussehen. Die Augen müssen blau sein.

SOMALI
(siehe ›Abessinier, Andere Kurzhaarkatzen‹)

TIFFANIE
(siehe ›Asian Cats, Andere Kurzhaarkatzen‹)

TÜRKISCHE VAN-KATZE (TURKISH VAN)

Herkunft

Diese natürlich entstandene Rasse wurde zuerst in der Nähe des Van-Sees, einer abgelegenen Gegend in der Türkei, entdeckt. Das erstaunlichste Charakteristikum dieser Rasse ist wohl die Tatsache, daß die Van Wasser zu lieben scheint und offenbar sogar ausgesprochen gerne schwimmt. Wahrscheinlich stammt sie von der Angora ab, einer der ursprünglichen Langhaarvarietäten; sie besitzt eine charakteristische Fellzeichnung, nämlich kastanienbraune Markierungen an Gesicht und Schwanz. Außerdem hat sie eine deutliche Markierung an der Stirn, einen ›weißen Daumenabdruck‹ zwischen den Augen, den man in der Türkei als Zeichen Allahs ansieht, weshalb diese Katze in ihrer Heimat auch mit großem Respekt behandelt wird. Wenn man das heutige Istanbul besucht, findet man überall in den Straßen Katzen, die zwar meist kurzhaarig sind, jedoch weißes Fell mit kastanienroten Markierungen besitzen. Anfang der fünfziger Jahre wurde das erste Pärchen nach Großbritannien gebracht und weitergezüchtet, und schließlich wurde die Rasse 1969 offiziell anerkannt. Inzwischen kann man Van-Katzen bei Ausstellungen auch in den USA und Deutschland bewundern.

Charakter und Temperament

Türkische Van-Katzen sind sehr freundlich, gesellig und intelligent, bleiben aber nicht gerne allein. Sie haben eine leise Stimme und sind auch damit zufrieden, sich nur im Haus aufzuhalten, solange man sich genügend mit ihnen beschäftigt und sie die Möglichkeit zu spielen haben. Sie schwimmen gern, geben sich aber auch mit einer Badewanne zufrieden, wenn man keinen Teich oder Swimmingpool besitzt.

Typus und Standard

Die klassische Türkische Van-Katze ist eine kalkweiße Halblanghaar mit kastanienroten Markierungen an Kopf, Ohren und Schwanz und hat bernsteinfarbene Augen. Inzwischen kommt sie auch in zahlreichen anderen Farbschlägen vor und wird sowohl in Kastanienrot als auch in Creme-Farbschlägen anerkannt, wobei die Augen bernsteinfarben, blau oder odd-eyed sein dürfen. Ihr Kopf ist kurz und keilförmig mit einer relativ langen Nase. Die Ohren sind groß und spitz.

Rechts:
Die klassische Türkische Van-Katze besitzt ein weißes Fell mit kastanienroten Markierungen und bernsteinfarbene Augen.

KÖRPER
DER KÖRPER IST LANG UND KRÄFTIG, DIE KATZE STARK UND MUSKULÖS MIT MITTELLANGEN BEINEN.

KOPF
DER KOPF SOLL KURZ UND KEILFÖRMIG SEIN. DIE NASE, LANG UND IM PROFIL GERADE, SOLLTE EINE KLEINE EINBUCHTUNG AUFWEISEN. DIE OHREN SIND GROSS, HOCH AM KOPF ANGESETZT UND RELATIV NAH ZUSAMMENSTEHEND. DIE AUGEN SOLLTEN GROSS UND OVAL SEIN.

SCHWANZ
DER SCHWANZ SOLL BUSCHIG SEIN UND PROPORTIONAL ZUM KÖRPER DER KATZE PASSEN.

BRITISCH UND AMERIKANISCH KURZHAAR

Britisch und Amerikanisch Kurzhaar sind Rassen, die ursprünglich, wie ihr Name verrät, aus diesen beiden Ländern stammen. Auch die Amerikanisch Kurzhaar stammt wahrscheinlich aus Großbritannien und gelangte zur Zeit der Pilgerväter Anfang des 17. Jahrhunderts nach Amerika. Die beiden Rassen sehen sich allerdings immer noch relativ ähnlich, und die Unterschiede in den Standards sind nur gering.

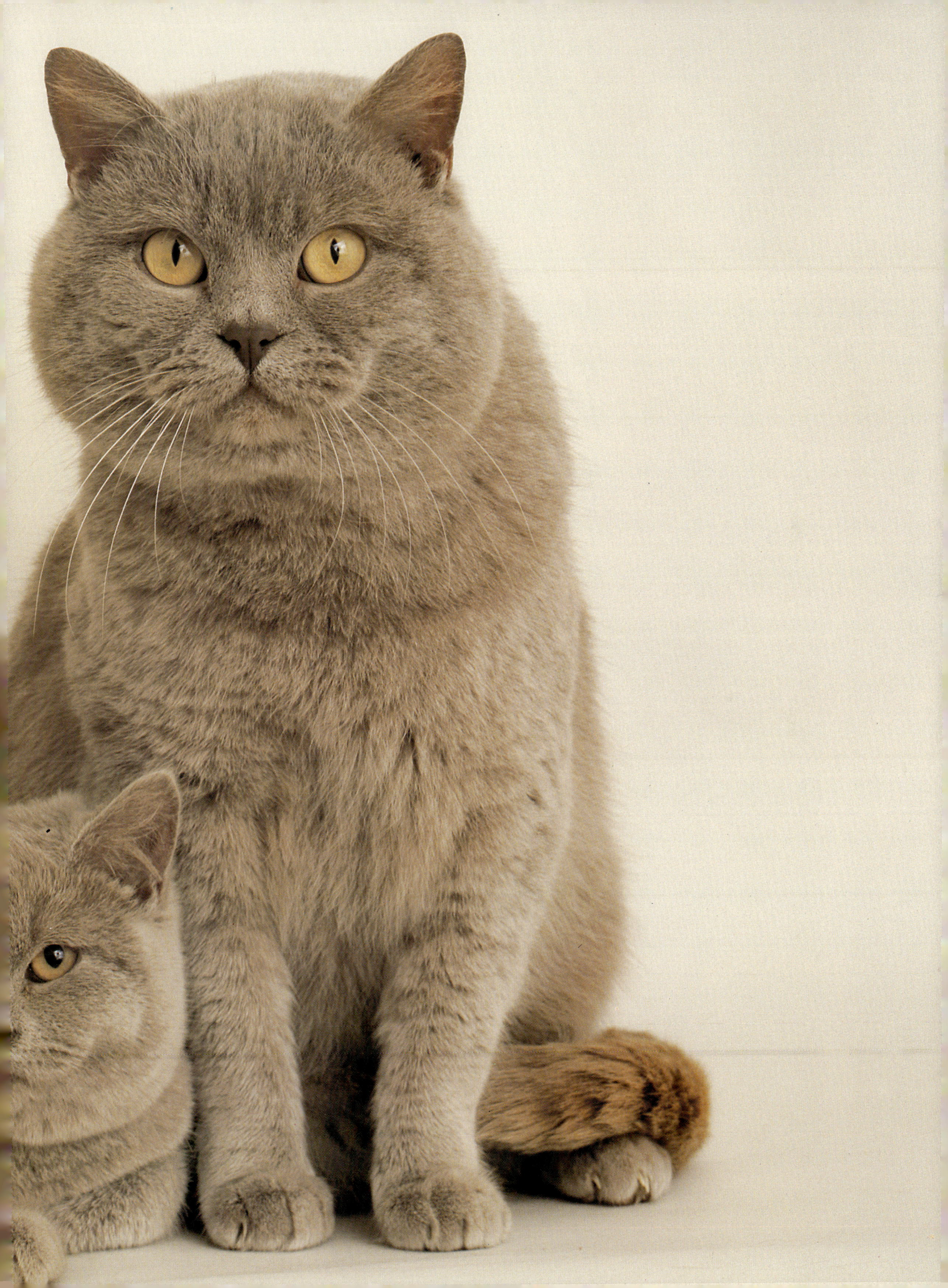

Herkunft

Die Ursprünge dieser Rasse reichen zurück bis in die Römerzeit – man nimmt an, daß römische Truppen die ersten Kurzhaarkatzen nach Großbritannien mitgebracht haben. Die frühesten schriftlichen Zeugnisse über die Britisch Kurzhaar stammen zwar erst aus der Zeit um die Jahrhundertwende, doch aufgrund von alten Gemälden und Gravierungen weiß man, daß es sie bereits seit Jahrhunderten gibt.

Kurzhaarkatzen wurden ursprünglich wahrscheinlich wegen ihrer Fähigkeiten als Mäusejäger gehalten und weil sie im Gegensatz zur Perser und Angora, die es damals ebenfalls schon gab, bei der Fellpflege keine menschliche Hilfe benötigten. Sie waren unabhängige, für den Menschen nützliche Tiere, und es gibt Berichte darüber, daß die meisten Schiffe, die sich auf den Weg in die Neue Welt machten, auf ihren Frachtlisten immer auch mehrere Katzen aufführten.

Die älteste bekannte Kurzhaarkatze ist die Tabby. Elegant und hübsch gemustert, mit dunklen Streifen oder Tupfen, erinnert ihr Fell noch am meisten an das Fellmuster der wildlebenden Katzenahnen. Die Katzen, die im Alten Ägypten verehrt wurden, waren ähnliche Tabbies, auch wenn ihr Fell meist getickt war. Auf Ausstellungen sind Tabbies auch heute noch sehr beliebt, doch die elegante Silber-Tabby, eine neuere Züchtung, ist inzwischen häufiger anzutreffen als die ursprüngliche Braun-Tabby, die in den Zuchtprogrammen der letzten Jahre eher vernachlässigt wird.

Die einfarbigen (Self-) Varietäten der Britisch und Amerikanisch Kurzhaar gehören auch in Deutschland zu den beliebtesten: Dies gilt vor allem für die Blau (Kartäuser). Sie werden aber inzwischen in verschiedenen Farbschlägen und Mustern gezüchtet. Zu den neueren Varietäten gehört die Tipped, deren Fell den Markierungen der Chinchilla entspricht, und die Colourpoint, eine rein britische Katze, die das typische Fellmuster der Siam aufweist.

Unten:
Die Britisch Kurzhaar ist eine sehr stämmige Katze, wie dieses weiße Exemplar mit orangefarbenen Augen eindrucksvoll zeigt.

Charakter und Temperament

Britisch und Amerikanisch Kurzhaar können für eine Hauskatze außerordentlich groß werden, doch ihr freundliches, scheues Wesen hat dazu beigetragen, daß man sie als die ›sanften Riesen‹ bezeichnet. Sie sind liebevoll und anhänglich, haben eine zarte Stimme und fordern ganz wie die Perser nicht ständig die uneingeschränkte Aufmerksamkeit ihres Besitzers. Sie sind im allgemeinen nicht so wanderlustig wie die exotischen Rassen, so daß es ihnen nichts ausmacht, als reine Wohnungskatzen gehalten zu werden. Selbst wenn sie freien Auslauf im Garten haben, entfernen sie sich meist nicht sehr weit vom Haus.

Typus und Standard

Britisch und Amerikanisch Kurzhaar sollten groß und kräftig, stämmig und muskulös sein. Der Kater ist größer als die Kätzin, wobei der Größenunterschied markanter ist als bei den meisten anderen Rassen. Kastrierte Katzen, besonders die männlichen, werden leicht dick – ihre Ernährung sollte daher genau überwacht werden.

Ihre Brust sollte breit und tief sein, die Beine sollten kurz und kräftig, die Pfoten groß und rund sein. Der breite und runde Kopf weist bei männlichen Tieren die typischen ›Katerbacken‹ auf. Im Profil sollte die Nase einen Break aufweisen, der Biß muß ebenmäßig sein, ohne Über- und Unterbiß. Die Ohren sollen klein und weit auseinander gesetzt sein. In allen Farbschlägen und Mustern sollte das Fell kurz, kräftig und dicht sein, ohne dabei wollig zu wirken; eine Ausnahme bilden hierbei nur die Manxkatzen.

Der Gesamteindruck ist der einer stämmigen, ›runden‹ Katze, ohne den extremen Gesichtsausdruck der Perser. Die Amerikanisch Kurzhaar darf etwas schwerer sein und einen längeren Körper haben als die Britisch Kurzhaar. Die anerkannten Farbschläge entsprechen mehr oder weniger denen der Perser, wobei die Amerikanisch Kurzhaar in mehr Farben gezüchtet wird als die Britisch Kurzhaar.

Farbschläge

EINFARBIG (SELF)

Weiß

Bei gleicher Fellfarbe, einem reinen, gleichmäßigen Weiß, sind drei Augenfarben anerkannt: Orange, Blau und odd-eyed. Bei Jungtieren sind auch kleine farbliche Unregelmäßigkeiten oben auf dem Kopf erlaubt, bei ausgewachsenen Katzen sollten diese Abweichungen jedoch verschwunden sein – sie würden von jedem Richter auf einer Ausstellung als schwerer Fehler gewertet werden.

Schwarz

Das Fell dieser Varietät muß kohlrabenschwarz und glänzend sein, die Farbe sollte bis zu den Haarwurzeln reichen, ohne Rosttönung, Tabby-Markierungen, weiße Haare oder Flecken. Die Augen sollten kupferfarben sein und dürfen keine Spur von Grün aufweisen.

Unten:
Die Britisch Kurzhaar Schwarz ist eine typische Vertreterin ihrer Rasse. Die kleinen Kätzchen sind ausgesprochen niedlich, können jedoch später sehr groß werden, besonders die Kater!

Blau

Sie ist die wohl bekannteste aller Kurzhaarvarietäten und in Europa als Chartreux oder Kartäuser bekannt. Ihr Fell sollte deutlich blaugrau sein, ohne Silberticking, und die Farbe sollte bis zu den Haarwurzeln reichen. Die Augen sollen intensiv kupferfarben sein, wie bei der schwarzen Varietät.

Creme

Das Fell soll einen gleichmäßigen, hellen Cremeton aufweisen, der allerdings bei der Zucht Probleme bereitet. Viele Katzen weisen schwache ›Geisterstreifen‹ oder Flecken auf. Die Augen sollten einen warmen Kupferton haben.

Chocolate

Die Chocolate sollte ein gleichmäßiges, intensiv mittelbraunes, schokoladenfarbenes Fell haben, die Augen sollten kupferfarben sein.

Rechts:
Diese Britisch Kurzhaar Blau besitzt die erwünschten kupfergoldenen Augen. Sie kann ausgesprochen groß werden.

Oben:
Die Britisch Kurzhaar Chocolate ist eine relativ neue Varietät und genau wie die Perser Chocolate aus einem Colourpoint-Zuchtprogramm hervorgegangen.

BRITISCH UND AMERIKANISCH KURZHAAR

KOPF
DER KOPF SOLLTE BREIT MIT VOLLEN WANGEN UND KLEINEN, RUNDEN OHREN SEIN, DIE WEIT AUSEINANDER GESETZT SIND. DIE AUGEN SOLLEN GROSS UND RUND UND WEIT AUSEINANDER GESETZT SEIN.

Unten:
Diese Britisch Kurzhaar Creme zeigt die korrekte Fellfarbe, einen blassen Cremeton, der weder zu rot noch zu rehbraun ausfällt.

KÖRPER
DER KÖRPER SOLL GEDRUNGEN, KOMPAKT UND STÄMMIG SEIN, DAS FELL KURZ, KRÄFTIG UND DICHT.

SCHWANZ
DER SCHWANZ SOLL MITTELLANG UND AN DER WURZEL DICKER ALS AN DER SPITZE SEIN.

Lilac

Dieser Farbschlag besitzt ein taubengraues Fell mit leichtem Rosaschimmer und kupferfarbene Augen. Die Lilac und Chocolate sind relativ neue Farbschläge, sie entstanden im Rahmen eines Colourpoint-Zuchtprogramms.

Unten:
Vater und Tochter in einem der neueren Farbschläge, Lilac, zeigen deutlich, wie viel größer der Kater im Vergleich zur Kätzin werden kann.

Oben:
Die Amerikanisch Kurzhaar weicht nur geringfügig von den Standards für die Britisch Kurzhaar ab. Im allgemeinen hat sie einen etwas längeren Körper und besitzt weniger schwere Knochen.

TABBIES

Britisch Kurzhaar Rot-Tabby Getupft

Amerikanisch Kurzhaar Braun-Tabby

Britisch Kurzhaar Silber-Tabby

FELLMUSTER

Tabby

Man unterscheidet bei dieser Varietät drei verschiedene Tabby-Muster: Classic (Gestromt), Mackerel (Getigert) und Spotted (Getupft). Die häufigsten Farben sind Braun, Blau, Rot und Silber. Unabhängig von der Farbe sollten die Zeichnungen bedeutend dunkler sein als der Grundton, die Braun-Tabby sollte beispielsweise eine tiefbraune (zobelfarbene) Grundfarbe mit schwarzer Zeichnung aufweisen, die Rot-Tabby ein sattes Rot mit dunkelrotem Muster, die Silber-Tabby eine silbergraue Grundfarbe mit schwarzem Muster. Die Augenfarbe hängt von der Fellfarbe ab, bei roten und braunen Tabbies sollten die Augen kupferfarben oder orange sein, bei der Silber-Tabby grün oder haselnußbraun.

Unten:
Getupfte Tabbies sind sehr beliebt, besonders die silberne Varietät. Die Flecken sollten über den ganzen Körper verteilt und gut voneinander abgegrenzt sein.

BRITISCH UND AMERIKANISCH KURZHAAR

Rechts:
Die Britisch Kurzhaar Braun-Tortie sollte auf ihrem Fell eine Mischung aus Schwarz, Rot und Creme aufweisen.

Tortie (Schildpatt)

Wie bei der Perser ist in Großbritannien eine gleichmäßige Musterung des Fells ohne einzelne größere Farbpartien erwünscht. Die beliebteste und am häufigsten auftretende Vertreterin dieser Katzen, bei denen es sich fast ausschließlich um Weibchen handelt, ist die Blau-Creme. Es gibt jedoch zahlreiche andere Farbschläge. Die Augenfarbe sollte dem Standard entsprechen, der für die Hauptfarbe des Fells gilt.

Tortie mit Weiß

Die Tortie mit Weiß entstand durch die Kreuzung von Tortie und Bicolor und kommt in genauso vielen Farbschlägen vor wie die Tortie allgemein. Die weißen Fellpartien müssen unbedingt klar abgegrenzt sein, die Augenfarbe entspricht dem Standard für die Tortie.

Colourpoint

Die Colourpoint ist ein relativ neuer, genetisch gezüchteter Farbschlag. Ursprünglich wurden eine Britisch Kurzhaar und eine Langhaar Colourpoint miteinander gekreuzt, was dazu führte, daß die ersten Generationen ein etwas längeres Fell hatten; dies kommt inzwischen nicht mehr vor, und die heutige Colourpoint entspricht in Typus und Fell der Britisch Kurzhaar. Sie wird in allen Farbschlägen gezüchtet wie die Siam und hat im Gegensatz zu den meisten Britisch Kurzhaar blaue Augen.

Links:
Das Fell der Britisch Kurzhaar Blaucreme sollte eine sanfte Vermischung der Farben Blau und Hellcreme aufweisen.

BRITISCH UND AMERIKANISCH KURZHAAR

Oben:
*Das Fell der Britisch Kurzhaar Colourpoint sollte wie hier bei der Blau Colourpoint (**links**) und der Tortie Colourpoint (**rechts**) einen deutlichen Kontrast zwischen der Grundfarbe und den Points aufweisen.*

Links:
Eine Chocolate Colourpoint, die genau dem gewünschten Standard entspricht.

BRITISCH UND AMERIKANISCH KURZHAAR

VORTEILE

- Freundlich und anhänglich.
- Mögen Kinder und vertragen sich gut mit anderen Haustieren.
- Eine gesunde, kräftige Rasse.
- Brauchen bis auf Manx und Cymric wenig Fellpflege.
- Können auch allein in der Wohnung bleiben, wenn eine andere Katze ihnen Gesellschaft leistet.

NACHTEILE

- Können ziemlich fett werden, besonders nach der Kastration.
- Als kleine Kätzchen sehr niedlich, können aber recht groß werden.
- Die Manx- und Cymric-Varietäten benötigen tägliche Fellpflege.

Oben:
Bei der Britisch Kurzhaar Tipped ist das typische Tipping des Fells auf das Chinchilla-Gen zurückzuführen.

TIPPING

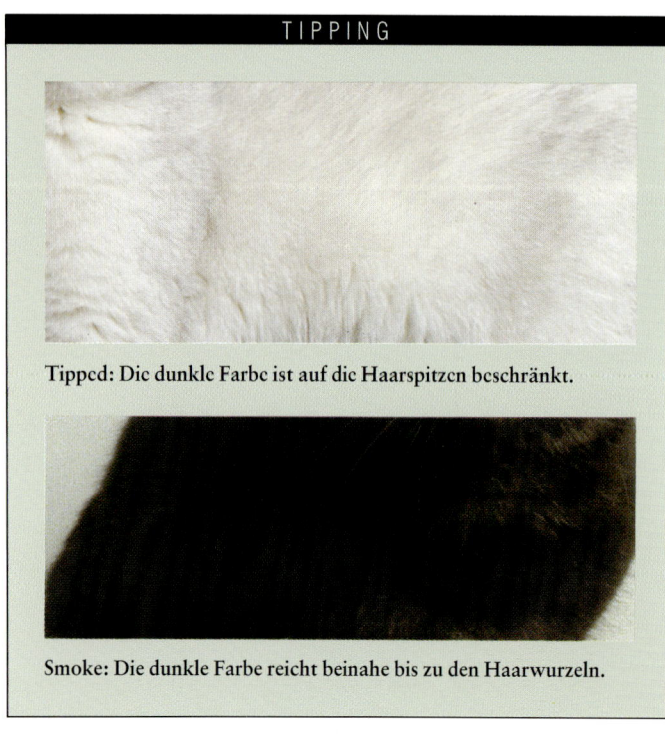

Tipped: Die dunkle Farbe ist auf die Haarspitzen beschränkt.

Smoke: Die dunkle Farbe reicht beinahe bis zu den Haarwurzeln.

Tipped

Die Tipped ist eine Britisch Kurzhaar mit der kurzhaarigen Version eines Chinchillafells. Die Haarspitzen sollten schwarz sein, der Rest des Haars schneeweiß. Der Nasenspiegel ist ziegelrot mit schwarzer Umrandung, auch die Augen haben eine schwarze Umrandung. Die Tipped wird inzwischen in einer Vielzahl von Farbschlägen gezüchtet, doch unabhängig von der Farbe sollten immer nur die äußersten Haarspitzen pigmentiert sein.

Smoke

Bei der Smoke trifft genau das Gegenteil zu: Sie besitzt ein silbernes Unterfell, und das dunklere Tipping sollte fast bis zu den Haarwurzeln reichen. Als Grundfarbe sind alle Farben anerkannt, die auch im allgemeinen bei der Britisch Kurzhaar erlaubt sind. Ausgewachsene Tiere sollten keine Tabby-Zeichnungen und keine weißen Haare im Fell aufweisen. Die Augen sollten kupferfarben, golden oder orangefarben sein.

Bicolor

Diese zweifarbige Katze wird in allen anerkannten Farben und Mustern gezüchtet, die auch für die Britisch Kurzhaar allgemein erlaubt sind, sollte jedoch symmetrische weiße Farbpartien auf der Grundfarbe aufweisen.

Britisch und Amerikanisch Kurzhaar

Oben links:
Diese Katze mag schwarz aussehen, ist jedoch in Wirklichkeit eine Britisch Kurzhaar Smoke, denn sie besitzt ein silbernes Unterfell, und ihre Haare sind nicht bis zu den Wurzeln schwarz durchgefärbt.

Oben rechts:
Eine Britisch Kurzhaar Bicolor Blau mit Weiß, einer der vielen anerkannten Farbschläge.

Rechts:
Das Fell einer Britisch Kurzhaar Bicolor soll einfarbige Farbmuster auf Weiß aufweisen, wobei die Farbpartien im Idealfall so symmetrisch wie möglich sein sollten, wie hier bei dieser Britisch Kurzhaar Bicolor Creme mit Weiß.

BRITISCH UND AMERIKANISCH KURZHAAR

Rechts:
Die klassische ›Rumpy‹ (schwanzlose) Manx hat keinen Schwanz. Der hintere Teil des Körpers sollte wie bei dieser Tortie mit Weiß höher liegen als die Schultern.

Unten links:
Diese weiße ›Stumpy‹ (mit Stummelschwanz) Manx zeigt den deutlichen runden Schwanzstummel am Hinterleib, wie ihn der Standard vorschreibt.

Unten rechts:
Diese odd-eyed Manx mit Schwanz ist zwar bei Ausstellungen nicht zugelassen, für die Manxzucht jedoch unentbehrlich.

176

BRITISCH UND AMERIKANISCH KURZHAAR

MANX
(und Cymric)

Die Manxkatze ist schwanzlos, doch sie unterscheidet sich auch in anderen Punkten von den meisten Britisch Kurzhaarkatzen. Die Standards für die Manx sind weniger streng als für die meisten Britisch und Amerikanisch Kurzhaar. Außerdem hat sie meist eine etwas längere Nase. Alle Farben und Farbkombinationen sind erlaubt, doch ihr Fell ist dicker und verfilzt leichter als das der klassischen Britisch Kurzhaar; es muß daher sorgfältig gepflegt werden.

Bei der Manx unterscheidet man zwischen vier Varietäten: Rumpy, Stumpy, Tailed und Cymric. Rumpies sind völlig schwanzlos und sollten anstelle des Schwanzes eine kleine Einbuchtung am Ende des Rückgrats aufweisen, wo sich normalerweise der Schwanz befindet. Anders als in Deutschland wird in Großbritannien nur dieser Manxtypus zu Ausstellungen zugelassen, obwohl auch die anderen Tiere für die Zucht eingesetzt werden dürfen. Stumpies haben einen winzigen Stummelschwanz, der ein bißchen wie eine kleine Beule am Ende der Wirbelsäule aussieht; es gibt auch Manxkatzen mit richtigen Schwänzen (Tailed). Bei allen Manxkatzen sollten die Hinterbeine bedeutend höher sein als die Vorderbeine, was der Katze ihren typischen kaninchenartigen Gang verleiht.

Die Cymric, eine langhaarige Manxvarietät, ist verhältnismäßig selten, besonders in Großbritannien. Was ihren Charakter und ihr Temperament betrifft, sind sowohl die Manx als auch die Cymric ›typisch britisch‹ und von daher äußerst angenehme Hausgenossen.

Oben:
Die Cymric, die man in Großbritannien und Deutschland eher selten, in den USA dagegen häufig findet, ist eine langhaarige Varietät der Manx.

ANDERE KURZHAARKATZEN

Alle Kurzhaarkatzen, die nicht zu der Gruppe der Britisch oder Amerikanisch Kurzhaar, Burma, Siam oder Orientalisch Kurzhaar gehören, werden in Großbritannien als ›Foreign Shorthairs‹ klassifiziert. Im folgenden Kapitel werden daher weitere Kurzhaarrassen behandelt, die aber nicht in allen Ländern vorkommen.

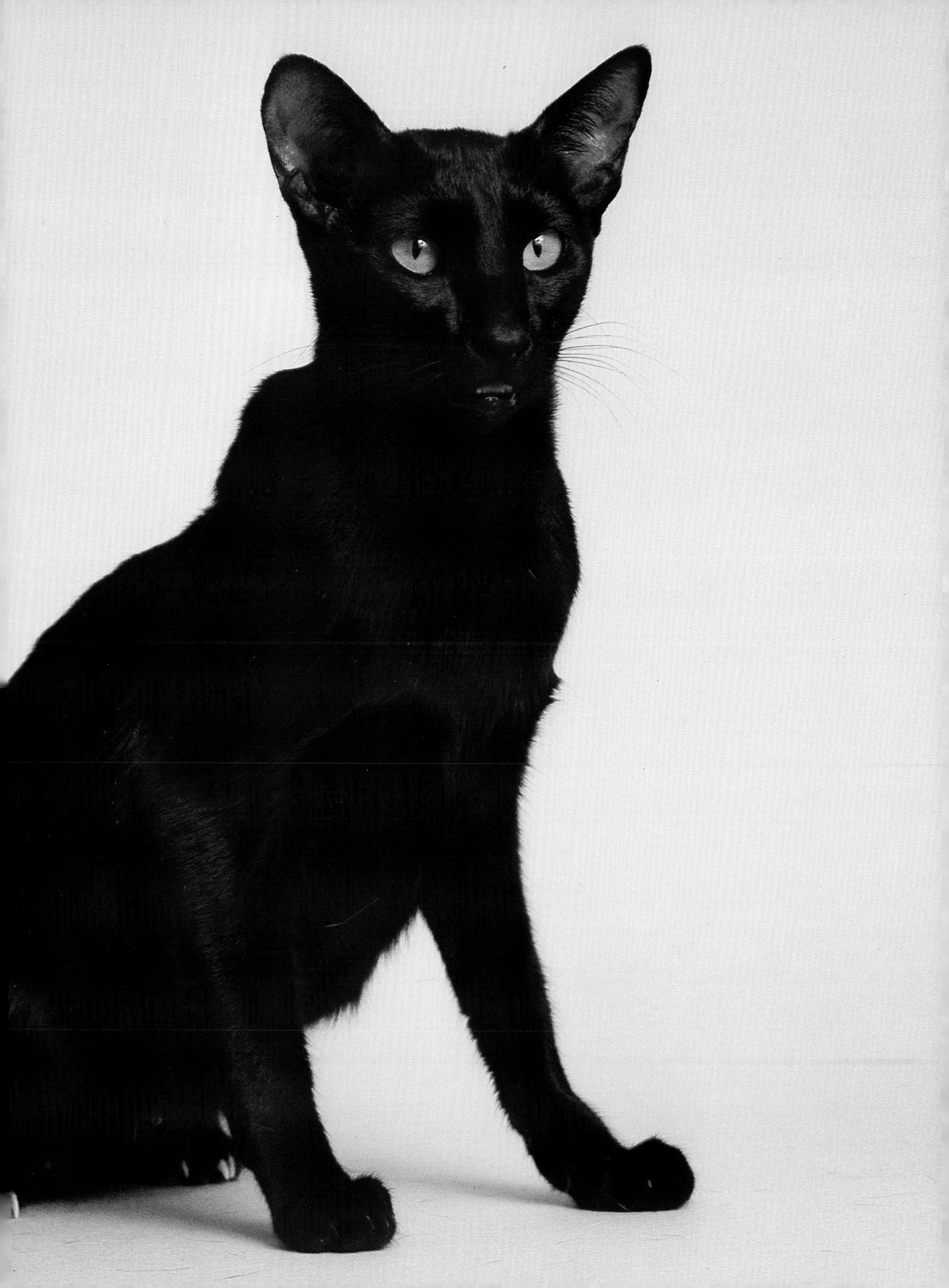

ORIENTALISCH KURZHAAR

Oben:
Diese schwarze Orientalisch Kurzhaar mit dem typischen glänzenden, pechschwarzen Fell verkörpert die ganze Eleganz ihrer Rasse.

Herkunft

Einfarbige Orientalisch Kurzhaarkatzen, auch in anderen Farbschlägen als die ursprüngliche Lilac, konnten schon bald gezüchtet werden, und inzwischen sind die Orientalen in zehn Farbschlägen und den sieben Tortie-Varietäten anerkannt.

Als die Beliebtheit dieser Rasse zunahm und die Züchter die genetischen Möglichkeiten der verschiedenen Fellmuster erkannten, wurde ein neues Zuchtprogramm aufgestellt. So entstanden die Spotted (Getupft), die Classic (Gestromt) und Mackerel (Getigert) Tabby durch Einkreuzung von Siam Tabby-Point in einer Vielzahl von unterschiedlichen Farbvariationen. Die Ticked Tabby entstand durch Kreuzung einer Seal-Point Siam mit einer Abessinierkatze. Es ist auch möglich, Orientalisch Kurzhaar als Smoke-Varietät zu züchten, die in ebenso vielen Farbschlägen anerkannt ist. Genetisch gesehen können sämtliche möglichen Farbschläge vorkommen.

Charakter und Temperament

Die Orientalisch Kurzhaar ist eigentlich in Hinsicht auf Typus und Körperbau eine Siam ohne die typischen ›Himalaya-Abzeichen‹. Auch in ihrem Wesen gleicht sie der Siam: Sie ist sehr temperamentvoll und verlangt ständig die ungeteilte Aufmerksamkeit ihres Besitzers.

Orientalen haben außerordentlich laute Stimmen und fangen meist ganz von selbst zu ›reden‹ an – alles andere als ›guterzogene Kinder‹, die nur sprechen, wenn sie gefragt werden. Sie wollen ständig miteinbezogen werden, ob es nun darum geht, mit ihrem Menschen das Bett zu teilen oder bei der Hausarbeit zu ›helfen‹. Wie Hunde apportieren sie gerne und können Stunden damit verbringen, einem Stückchen zusammengeknülltem Papier nachzujagen.

Sie sind nicht gerne allein, auch nicht für kurze Zeit, und brauchen unbedingt die Gesellschaft einer anderen Katze, wenn sie tagsüber wirklich alleingelassen werden müssen.

Typus und Standard

Unabhängig von Fellfarbe und Muster verlangt der Standard, daß diese Rasse in Körperbau und Typus genau der Siam entspricht (siehe »Siamesen«). Das bedeutet, daß die Orientalisch Kurzhaar eine mittelgroße Katze mit einem festen, muskulösen Körper ist. Sie ist schlank und elegant, soll sich jedoch trotz ihrer Figur und Größe schwer anfühlen. Eine Orientalisch Kurzhaar sollte auf keinen Fall zu mager oder zu leicht sein.

Die Augenfarbe kann unterschiedlich sein und soll zum Fell passen, die Augen sollen die für Orientalen typische Mandelform aufweisen. Die Ohren sollen weit auseinander gesetzt sein, die Spitzen sollen von vorne gesehen mit der Nase ein Dreieck bilden. Im Profil soll die Nase gerade aussehen.

Orientalisch Kurzhaar

Oben:
Die Havana gehört zu den wenigen Rassen mit braunem Fell und wird manchmal mit der braunen Burmakatze verwechselt, von der sie sich jedoch unterscheidet – sowohl was den Genotyp als auch was den Phänotyp betrifft.

Farbschläge

EINFARBIG (SELF)

Die Farbe soll gleichmäßig verteilt sein, das gesamte Haar muß durchgefärbt sein, ohne irgendwelche Anzeichen von Schattierungen, Bänderungen, Tabby-Markierungen oder weißen Haaren. Folgende Farbschläge sind heute u.a. anerkannt:

Havana

Die Havana besitzt ein tief kastanienbraunes Fell, einen braunen Nasenspiegel und braunrosa Pfotenballen. Die Augenfarbe soll ein lebhaftes Grün sein.

Weiß

Fellfarbe soll ein leuchtendes, klares Weiß sein, Nasenspiegel und Pfotenballen sollen hellrosa sein, die Augen leuchtend saphirblau.

Schwarz

Das Fell ist tief pechschwarz, Pfotenballen und Nasenspiegel ebenfalls, die Augen sollen lebhaft grün sein.

Blau

Fellfarbe ist ein heller bis mittlerer Blauton, dasselbe gilt für Nasenspiegel und Pfotenballen, die Augen sind grün.

Links:
Die Foreign White soll ein schneeweißes, glattes Fell und leuchtend blaue Augen haben.

Rechts:
Diese Orientalisch Kurzhaar Blau-Tortie, eine von mehreren anerkannten Tortie-Farben für diese Rasse, weist eine gut vermischte Kombination von mittelblauen und cremefarbenen Tönen auf.

ORIENTALISCH KURZHAAR

Lilac

Das Fell ist frostgrau mit leichtem Rosaschimmer, Nasenspiegel und Pfotenballen sind lavendelfarben, die Augen grün.

Andere neue Farbschläge sind u.a. Rot, Creme, Cinnamon (Zimt), Caramel (Karamel) und Fawn (Rehbraun).

FELLMUSTER

Tortie (Schildpatt)

Torties entstehen durch das geschlechtsspezifische Gen für Rot, weshalb die Tiere fast immer weiblich sind. Für gewöhnlich ist das Fell der Tortie eine Mischung von Rot, Creme und Braun mit schwarzen und/oder rosa Pfotenballen und Nasenspiegel sowie grünen Augen. Torties kommen inzwischen auch in verschiedenen anderen Farbschlägen vor, etwa Chocolate, Cinnamon, Caramel und Fawn. Unabhängig von der Hauptfarbe sollen die anderen Farben gut miteinander vermischt sein, die Augenfarbe soll dem Standard für die dominante Fellfarbe entsprechen.

Oben:
Die Orientalisch Kurzhaar Cinnamon oder Zimt gehört zu den neueren Farbschlägen dieser Rasse; Fellfarbe ist ein warmer Zimtton.

Links:
Das Fell dieser Orientalisch Kurzhaar Creme, einer anderen typischen Vertreterin ihrer Rasse, soll ein kühler Cremeton sein; schwache Tabby-Markierungen sind erlaubt.

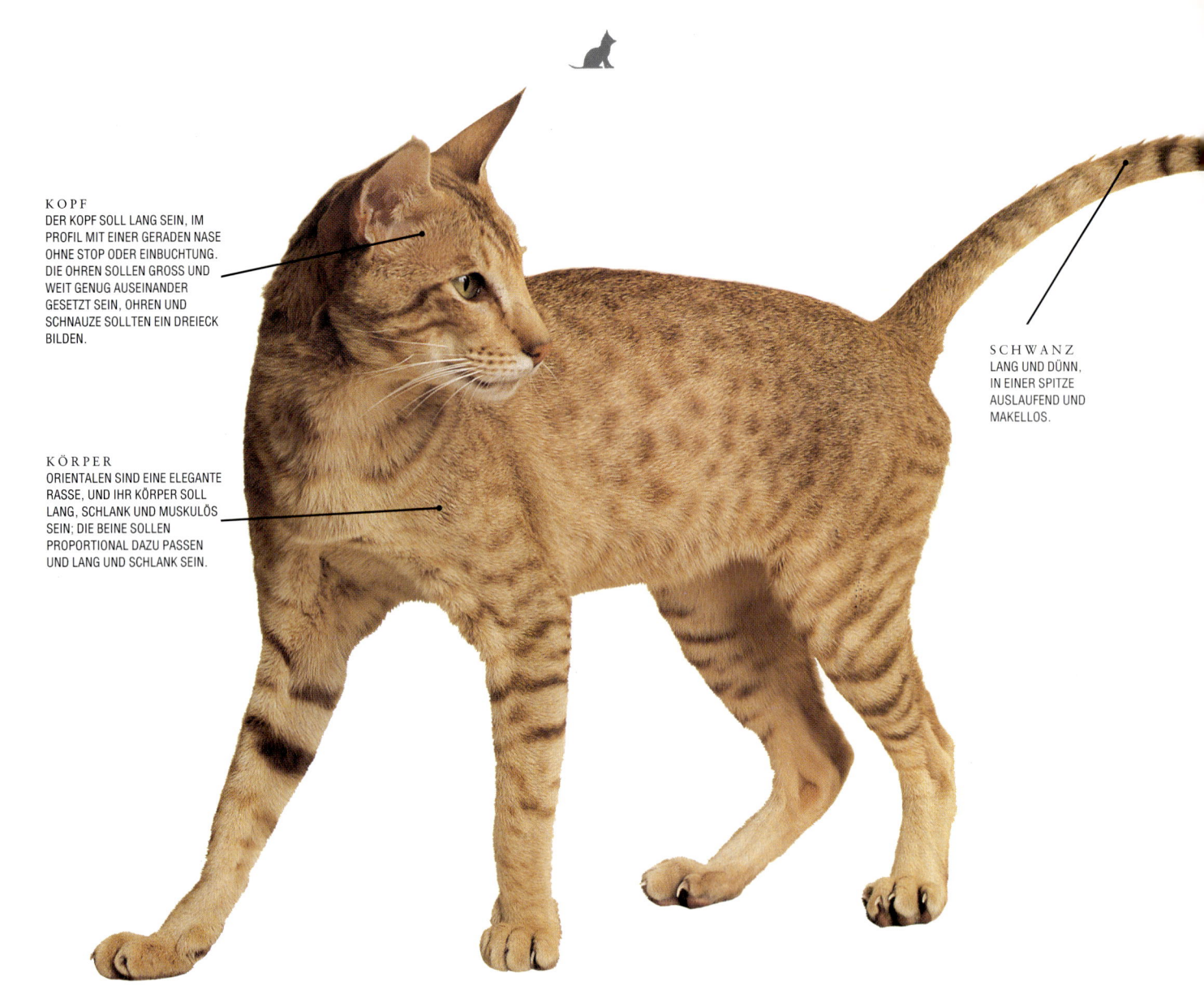

KOPF
DER KOPF SOLL LANG SEIN, IM PROFIL MIT EINER GERADEN NASE OHNE STOP ODER EINBUCHTUNG. DIE OHREN SOLLEN GROSS UND WEIT GENUG AUSEINANDER GESETZT SEIN, OHREN UND SCHNAUZE SOLLTEN EIN DREIECK BILDEN.

SCHWANZ
LANG UND DÜNN, IN EINER SPITZE AUSLAUFEND UND MAKELLOS.

KÖRPER
ORIENTALEN SIND EINE ELEGANTE RASSE, UND IHR KÖRPER SOLL LANG, SCHLANK UND MUSKULÖS SEIN; DIE BEINE SOLLEN PROPORTIONAL DAZU PASSEN UND LANG UND SCHLANK SEIN.

Oben:
Eine Orientalisch Kurzhaar Chocolate Spotted Tabby mit runden Flecken, die überall gleichmäßig verteilt sind.

TICKED TABBIES

Orientalisch Kurzhaar Red Ticked Tabby

Orientalisch Kurzhaar Cinnamon Ticked Tabby

Orientalisch Kurzhaar Lilac Ticked Tabby

Orientalisch Kurzhaar Chocolate Ticked Tabby

Links:
Unabhängig von der Farbe soll das Fell der Ticked Tabby ein gleichmäßiges Ticking mit zwei, besser noch drei Farbbändern an jedem Haar aufweisen. Im unteren Körperbereich dürfen schwache Tabby-Markierungen auftreten, doch der größte Teil des Fells soll keine Flecken, Streifen oder andere Markierungen aufweisen.

Tabby

Tabbies kommen in vier verschiedenen Mustern – Classic (Gestromt), Spotted (Getupft), Mackerel (Getigert) und Agouti (Ticked) – und in mehr als dreißig verschiedenen Farbschlägen vor. Die Augenfarbe entspricht den Standards für die einfarbigen (Self-)Varietäten.

Smoke, Shaded und Tipped

Bei diesen Varietäten ist das Fell nicht sichtbar gemustert, sondern jedes einzelne Haar anders pigmentiert. Bei der Tipped ist nur die Haarspitze gefärbt, bei der Smoke dagegen ist das Haar fast bis zur Haarwurzel gefärbt. Die Shaded (Schattiert) liegt genau dazwischen. Auch hier sind alle Farbschläge möglich.

ANGORA

Die Angora entspricht in der Gruppe der Orientalen den Balinesen in der Gruppe der Siamkatzen: Sie ist eine Halblanghaarkatze innerhalb einer ansonsten kurzhaarigen Gruppe. Ihr Fell ist weder so dicht noch so lang wie das der Perser. In allen anderen Punkten, auch was Charakter und Temperament betrifft, entspricht sie jedoch den Orientalen. Die Angora wird in allen Farbschlägen und Mustern gezüchtet wie die anderen Orientalen.

VORTEILE

- Sehr elegant und anmutig.
- Kurzes, eng anliegendes Fell, das weder viel Pflege benötigt noch besonders haart.
- Intelligent, anhänglich und verspielt.
- Gesellig.

NACHTEILE

- Sehr laute Stimmen, besonders wenn sie rollig sind.
- Sehr ›redefreudig‹.
- Können sich destruktiv verhalten, wenn sie allein gelassen werden.
- Angoras benötigen eine regelmäßige Fellpflege.

Rechts:
Die Angora ist eine halblanghaarige Varietät der Orientalisch Kurzhaar und hat ein feines, seidig schimmerndes Fell. Im Typus entspricht sie den Standards für Orientalen.

Orientalisch Kurzhaar

Die Orientalisch Kurzhaar ist eine künstlich gezüchtete Edelkatze. Obwohl es schon viele Jahre lang einfarbige Katzen des Siamesentypus' gab – meist das Ergebnis einer ›Mesalliance‹ –, waren sie bis in die fünfziger Jahre nicht beliebt. Dann fanden experimentelle Kreuzungen statt, u.a. zwischen der Siam und der Russisch Blau, woraus die Havana hervorging. Ein Nebenprodukt dieses Zuchtprogramms war die Orientalisch Kurzhaar Lilac.

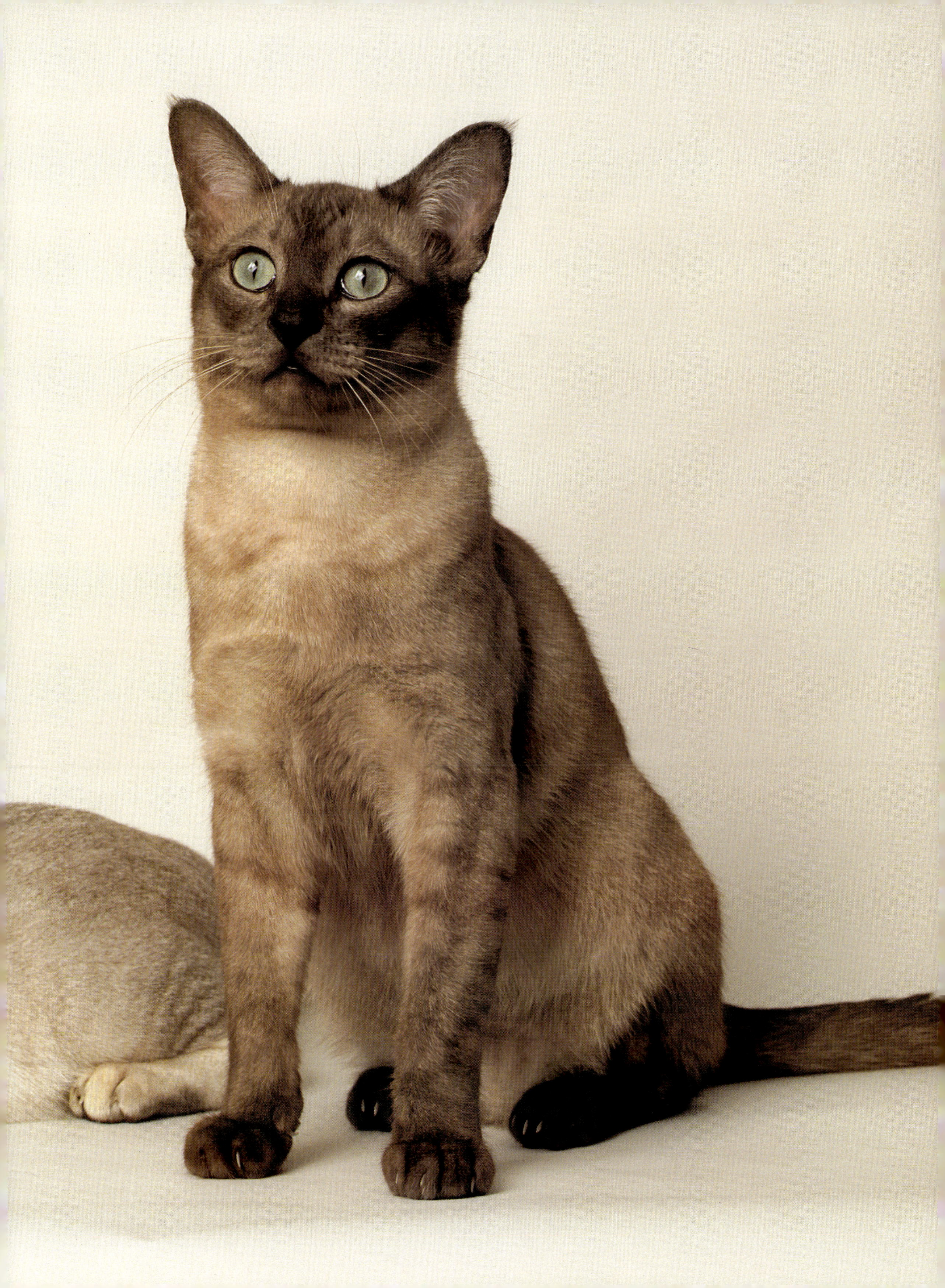

ANDERE KURZHAARKATZEN

Das einzige gemeinsame Merkmal dieser Rassen besteht darin, daß sie alle sehr temperamentvoll sind, wenn auch in unterschiedlichem Grad. Fellfarbe, Muster und Haarstruktur jedoch sind völlig verschieden. Diese Katzen kommen aus den unterschiedlichsten Ländern, Gegenden und Erdteilen und werden in zahlreichen Varietäten gezüchtet. Einige Rassen wurden aus fernen Ländern, wo sie schon seit Jahrhunderten bekannt waren, in die westlichen Länder gebracht: Die Abessinier beispielsweise soll von altägyptischen Katzen abstammen, und die elegante Korat, die ›Si-Sawat‹, ist die heilige Katze Thailands. Daneben gibt es die aus Mutationen weitergezüchteten Rassen, etwa die haarlose Sphinx, die Rexrassen mit ihrem gelockten oder gewellten Fell und auch die neuen, gezielt entwickelten ›Moderassen‹ wie die Burmilla, die Bengal oder auch die Ocicat.

ABESSINIER
(und Somali)

Herkunft

Diese sehr alte Rasse wurde wahrscheinlich aus Abessinien, dem heutigen Äthiopien, nach Großbritannien gebracht. Körperbau, Größe und Fell erinnern deutlich an die mumifizierten Katzen, die man in ägyptischen Grabstätten gefunden hat, oder an bestimmte Fresken, auf denen Bast und andere Katzengottheiten wiedergegeben werden. Möglicherweise stammt die Abessinier tatsächlich unmittelbar von den heiligen Katzen des Alten Ägypten ab, was die Rasse noch geheimnisvoller macht.

Seit einigen Jahren wird auch eine langhaarige Varietät, die Somali, anerkannt. Wahrscheinlich gibt es diese Halblanghaarkatzen bereits seit vielen Jahren, doch

Unten:
Die Somali ist eigentlich eine langhaarige Abessinier. Mit Ausnahme der Haarlänge entspricht sie daher den Standards dieser Rasse und wird in ebenso vielen Farbschlägen gezüchtet.

188

ANDERE KURZHAARKATZEN

KOPF
DER KOPF SOLL LEICHT KEILFÖRMIG GESCHNITTEN SEIN, DIE SCHNAUZE WEICHE KONTUREN HABEN UND NICHT ZU SPITZ AUSFALLEN. DIE OHREN SIND GROSS, AN DER BASIS BREITER, WEIT AUSEINANDER GESETZT UND WEISEN DIE TYPISCHEN OHRBÜSCHEL AUF. DIE AUGEN SIND GROSS, AUSDRUCKSVOLL, ORIENTALISCH GESCHNITTEN UND SOLLEN BERNSTEINFARBEN, GRÜN ODER HASELNUSSBRAUN SEIN.

KÖRPER
MITTELGROSSER KÖRPER, FEST UND MUSKULÖS.

SCHWANZ
RELATIV LANG UND SPITZ ZULAUFEND, STARK AM ANSATZ, AM ENDE DÜNNER, JEDOCH AUF KEINEN FALL PEITSCHENFÖRMIG.

wurden sie früher als Abessinier mit ungewöhnlichem Fell angesehen. Die Züchter ignorierten die Existenz dieser Varietät völlig – manchmal wollten sie nicht einmal zugeben, daß sich sogar in angeblich ›reinen‹ Abessinierwürfen gelegentlich ein Langhaarkätzchen befand. Inzwischen ist die Somali auf der ganzen Welt ungemein beliebt.

Abessinier gibt es in Großbritannien seit der Mitte des 19. Jahrhunderts. Damals war ihr Fell nur wildfarben, also rotbraun mit Ticking. Heute werden sowohl Abessinier als auch Somali in zahlreichen Farbschlägen gezüchtet, doch alle weisen noch das typische Wildkatzen-Ticking auf.

Charakter und Temperament

Wie die meisten anderen ›Foreign‹ Rassen sind auch Abessinier temperamentvoll und hochintelligent – ausgesprochene ›Katzenpersönlichkeiten‹. Sie sind nicht gerne allein und leiden sehr, wenn sie keine Spielgefährten haben. Obwohl sie wie kleine Wildkatzen aussehen, sind sie vom Wesen her alles andere als wild: Sie sind vielmehr liebevolle Katzen und sehr häuslich. Sie leben jedoch ungern beengt, daher sollte man nicht zu viele Katzen halten, wenn man sich für eine Abessinier entscheidet.

Links:
Die Abessinier Blau besitzt ein blaß graublaues Unterfell mit dunklem, schieferblauem Ticking.

ANDERE KURZHAARKATZEN

Rechts:
Das Fell der Abessinier Wildfarben ist goldbraun mit schwarzem Ticking, das Unterfell ist rotbraun oder aprikosenfarben.

Unten:
Das Fell der Somali Sorrel hat einen warmen Kupferton mit schokoladenbraunem Ticking.

Typus und Standard

Die Katze soll mittelgroß sein, das Fell eng anliegend und glänzend, mit dunklem Ticking. Die Abessinier macht einen eleganten Eindruck: Der Kopf soll rund und leicht keilförmig sein, die Ohren sollen groß und weit auseinander gesetzt sein mit Haarbüscheln an den Spitzen; der Hals ist lang und elegant, die Beine sind lang und schlank, der Schwanz läuft, proportional zur Körperlänge passend, spitz zu.

Die Augenfarbe soll Bernstein, Grün oder Haselnußbraun sein, als Fellfarbe werden inzwischen diverse Farbschläge anerkannt: die ursprüngliche Wildfarbe (Usual), Sorrel, Blau, Chocolate, Lilac, Silber, Rehbraun (Fawn), Rot, Creme und die entsprechenden Tortie-Farben.

Links:
Eine Abessinier Sorrel mit dem typischen Fellticking.

ANDERE KURZHAARKATZEN

ANDERE KURZHAARKATZEN

Links:
Die Ohren der Amerikanisch Curl sind deutlich nach hinten gerollt.

Amerikanisch Drahthaar (American Wirehair) und Amerikanisch Curl (American Curl)

Herkunft

Beide Rassen sind kurzhaarige Hauskatzenvarietäten, die aufgrund eines natürlich mutierten Gens entstanden; es ist bisher nur in den USA vorgekommen. Die Ohren der Amerikanisch Curl sind nach hinten gerollt, wohingegen die Ohren der Schottischen Faltohrkatze nach vorn geklappt sind und die Ohröffnung vollständig bedecken.

Die Amerikanisch Drahthaar besitzt ein gekräuseltes, drahtiges Fell, das dem der Cornish und Devon Rex ähnelt. Die Gene jedoch, die diese Fellstruktur und Ohrform hervorrufen, sind völlig andere als die der britischen Rassen.

Charakter und Temperament

Sowohl die Drahthaar als auch die Curl entsprechen in Charakter und Temperament den anderen Amerikanisch Kurzhaar-Varietäten (siehe »Britisch und Amerikanisch Kurzhaar«). Sie sind freundlich, intelligent, robust und anpassungsfähig und sehr angenehme Hausgenossen.

Typus und Standard

Beide Rassen sind mittelgroß mit runden Köpfen, weit auseinander gesetzten, mittelgroßen Ohren, mit gut entwickelter Schnauze und ebensolchem Kinn und ausgeprägten Schnurrhaarkissen. Sie sind nicht so gedrungen, und ihre Nasen sind nicht so kurz wie bei der Britisch und Amerikanisch Kurzhaar. Sie wirken im ganzen eleganter und graziler und ähneln hinsichtlich ihrer Körperform der ›Foreign‹ Kurzhaar.

Oben:
Die Amerikanisch Drahthaar besitzt ein ungemein drahtiges Fell, das ein wenig an das Fell der Cornish und Devon Rex erinnert. Sie ist eine amerikanische Varietät, die in anderen Ländern nur selten zu sehen ist.

ASIAN CATS
(einschließlich Burmilla)

Herkunft

Diese Rasse ist das Ergebnis einer kätzischen Romanze und entstand rein zufällig, als man einen liebeskranken Kater und seine ›Angebetete‹ voneinander zu trennen versuchte. Ein Chinchillakater lebte gemeinsam mit einem Burma Lilac-Weibchen im selben Haus; als kleine Kätzchen hatten sie zusammen gespielt, doch als das Weibchen rollig wurde, wurde sie in das Arbeitszimmer ihrer Besitzerin gesperrt, war doch ein Treffen mit dem ›Zukünftigen‹, einem geeigneten Burmakater, bereits in die Wege geleitet worden. Doch die Putzfrau ließ aus Versehen die Tür offen und ermöglichte dadurch leider – oder vielmehr glücklicherweise, jedenfalls für die zahlreichen Verehrer dieser wunderschönen Rasse und natürlich auch für das ›Liebespaar‹ – dem schmachtenden Chinchilla-Romeo Zugang zu seiner Julia. Die Nachkommen waren so hübsch, daß die Besitzerin beschloß, ihnen einen eigenen Namen zu geben: Burmillas.

Es war nicht schwer, ein neues Heim für die kleinen Kätzchen zu finden, denn das Interesse an der neuen Kreuzung übertraf sogar noch dasjenige an reinen Burmakatzen, so daß man die beiden Rassen erneut kreuzte. Damit wurde eine neue Zucht begründet. Die Burmilla gehört heute zu den beliebtesten Kurzhaarkatzen, ist allerdings noch nicht, wie z.B. in Deutschland, von allen Katzenvereinen der verschiedenen Länder anerkannt.

Charakter und Temperament

Die Burmilla ist eine temperamentvolle, freundliche und gesellige Katze, die von beiden Elternrassen bestimmte Merkmale in abgeschwächter Form geerbt hat: Sie ist nicht so laut und fordernd wie die Burma, aber unternehmungslustiger und neugieriger als die Chinchilla. Für Menschen, die Burmakatzen mögen, jedoch Schwierigkeiten mit ihrem anspruchsvollen Wesen haben, ist die Burmilla vielleicht die ideale Lösung.

Unten:
Innerhalb der ›Asian‹-Gruppe gibt es Katzen in zahlreichen Farbschlägen. Zu den bekanntesten zählt sicher die Burmilla (rechts); ihr kleines Geschwisterchen (links) ist eine Smoke.

SCHWANZ
EIN ELEGANTER, MITTELLANGER BIS LANGER, GERADER SCHWANZ, DER NICHT ZU DICK SEIN SOLL, HOCH ERHOBEN GETRAGEN.

KÖRPER
IM ALLGEMEINEN IST DIE ASIAN WIE DIE BURMA EINE ELEGANTE, MITTELGROSSE KATZE MIT EINEM MUSKULÖSEN KÖRPER.

KOPF
DER ALLGEMEINE STANDARD FÜR DIESE RASSE ENTSPRICHT DEM DES BURMATYPUS': DER KOPF SOLL ZWISCHEN DEN OHREN MITTELBREIT SEIN, DIE NASE IM PROFIL EINEN DEUTLICHEN BREAK AUFWEISEN. DIE OHREN DÜRFEN BEI DIESER KURZHAARVARIETÄT KLEINE OHRBÜSCHEL AUFWEISEN, DIE BEI DER TIFFANIE ETWAS LÄNGER AUSFALLEN DÜRFEN. DIE AUGEN SIND GROSS, WEIT AUSEINANDER GESETZT UND AUSDRUCKSVOLL.

ANDERE KURZHAARKATZEN

Typus und Standard

Um die Rasse weiterzuführen, wurde ein Zuchtprogramm entwickelt. Es wurde festgelegt, daß die Burmilla eine Kurzhaarkatze vom Burmesentypus sein soll, jedoch auch bestimmte Merkmale der Chinchilla besitzen soll, beispielsweise das Tipping, den ziegelroten Nasenspiegel mit schwarzer Umrandung sowie die schwarze Umrandung der Augen, die an Maskarastriche erinnert.

Um den Typus zu erhalten, wurde die erste Generation Burmillas mit Burmakatzen gepaart. Aus der nächsten Generation entstanden verschiedene burmillaartige Katzen, und man beschloß, alle genetisch möglichen Ergebnisse dieses Typus' unter dem Begriff ›Asian‹ zusammenzufassen. Zu dieser Gruppe gehören nicht nur die Burmilla, die Shaded oder Tipped sein kann, sondern auch einfarbige Kurzhaarkatzen – nämlich die Bombaykatze, deren Fell schwarz ist, und die Asian, wenn das Fell eine andere Farbe hat – sowie die langhaarige Tiffanie und die vier Varietäten des Asian Tabby: Spotted, Classic, Mackerel und Ticked.

In den USA versteht man unter der Bombay eine Kreuzung zwischen einer Burma und einer schwarzen Amerikanisch Kurzhaar, und unter der Tiffany (nur in den USA mit ›y‹) das Ergebnis einer Kreuzung zwischen einer Burma und einer einfarbigen (Self-)Langhaar.

Rechts:
Eine der ursprünglichen vier Burmillas, die aus der Paarung eines liebeskranken Chinchillakaters mit seiner ›Herzensdame‹, einer Burma Lilac, hervorgingen. Dieser Wurf war der Anfang einer ganz neuen Zucht.

Unten:
Die Tiffanie (in den USA Tiffany) ist eine langhaarige Varietät der Asian (in den USA eine langhaarige Varietät der Burma).

Unten:
Diese Asian Ticked Tabby besitzt die erwünschte M-Markierung auf der Stirn.

ANDERE KURZHAARKATZEN

BENGALKATZE (BENGAL)

(und Leopardenkatze, Leopard Cat)

Herkunft

Gefleckte Katzen waren schon immer ganz besonders beliebt, wahrscheinlich weil ihr Fell uns an das Aussehen einer Wildkatze erinnert. Die Vorstellung einer kleinen, gefleckten Leopardenkatze mit dem Temperament einer Hauskatze war so verführerisch, daß man beschloß, eine derartige Katze zu züchten.

Anfang der sechziger Jahre wurde in Amerika die erste gezielte Kreuzung zwischen einer kurzhaarigen Hauskatze und einer asiatischen Leopardenkatze, einer Asian Leopard Cat, durchgeführt, doch erst Ende der achtziger Jahre wurde ein konkretes Zuchtprogramm aufgestellt. Ein amerikanischer Genetiker interessierte sich ganz besonders für diese Kreuzungen, da bei den Asian Leopard Cats offenbar das Katzenleukose-Genom in der DNA-Struktur fehlt und die Tiere deshalb immun gegen diese Infektionskrankheit sind. Die Bengalkatze ist daher besonders robust.

Mit zunehmender Beliebtheit war sie auch immer häufiger auf Katzenausstellungen zu sehen, und 1991 wurde einer Bengalkatze von der TICA (The Independent Cat Association) in den USA zum ersten Mal der Champion-Titel verliehen. Inzwischen sind Bengalkatzen auch nach Großbritannien gebracht worden, wo ein neues Zuchtprogramm entwickelt wurde. Auch in Deutschland ist sie nun auf Ausstellungen präsent.

Charakter und Temperament

Obwohl sie ein relativ großes Tier ist, besitzt die Bengalkatze ein freundliches Wesen, ist anhänglich, aufmerksam, neugierig und intelligent. Sie hat wenig Angst vor anderen Katzen oder anderen Tieren und ist ein liebenswürdiger Hausgenosse.

Typus und Standard

Die Bengalkatze soll einen großen Körper haben, Fellmuster und Farbe sollen dem der wilden Leopardenkatze ähneln, ihr Wesen allerdings soll sanft und freundlich sein. Ihr Körper ist geschmeidig und sehr muskulös, der hintere Teil etwas höher als der vordere. Das Fell, das gefleckt sein und einen deutlichen Kontrast zwischen Flecken und Grundfarbe aufweisen sollte, erinnert an das Fell einer Wildkatze. Der Kopf ist leicht keilförmig, breit und lang, besitzt ausgeprägte Schnurrhaarkissen und kurze, nicht zu weit auseinandergesetzte Ohren, die an den Spitzen abgerundet und am Ansatz breit sind.

BOMBAYKATZE (BOMBAY)
(siehe ›Asian Cats, einschließlich Burmilla‹)

BURMILLA
(siehe ›Asian Cats, einschließlich Burmilla‹)

Links:
Die Bengalkatze ist in den USA seit Jahren sehr beliebt, in anderen Ländern jedoch noch recht unbekannt.

Unten:
Die Schneeleopardenkatze oder Snow Leopard Cat ist eine silberne Version der Bengalkatze.

Andere Kurzhaarkatzen

Exotisch Kurzhaar (Exotic Shorthair)
(siehe ›Langhaarkatzen vom Persertyp‹)

Manx
(siehe ›Britisch und Amerikanisch Kurzhaar‹)

Ägyptische Mau (Egyptian Mau)

Herkunft

Der Name Mau leitet sich aus dem ägyptischen Wort für Katze ab. Die Rasse ist im Grunde eine gefleckte Varietät des modifizierten Siamtypus'. Obwohl der GCCF (Governing Council of the Cat Fancy) in Großbritannien diesen Namen jahrelang benutzt hatte, wurde die englische Form in ›Oriental Spotted Tabby‹ umbenannt. In den USA, wo sie sich zu einem Typus entwickelt hat, der sich von den Siamesen und Orientalen deutlich unterscheidet, heißt sie dagegen immer noch ›Egyptian Mau‹.

Trotz des vielversprechenden Namens kommt die Ägyptische Mau nicht aus Ägypten. Sie wurde vielmehr in den fünfziger Jahren in Europa gezielt gezüchtet, weil man ein Fellmuster erhalten wollte, das dem der Katzen im Alten Ägypten ähnlich sieht. In den USA ist sie bis heute sehr beliebt, und auch auf deutschen Ausstellungen wird sie prämiert.

Charakter und Temperament

Wie alle Rassen, zu deren Ahnen Siamkatzen oder Orientalen gehören, handelt es sich um eine temperamentvolle, unternehmungslustige, intelligente und freundliche Katze, die sehr gesellig und nicht gerne allein ist. Bei dieser Rasse ist die Gefahr, daß die Katze gestohlen wird, wegen des ungewöhnlichen Fells leider besonders groß. Man sollte sie daher immer sorgsam im Auge behalten, wenn sie nach draußen gelassen wird.

Typus und Standard

Die Mau entspricht dem modifizierten Siamtypus. Ihr Kopf sollte keilförmig, aber leicht abgerundet sein, ihr Profil nicht so gerade wie das der Siam oder anderer Orientalen. Ihr Schwanz soll mittellang sein, spitz zulaufen, allerdings nicht wie der ›Peitschenschwanz‹ der Siam – dies wird als Fehler angesehen. Die Augen sollen mandelförmig und blaßgrün sein, im Schnitt weder zu orientalisch noch zu rund. Fünf Farbschläge sind anerkannt: Schwarz, Smoke, Pewter (Zinnfarben), Bronze und Silber.

Oben:
Die Egyptian Mau ist eine amerikanische Rasse, die der britischen Oriental Spotted Tabby ähnelt, jedoch weniger stark orientalisch geprägt ist.

ANDERE KURZHAARKATZEN

Oben:
Die Japanische Stummelschwanzkatze oder Japanese Bobtail wird in ihrer Heimat Japan ›Mi-Ke‹ genannt und ist inzwischen auch in den USA sehr beliebt, in anderen Ländern jedoch noch eine Rarität.

JAPANISCHE STUMMEL-SCHWANZKATZE (JAPANESE BOBTAIL)

Herkunft

Diese Katze ist nicht wie die Manx völlig schwanzlos, sondern besitzt einen kurzen Stummelschwanz. Sie stammt ursprünglich aus Japan, wo sie ›Mi-Ke‹ genannt wird und als Glücksbringerin und Symbol für Gastfreundschaft gilt. Viele Japaner besitzen derartige Glückskatzen aus Keramik, die mit hocherhobenem Pfötchen Gäste im Haus willkommen heißen.

Charakter und Temperament

Die Japanese Bobtail ist eine äußerst freundliche Katze und eignet sich daher besonders gut als Hausgenosse. Sie hat ein sanftes Wesen und ist sehr intelligent, verträgt sich gut mit anderen Tieren und ist sehr menschenbezogen.

Typus und Standard

Die Japanese Bobtail ist eine mittelgroße, schlanke Katze mit glänzendem Fell, die trotz ihrer zierlichen Figur recht muskulös ist. Ihre Hinterbeine sind wie bei der Manxkatze länger als die Vorderbeine. Wenn die Katze entspannt ist, trägt sie den Schwanz aufgerichtet. Die Augen sind groß, oval und leicht schräg stehend. Der Kopf ähnelt dem einer Siamkatze und sollte von den Ohrspitzen zur Nase ein gleichschenkliges Dreieck bilden. Traditionelle Farbschläge sind Schwarz, Rot und Weiß oder Tortie mit Weiß, doch es werden inzwischen auch viele andere Farbschläge anerkannt.

KORATKATZE (KORAT)

Herkunft

Die Koratkatze gehört zu den ältesten Rassen und stammt ursprünglich aus Thailand, wo sie als heilige Katze, ›Si-Sawat‹, bekannt ist. Erst Anfang der fünfziger Jahre kam sie in die USA und von dort aus 1972 nach Großbritannien und ins kontinentale Europa. Der thailändische Name dieser Katze bedeutet ›Glück‹ – kein Wunder, daß diese Tiere in ihrem Heimatland immer hoch geschätzt wurden. Sie kommen im Gegensatz zu anderen Rassen nur in der ursprünglichen blauen Farbe vor.

Charakter und Temperament

Koratkatzen sind ruhige, sanfte, liebevolle Tiere und besitzen ein äußerst angenehmes Wesen. Sie sind ausgeglichen, dabei aber sehr intelligent, mögen allerdings weder Lärm noch einen turbulenten Haushalt und fühlen sich am wohlsten in einem ruhigen Heim.

Andere Kurzhaarkatzen

Typus und Standard

Das auffälligste Merkmal der Koratkatze ist ihr hübsches, herzförmiges Gesicht mit den strahlenden, runden und gelbgrünen Augen. Ihr Gesichtsausdruck ist unverkennbar. Die Schnauze soll leicht spitz zulaufen, die Ohren sollen mittelgroß und hoch angesetzt sein. Oberhalb des Nasenspiegels soll die Nase einen leichten Break aufweisen. Das Fell soll kurz, glatt und flach anliegend sein und gleichmäßig silberblau schimmern. Im Profil gesehen sollte es entlang der Wirbelsäule ›aufbrechen‹. Die Koratkatze ist mittelgroß, mit einem festen, muskulösen Körper.

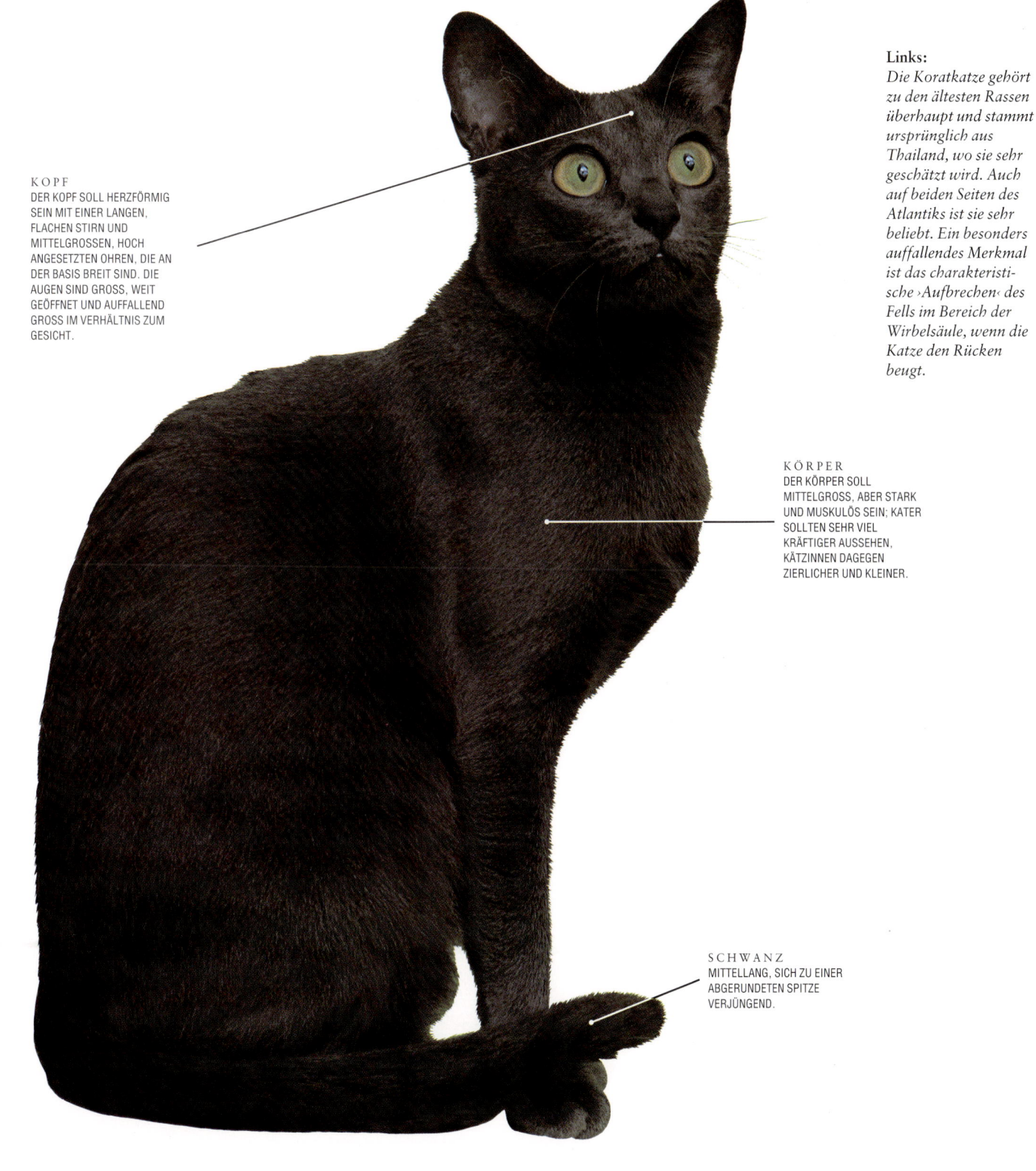

Links:
Die Koratkatze gehört zu den ältesten Rassen überhaupt und stammt ursprünglich aus Thailand, wo sie sehr geschätzt wird. Auch auf beiden Seiten des Atlantiks ist sie sehr beliebt. Ein besonders auffallendes Merkmal ist das charakteristische ›Aufbrechen‹ des Fells im Bereich der Wirbelsäule, wenn die Katze den Rücken beugt.

KOPF
DER KOPF SOLL HERZFÖRMIG SEIN MIT EINER LANGEN, FLACHEN STIRN UND MITTELGROSSEN, HOCH ANGESETZTEN OHREN, DIE AN DER BASIS BREIT SIND. DIE AUGEN SIND GROSS, WEIT GEÖFFNET UND AUFFALLEND GROSS IM VERHÄLTNIS ZUM GESICHT.

KÖRPER
DER KÖRPER SOLL MITTELGROSS, ABER STARK UND MUSKULÖS SEIN; KATER SOLLTEN SEHR VIEL KRÄFTIGER AUSSEHEN, KÄTZINNEN DAGEGEN ZIERLICHER UND KLEINER.

SCHWANZ
MITTELLANG, SICH ZU EINER ABGERUNDETEN SPITZE VERJÜNGEND.

OCICAT

Herkunft

Die Ocicat gehört zu den gezielt gezüchteten gefleckten Katzen und ist äußerst beliebt. Ihren Namen erhielt sie, weil sie im Aussehen ein wenig an den Ozelot erinnert.

In den sechziger Jahren versuchte ein amerikanischer Züchter, Siamesen mit Abessinierabzeichen zu züchten, weshalb er Siamesen mit Abessiniern kreuzte. Die ersten Würfe ergaben tatsächlich Kätzchen mit den erwünschten Abzeichen, enthielten jedoch auch Tabbies, u.a. ein geflecktes Kätzchen, das den Namen ›Tonga‹ erhielt und gemeinhin als die erste Ocicat überhaupt gilt, auch wenn sie nur das unbeabsichtigte Ergebnis eines völlig anderen Zuchtprogramms war.

Tonga wurde nur einmal, nämlich 1965, auf einer Ausstellung gezeigt, doch schon einige Jahre später war die neue Rasse sehr beliebt, und es wurden immer mehr Ocicats auf Ausstellungen präsentiert. Die Ocicat wurde 1987 in den USA von der CFA, der Cat Fanciers Association, zum Champion gekürt. Inzwischen gibt es sie auch in Europa.

Charakter und Temperament

Auch diese Rasse wurde gezielt gezüchtet, um eine Hauskatze mit dem Aussehen einer Wildkatze zu erhalten. Ihr Wesen entspricht jedoch dem der Hauskatze: Sie ist intelligent und verspielt wie alle Rassen, die in diesem Kapitel beschrieben werden.

Typus und Standard

Die Ocicat sollte relativ groß sein, ihr Fell ist deutlich gefleckt. Ihr Kopf ist leicht keilförmig mit einer breiten Schnauze, die ein wenig kantig wirkt. Im Profil gesehen sollte die Nase keinen Break aufweisen, sondern vom Nasenrücken sanft bis zur Stirn ansteigen. Das Kinn sollte kräftig, der Biß ebenmäßig sein, ohne Anzeichen von Über- oder Unterbiß. Die Ohren sind relativ groß, weit auseinander gesetzt und sollten weder zu hoch noch zu tief angesetzt sein. Ohrbüschel sind nicht unbedingt notwendig, jedoch erwünscht, und sollten sich, falls vorhanden, an den Ohrspitzen befinden. Die Augen sollen groß, mandelförmig und von intensiver Farbe sein, wobei Blau als Fehler gilt.

Oben:
Trotz ihres ›wilden‹ Aussehens ist die Ocicat eine sanfte, liebevolle Katze.

Andere Kurzhaarkatzen

Die Ocicat wird in zehn Hauptfarben gezüchtet, von denen jede auch mit Silber-Ticking vorkommen kann. Die Katze sollte sowohl elegant als auch muskulös wirken und sich schwerer anfühlen, als sie aussieht.

REX

Herkunft

Sowohl die Devon als auch die Cornish Rex sind durch natürliche Mutationen Ende der sechziger Jahre in Großbritannien entstanden. Obwohl beide Rassen ein lockiges Fell besitzen, sind sie genetisch nicht miteinander verwandt. Die erste Cornish Rex wurde in einem Wurf auf einem Bauernhof in Cornwall entdeckt. Der Besitzer fragte einen Tierarzt um Rat, weil sich unter den Tieren ein Katerchen mit einem merkwürdig welligen Fell befand, und beschloß dann, das Tier mit seiner Mutter zu verpaaren. Tatsächlich wiesen die Kätzchen aus diesem Wurf das gleiche merkwürdige Fell auf wie ihr Vater. Zehn Jahre später entdeckte man in Devon eine ähnliche Katze, die erste Devon Rex. Als man zwei Devon miteinander verpaarte, kamen die Nachkommen jedoch nicht unbedingt mit einem gelockten Fell zur Welt, woraus man schloß, daß es sich bei der Devon und der Cornish Rex um zwei genetisch unterschiedliche Rassen handeln mußte. Die Cornish Rex waren viel größer und sahen eher aus wie ›Bauernkatzen mit Dauerwelle‹. Die Devon Rex dagegen waren kleiner und hatten große, runde Augen und Ohren, die viel zu groß für ihren Körper erschienen. Hätte man die Rasse in den achtziger Jahren entdeckt, wären diese Katzen sicher ›Gremlins‹ getauft worden.

Charakter und Temperament

Sowohl die Devon als auch die Cornish Rex sind lebhaft, intelligent und sehr aktiv. Sie sind anhänglich, kinderlieb und nehmen am liebsten an allen häuslichen Aktivitäten teil. Sie können allerdings auch äußerst unartig sein – sie haben nämlich einen ausgesprochenen Sinn für Humor und gehören zu den Katzen, die man entweder liebt oder haßt. Die Devon hat

Unten:
Die kleinen Cornish Rex-Kätzchen Blau-Tortie und Rot weisen das für diese Rasse typische lockige Fell auf.

Unten:
Eine ausgewachsene Cornish Rex Blau-Tortie. Bei dieser Rasse sind alle Farbschläge erlaubt.

ANDERE KURZHAARKATZEN

KOPF
EIN KEILFÖRMIGER KOPF MIT EINEM KRÄFTIGEN KINN. DIE STIRN SOLL FLACH, DIE NASE IM PROFIL GERADE SEIN, DIE OHREN SIND GROSS UND HOCH AM KOPF ANGESETZT, DIE AUGEN MITTELGROSS UND OVAL GESCHNITTEN.

KÖRPER
DER KÖRPER SOLL MITTELGROSS, SCHLANK, FEST UND MUSKULÖS SEIN; DAS GELOCKTE FELL IST KURZ UND PLÜSCHIG, ES BESITZT KEINE LEITHAARE UND SIEHT WELLIG AUS.

SCHWANZ
LANG UND SPITZ ZULAUFEND UND EBENFALLS DICHT MIT LOCKIGEM FELL BEDECKT.

manchmal ein weniger dichtes Fell, und keine der Varietäten besitzt ein Unterfell, was die Rex besonders angenehm für Allergiker und Asthmatiker macht, da sie kaum haart.

BESONDERHEITEN DER REXKATZEN

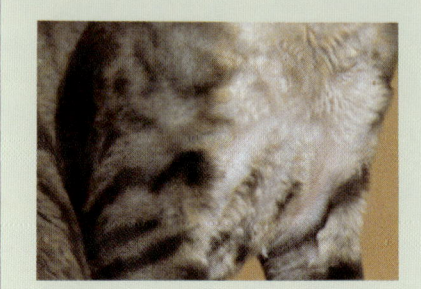

Das Fell der Cornish Rex Tabby ist an Hals, Bauch und Innenseiten der Beine etwas heller gefärbt.

Das Fell soll gelockt sein, wellig und gekräuselt aussehen.

Der Standard verlangt, daß sogar die Schnurrhaare gekräuselt sind.

Oben:
Diese Cornish Rex Braun-Tortie zeigt das rassentypische gelockte Fell.

Rechts:
Eine Cornish Si-Rex wie diese Red-Point besitzt die Abzeichen einer Siamkatze, jedoch mit dem gelockten Rexfell kombiniert. Sie wird in genauso vielen Farbschlägen gezüchtet wie die Siam.

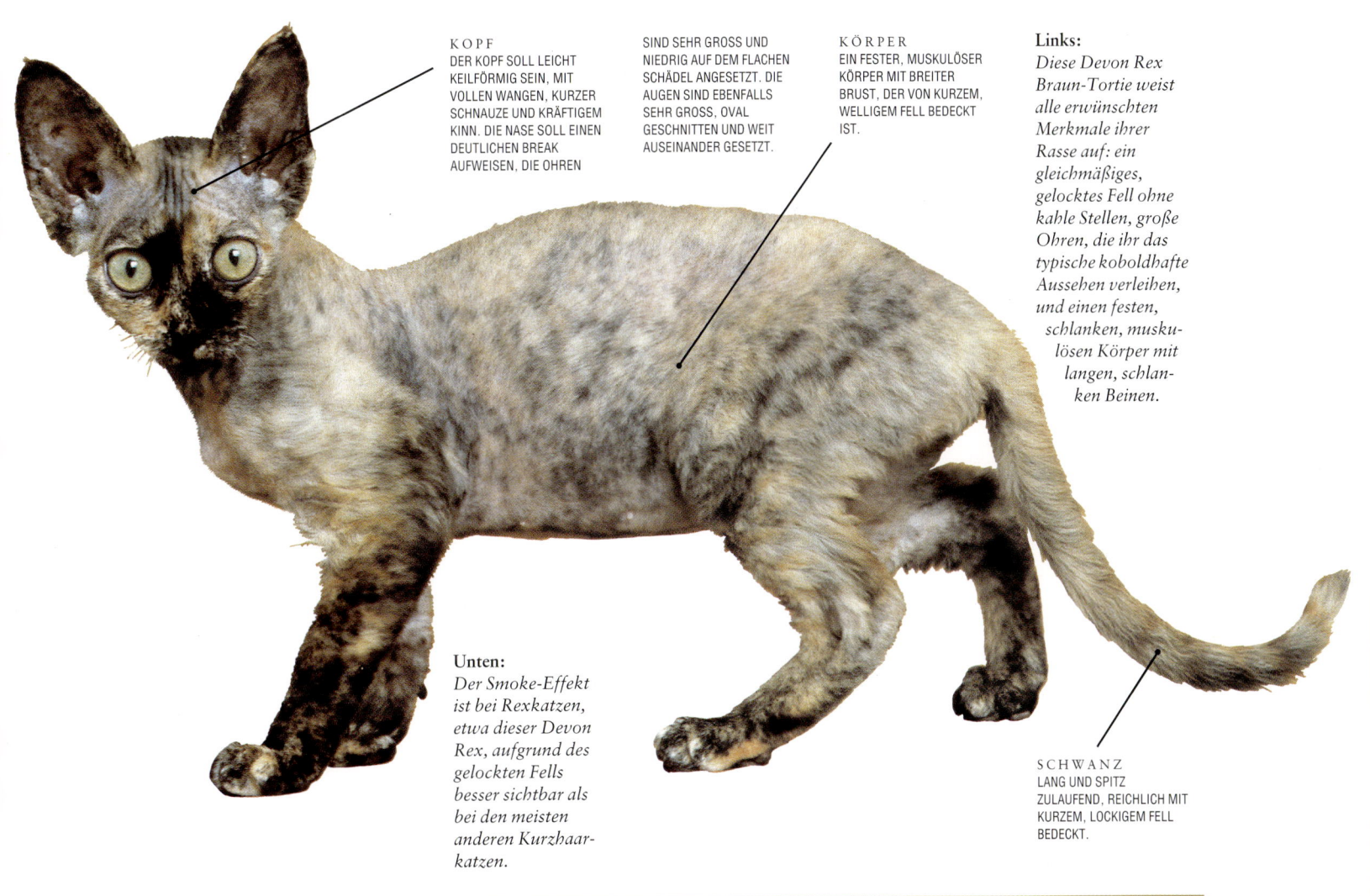

ANDERE KURZHAARKATZEN

KOPF
DER KOPF SOLL LEICHT KEILFÖRMIG SEIN, MIT VOLLEN WANGEN, KURZER SCHNAUZE UND KRÄFTIGEM KINN. DIE NASE SOLL EINEN DEUTLICHEN BREAK AUFWEISEN, DIE OHREN SIND SEHR GROSS UND NIEDRIG AUF DEM FLACHEN SCHÄDEL ANGESETZT. DIE AUGEN SIND EBENFALLS SEHR GROSS, OVAL GESCHNITTEN UND WEIT AUSEINANDER GESETZT.

KÖRPER
EIN FESTER, MUSKULÖSER KÖRPER MIT BREITER BRUST, DER VON KURZEM, WELLIGEM FELL BEDECKT IST.

Links:
Diese Devon Rex Braun-Tortie weist alle erwünschten Merkmale ihrer Rasse auf: ein gleichmäßiges, gelocktes Fell ohne kahle Stellen, große Ohren, die ihr das typische koboldhafte Aussehen verleihen, und einen festen, schlanken, muskulösen Körper mit langen, schlanken Beinen.

Unten:
Der Smoke-Effekt ist bei Rexkatzen, etwa dieser Devon Rex, aufgrund des gelockten Fells besser sichtbar als bei den meisten anderen Kurzhaarkatzen.

SCHWANZ
LANG UND SPITZ ZULAUFEND, REICHLICH MIT KURZEM, LOCKIGEM FELL BEDECKT.

Typus und Standard

Die Cornish Rex hat einen langen, eleganten Körper, der jedoch fest und muskulös sein soll. Die Beine sind lang, der Kopf ist keilförmig, die Nase im Profil lang und gerade. Die Augen sind oval, die Ohren groß und weit auseinander gesetzt, ähnlich wie bei den Siamesen, allerdings nicht ganz so extrem. Das Fell soll dicht und deutlich gelockt sein. Die Devon ist sehr viel kleiner als die Cornish und besitzt ein weniger üppiges Fell – der kleine ›Gremlin‹ sieht sehr ungewöhnlich aus und ist nicht jedermanns Geschmack. Der Kopf ist rund, im Profil ist ein deutlicher Break erkennbar, die Ohren sind überproportional groß. Da ihr Fell kürzer ist als das der Cornish, wirkt sie zuweilen beinahe kahl. Devon und Cornish kommen in allen Farbschlägen und Mustern und deren Kombinationen vor.

RUSSISCH BLAU (RUSSIAN BLUE)

Herkunft

Bei dieser Rasse handelt es sich um eine weitere blaue Varietät, doch die ungewöhnliche Beschaffenheit des Fells unterscheidet sie völlig von anderen blaufarbenen Katzen wie der Britisch Kurzhaar, Burma oder Koratkatze. Diese Katze soll angeblich aus dem russischen Archangelsk stammen, daher wurde sie früher auch Archangelsk-Katze genannt. Es gibt Katzen mit einem ähnlichen Fell in Nordskandinavien, so daß es durchaus möglich ist, daß diese Rasse tatsächlich aus Rußland stammt und von dort aus von Seeleuten auf ihren Schiffen ins westliche Europa gebracht wurde.

Charakter und Temperament

Man könnte die Russisch Blau treffend als ruhig, scheu, liebevoll und sanft bezeichnen. Sie verabscheut Lärm, da sie ein stilles, in sich gekehrtes Tier ist – wenn sie Musik lieben würde, zöge sie sicher die Musik Mozarts derjenigen von Wagner vor. Sie hängt sehr an ihrem Besitzer und lebt auch gern nur im Haus, solange sie mit ihrem Lieblingsmenschen zusammensein kann.

Typus und Standard

Die Russisch Blau ist eine mittelgroße bis große Kurzhaarkatze. Sie ist ungemein grazil und elegant und wird oft mit einer Ballerina verglichen, da sie sich wie auf Zehenspitzen zu bewegen scheint. Ihr Fell besitzt eine ungewöhnliche, plüschartige Beschaffenheit, die durch das Doppelfell hervorgerufen wird, das diese Rasse wohl als Schutz gegen die strengen russischen Winter entwickelt hat. Vor kurzem sind auch weiße Exemplare gezüchtet worden, doch hat man dieses Zuchtprogramm nicht weiter verfolgt.

KOPF
DER KOPF IST KEILFÖRMIG UND KURZ MIT AUSGEPRÄGTEN SCHNURRHAARKISSEN UND GROSSEN, SPITZEN OHREN UND SOLLTE ZWISCHEN DEN OHREN FLACH SEIN. DIE AUGEN SIND MANDELFÖRMIG UND WEIT AUSEINANDER GESETZT.

Rechts:
Die Russisch Blau ist eine elegante Katze mit langen, schlanken Gliedern. Obwohl auch weiße und schwarze Tiere gezüchtet worden sind, haben sich diese neuen Farbschläge nicht durchgesetzt, und die Blau bleibt weiterhin die klassische Vertreterin ihrer Rasse.

KÖRPER
DER KÖRPER IST LANG UND ELEGANT MIT LANGEN BEINEN; DAS FELL IST PLÜSCHARTIG – DIE KATZE BESITZT EIN DOPPELFELL – UND SOLLTE DICK, KURZ UND SEIDIG SEIN.

SCHWANZ
LANG UND SPITZ ZULAUFEND, PROPORTIONAL ZUM KÖRPER PASSEND.

SCHOTTISCHE FALTOHRKATZE (SCOTTISH FOLD)

Herkunft

In Großbritannien wird diese Rasse nicht anerkannt, da die deformierten Ohren angeblich der Gesundheit der Katze abträglich sind, in den USA sowie in Deutschland dagegen wird sie anerkannt und ist recht beliebt. Wie die Rexvarietäten entstand diese Rasse durch eine natürliche Mutation und stammt, wie der Name schon anklingen läßt, ursprünglich aus Schottland.

Charakter und Temperament

Trotz ihres etwas merkwürdigen Aussehens ist die Schottische Faltohrkatze eine sanfte, zärtliche Katze. Sie mag Kinder, andere Katzen und Haustiere, und auch wenn man aufgrund ihrer Ohrform auf Hörprobleme schließen könnte, haben sich derartige Befürchtungen nie bestätigt.

Typus und Standard

Im Körperbau entspricht diese Katze dem gemäßigten Britisch Kurzhaar-Typus, besitzt jedoch die für sie typischen Ohren, die nach vorn und nach unten geklappt sind. Ihr Fell sollte kurz und dicht sein wie das der Manx und anderer Kurzhaarrassen, die aus kühlen nördlichen Gefilden stammen. Die Ohren sollen weit auseinander gesetzt sein, so daß der Kopf oben völlig flach aussieht. Augen- und Fellfarbe können in allen möglichen Varianten vorkommen.

SINGAPURA

Herkunft

Diese Rasse stammt, wie der Name vermuten läßt, aus Singapur, wo sie als ›Drain Cat‹ bekannt war – sie soll in Abflußrohren (drains) gelebt haben, was angeblich ihre im Verhältnis zu den meisten ›Foreign‹ Kurzhaarkatzen geringe Größe erklärt. Da auf der Inselkolonie Singapur zahlreiche katzenliebende Briten leben, wurden die kleinen einheimischen Katzen umgehend ›adoptiert‹. Der kleine Körper der Singapura erklärt sich möglicherweise tatsächlich aus ihren ursprünglich bescheidenen Lebensverhältnissen, trotzdem ist die Rasse im allgemeinen recht robust.

Charakter und Temperament

Ihre Kleinheit gleicht die Singapura durch ihren Charakter und ihr Temperament wieder aus. Sie ist eine sanfte, liebevolle und anhängliche Katze, vielleicht ein wenig zurückhaltend und reserviert.

Typus und Standard

Die Singapura ist eine kleine Katze, die allerdings schwerer ist, als sie aussieht. Ihr geticktes Tabby-Fell ähnelt dem der Abessinier. Die Ohren sind groß, leicht zugespitzt und an der Basis breit, die Augen groß und mandelförmig. Der Kopf sollte rund sein, mit kurzer Nase, die im Profil einen leichten Break aufweist, mit gut entwickeltem Kinn und ebenmäßigem Biß.

Oben:
Die Schottische Faltohrkatze stammt aus Großbritannien, wo sie allerdings inzwischen so gut wie unbekannt ist, während sie sich in Deutschland und den USA großer Beliebtheit erfreut.

Links:
Die Singapura, die in Europa und den USA gezüchtet wird, stammt aus Singapur.

Rechts:
Die Sphinx ist eine haarlose Katze, die ursprünglich in Kanada entdeckt wurde; ihre Befürworter weisen darauf hin, daß sie aufgrund ihrer Haarlosigkeit die ideale Katze für Allergiker und Asthmatiker darstellt.

Unten:
Die Snowshoe ist ebenfalls eine neuere Rasse; sie ist vom britischen GCCF (Governing Council of the Cat Fancy) – im Gegensatz zu Deutschland und den USA – noch nicht anerkannt.

SNOWSHOE

Herkunft

Die Snowshoe (›Schneeschuh‹) wird manchmal auch als kurzhaarige Birma bezeichnet, mit der sie allerdings nicht verwandt ist. Es handelt sich um eine relativ junge Rasse, die entstand, als man eine Siamkatze mit einer Amerikanisch Kurzhaar Bicolor kreuzte, die das notwendige Gen für die typischen weißen Füße besaß.

Charakter und Temperament

Snowshoes sind angenehme Katzen, eine modifizierte Form der intelligenten Siam, kombiniert mit der Ausgeglichenheit der Amerikanisch Kurzhaar – wahrscheinlich die ideale Mischung für eine Hauskatze.

Typus und Standard

Die Snowshoe ist eine recht große Rasse mit einem kurzen, eng anliegenden Fell. Es sind alle Farbschläge erlaubt, die für Siamesen oder jede andere Rasse mit dem Himalaya-Faktor anerkannt sind. Ihre Augen müssen blau, groß und mandelförmig sein. Der Kopf soll mittelgroß und keilförmig sein, im Profil einen deutlichen Break aufweisen, aber nie so aussehen wie bei der Siamkatze – das gilt als schwerer Fehler. Schnauze und Füße müssen weiß sein.

SPHINX

Herkunft

Diese Rasse entstand durch eine natürliche Mutation und wurde 1966 in Kanada entdeckt, doch gab es schon früher Berichte über haarlose Katzen in anderen Teilen der Welt. In den USA und neuerdings in Großbritannien wird sie auf Ausstellungen gezeigt, in den deutschen Katzenclubs wird diese Züchtung, die auf einem genetischen Defekt beruht, allerdings nicht anerkannt.

Charakter und Temperament

Die Sphinx ist eine temperamentvolle Katze, ähnlich wie die Rex – wenn man schon kein Fell hat, muß man schließlich andere Qualitäten aufweisen! Diese Rasse ist definitiv umstritten, scheint allerdings trotz ihrer Haarlosigkeit nicht übermäßig zu frieren; am liebsten hat sie es allerdings recht warm.

Typus und Standard

Das auffälligste Merkmal dieser Katze ist ihre vollständige Haarlosigkeit, selbst leichter Flaum gilt bereits als Fehler. Am wichtigsten sind Farbe, Pigmentierung und Muster der Haut. Der Körper sollte fest und muskulös mit schlanken, langen Beinen sein, der Hals soll ebenfalls schlank, der Schwanz lang und spitz zulaufend sein. Der Kopf sollte etwas länger als breit sein, das Profil weich mit ausgeprägtem Schnurrhaarkissen und die Ohren groß.

ANDERE KURZHAARKATZEN

Die Tonkanese ist eine Kreuzung zwischen der Burma- und der Siamkatze und in zahlreichen Farbschlägen anerkannt, u.a. in Blau (rechts), Lilac (oben) und Chocolate (unten).

TONKANESE (TONKINESE)

Herkunft

Diese Katze ist das Ergebnis einer Kreuzung zwischen Siam- und Burmakatzen, daher verfügt sie über Merkmale und Eigenschaften beider Elternrassen. Sie stammt aus Amerika, wo Ende der sechziger und Anfang der siebziger Jahre ein entsprechendes Zuchtprogramm aufgestellt wurde. In den USA wurde sie 1975 anerkannt, in Großbritannien und anderen europäischen Ländern gilt für diese Rasse zur Zeit noch ein vorläufiger Standard.

Charakter und Temperament

Wie Burma- und Siamkatzen ist auch die Tonkanese eine temperamentvolle, freundliche und anhängliche Katze, die gerne in alle Aktivitäten miteinbezogen wird.

Typus und Standard

In Körperbau und Größe ist die Tonkanese eine gemäßigte Kombination ihrer Elternrassen, weder so langgestreckt und knochig wie die Siam, noch so stämmig wie die Burma, sondern eine gute Mischung von beidem. Vor kurzem hat der GCCF für diese Rasse in Großbritannien einen vorläufigen Standard festgesetzt.

Burmesen

Obwohl die Burmakatze zu den relativ neuen Rassen gehört, ist sie heute bereits eine der beliebtesten Edelkatzen überhaupt. Braune Katzen soll es schon vor Hunderten von Jahren im Fernen Osten gegeben haben, besonders in Thailand und Burma, aber in den zahlreichen Geschichten, die Reisende aus fernen Ländern mit nach Hause brachten, vermischten sich natürlich häufig Dichtung und Wahrheit. Burmesen waren angeblich die ursprünglichen ›Wächterkatzen‹ in den Tempeln ihres Heimatlandes – eine Stellung, die ihnen allerdings von der Birma streitig gemacht wird.

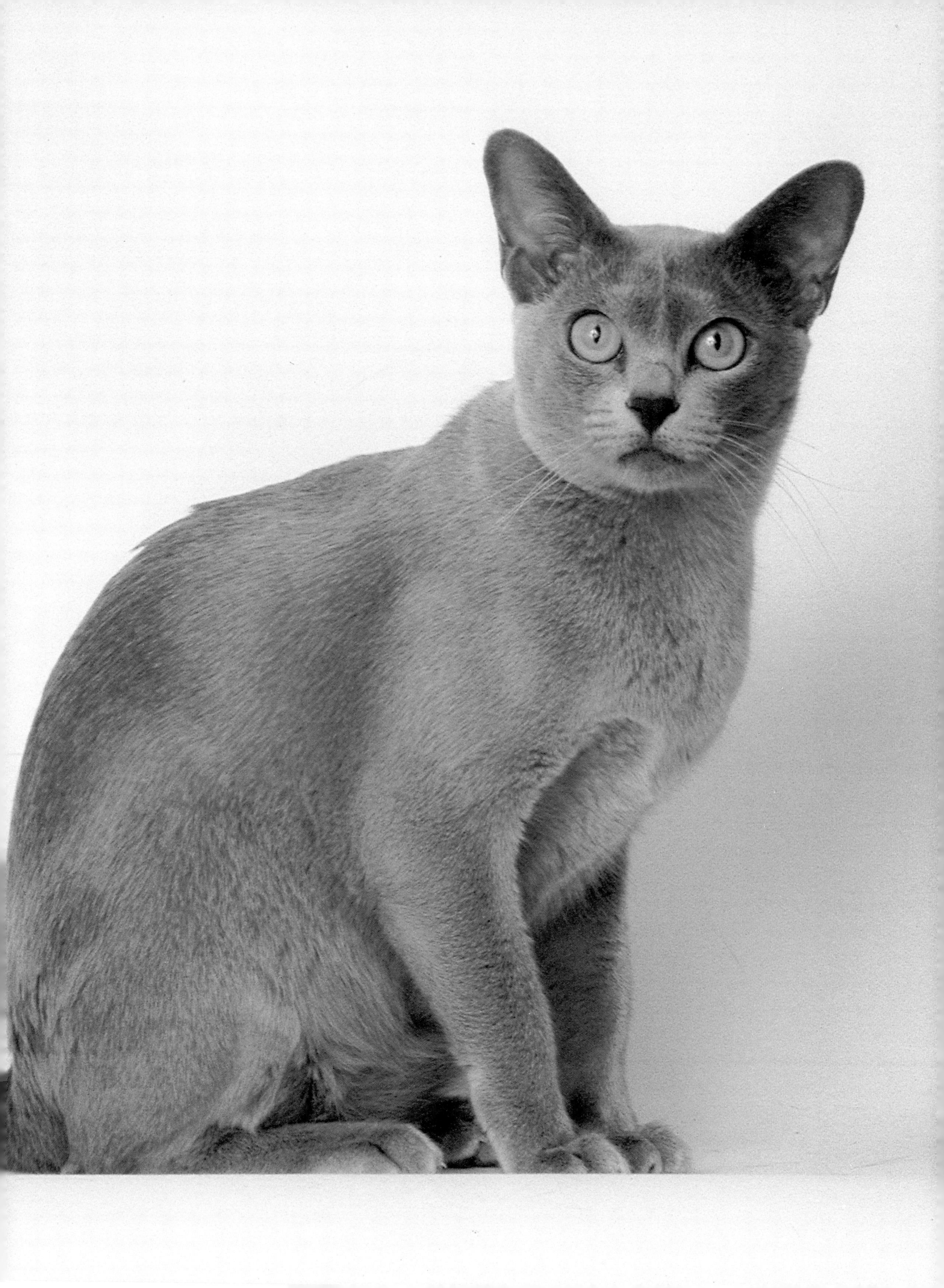

Herkunft

Die erste ›Burmakatze‹, die im Westen Berühmtheit erlangte, war eine kleine Katze namens Wong Mau, die 1930 aus dem Fernen Osten in die USA gebracht wurde. Zum damaligen Zeitpunkt gab es keinen passenden Deckkater, weshalb man beschloß, ihr einen ›Kavalier‹ aus der Rasse zu suchen, die der ihren am ähnlichsten war: einen Seal-Point Siamkater. Die Katzenjungen aus diesem Wurf waren Hybriden und sahen den heutigen Tonkanesen ähnlich. Genetisch gesehen ist es wahrscheinlich, daß Wong Mau selbst eine dunkle Tonkanesenvariation war, da aus einer Verpaarung mit einem ihrer gleichaussehenden Söhne auch Nachkommen hervorgingen, die dunkelbraun waren wie sie selbst. Diese Katzen gelten gemeinhin als die ersten echten Burmakatzen.

Erst 1948 gelangten Burmakatzen über den Atlantik nach Großbritannien. Burmesen wirken zwar nicht auf Anhieb so attraktiv, elegant und unverwechselbar wie Siamesen, doch ihre Intelligenz und ihr Charakter in Verbindung mit ihrem angenehm freundlichen Wesen ließen sie schnell beliebt werden. Außerdem sind ihre Stimmen nicht ganz so laut wie die der Siamkatzen.

Als ihre Beliebtheit zunahm und immer mehr Kätzchen gezüchtet wurden, ereignete sich 1955 eine kleine Sensation: In diesem Jahr kam ein silbergraues Kätzchen zur Welt, die erste Burma Blau, die passenderweise ›Sealcoat Blue Surprise‹ getauft wurde. Hiermit war bewiesen, daß Burmakatzen eine ähnliche genetische Ausstattung besaßen wie Siamesen – die Burma Braun entsprach der Siam Seal-Point, die Burma Blau der Siam Blue-Point. Doch dies war erst der Anfang. In Amerika hatte man eine hellere Version der Burma Braun entdeckt, die ›Champagne‹ genannt wurde, und eine sehr viel blassere Variante der Burma Blau, die den Namen ›Platinum‹ erhielt. Diese Farben entsprechen der Siam Chocolate und Siam Lilac-Point und sind in Großbritannien als Burma Chocolate und Burma Lilac bekannt.

Nachdem man die genetischen Voraussetzungen der Burmakatze entschlüsselt hatte, stand eine große Farbpalette für die Zucht zur Verfügung. Wenn es Züchtern gelungen war, die geschlechtsgebundenen Farben für die Siamzucht zu nutzen (Rot, Creme sowie Tortie), warum sollte man dann nicht auch versuchen, Burmakatzen in diesen Farben zu züchten?

Verschiedene Züchter stellten ein gut durchdachtes Zuchtprogramm auf, das mit Unterstützung des Burmese Cat Clubs in Großbritannien durchgeführt wurde, so daß es inzwischen Burmakatzen in zehn verschiedenen Farbschlägen gibt – die alle hinsichtlich Vitalität, Kraft, Typus und Temperament der ursprünglichen ›Kleinen Braunen Katze‹ entsprechen, wie man Wong Mau zärtlich nannte, jenes kleine braune Kätzchen, das vor sechzig Jahren aus Burma in die USA gebracht worden war.

Burmakatzen kommen in folgenden Farbschlägen vor, wobei die Bezeichnungen in den einzelnen Ländern differieren: Braun (USA: Sable, also Zobelfarben), Blau, Chocolate (USA: Champagne), Lilac (USA: Platinum), Rot, Creme, Braun-Tortie, Blau-Tortie, Chocolate-Tortie, Lilac-Tortie.

Charakter und Temperament

Es handelt sich um eine sehr attraktive Rasse, die jedoch einen ›katzenerfahrenen‹ Menschen verlangt. Burmakatzen sind sehr temperamentvoll und aufgrund ihrer Treue und Apportierfreude schon oft als ›Hundekatzen‹ bezeichnet worden. Ihre Stimmen sind nicht ganz so laut wie die der Siamesen, doch gleichen sie ihnen im Wesen. Sie bleiben nicht gerne lange allein, akzeptieren aber auch ein anderes Tier als Gefährten. Eine andere Katze oder auch ein Hund bieten die nötige Unterhaltung, wenn man es nicht vermeiden kann, sie tagsüber allein in der Wohnung zu lassen. Es läßt sich indes nicht leugnen, daß Burmesen von ihrem Menschen viel Aufmerksamkeit fordern. Sie wollen unbedingt an allen Aktivitäten im Haushalt teilnehmen und bestehen darauf, als vollwertiges Mitglied in die Familie integriert zu werden.

Oben:
Eine beeindruckende Burma Chocolate mit den geforderten goldgelben Augen und dem ebenmäßig schokoladenfarbenen Fell.

Typus und Standard

Alle Burmakatzen sollten in Typus und Körperbau gleich sein. Die Burma ist mittelgroß, stämmig und recht muskulös – weder so groß und stämmig wie die Britisch Kurzhaar, noch so langgestreckt und schlank wie die Siam. Ihr Kopf soll oben ausgesprochen rund sein, sowohl im Profil als auch von vorn, die Ohren sind mittelgroß und weit auseinander gesetzt. Die Nase sollte einen deutlichen Break aufweisen, das Kinn muß ausgeprägt und kräftig sein. Die Augen sollen mandelförmig geschnitten sein, die Augenfarbe liegt zwischen Hellgelb und Bernstein, obwohl in Großbritannien auch ein blasses Grüngelb anerkannt wird, wenn das Tier ansonsten makellos ist. Eine Burmakatze, die den Standards entspricht, weist den typischen schalkhaften Gesichtsausdruck auf.

Der Schwanz muß proportional gut zum Körper passen – einer Faustregel zufolge sollte er bis zum Schulterblatt der Katze reichen. Er darf keinen Knick aufweisen und muß ohne sichtbare Fehler sein.

Das Fell ist kurz, eng anliegend und von klarer Farbe. Bei der Burma Chocolate und Lilac dürfen die Points etwas dunkler sein, ein einheitlicher Farbton ist jedoch wünschenswert. Bei Jungtieren sind an den Beinen leichte Streifen erlaubt, bei ausgewachsenen Tieren wird dies jedoch als schwerer Fehler angesehen.

BURMESEN

KOPF
DER KOPF HAT DIE FORM EINES KURZEN, STUMPFEN KEILS, DIE WANGENKNOCHEN SIND BREIT. IM PROFIL SOLLTE DIE NASE EINEN DEUTLICHEN BREAK AUFWEISEN, DER KOPF SOLL OBEN ABGERUNDET SEIN, DAS KINN KRÄFTIG UND FEST; DIE OHREN SIND MITTELGROSS UND WEIT AUSEINANDER GESETZT AUF EINEM AUSGESPROCHEN RUNDEN SCHÄDELDACH. DIE AUGEN SIND GROSS UND GLÄNZEND, MIT LEICHT ORIENTALISCHEM SCHNITT.

KÖRPER
DER MITTELGROSSE KÖRPER IST FEST UND MUSKULÖS, MIT EINER KRÄFTIGEN, RUNDEN BRUST. DAS TIER SOLLTE SCHWERER SEIN, ALS ES AUSSIEHT. DIE BEINE SIND SCHLANK, DIE HINTERBEINE ETWAS LÄNGER ALS DIE VORDERBEINE.

SCHWANZ
MITTELLANG, IN EINER RUNDLICHEN SPITZE ZULAUFEND, OHNE MAKEL ODER KNICK.

BURMESEN

Farbschläge

Braun
(USA: SABLE, ZOBELFARBEN)

Die Fellfarbe einer Burma Braun soll ein tiefes, gleichmäßiges warmes Braun sein, ohne sichtbare Bänderung oder Streifen; schwache ›Geisterstreifen‹ bei Jungtieren sind allerdings erlaubt. Das Fell darf am Unterkörper etwas heller ausfallen. Nasenspiegel und Pfotenballen sollten dunkelbraun sein.

Blau

Die Burma Blau besitzt ein feines, silbergraues Fell, auch hier darf der Unterkörper etwas heller ausfallen. Pfotenballen und Nasenspiegel sollen grau sein.

Chocolate
(USA: CHAMPAGNE)

Ein warmes Milchschokoladenbraun ist die geforderte Fellfarbe für diese Varietät, wobei Gesicht, Beine und Schwanz etwas dunkler ausfallen, allerdings nie so dunkel wie bei der Burma Braun. Nasenspiegel und Pfotenballen sollten schokoladenbraun sein.

Links:
Die Burma Braun ist der älteste der zehn anerkannten Farbschläge und auch heute noch sehr beliebt. Das Fell dieser Katze ist typisch für diesen Farbschlag und die Rasse allgemein; es weist den erwünschten samtigen Glanz auf.

Unten:
Die Standards für Burmakatzen sind je nach Ländern verschieden. Die amerikanische Burma, die hier abgebildet ist, hat ein viel kürzeres Gesicht sowie rundere Augen und ist im allgemeinen stämmiger als die britische Burma.

Oben:
Diese junge Burma Blau besitzt genau das richtige feine, silbergraue Fell und den erwünschten Silberglanz an Kopf und Ohren.

BURMESEN

Rechts:
Eine ausgewachsene Burma Rot mit dem geforderten mandarinenfarbenen Fell.

Unten:
*Bei kleinen Kätzchen und Jungtieren ist das Fell noch etwas heller, wie diese jungen Geschwister, eine Burma Rot (**links**) und eine Burma Chocolate (**rechts**) zeigen.*

Lilac
(USA: PLATINUM)

Die Burma Lilac ist wunderschön gefärbt, ihr Fell sollte ein blasses Taubengrau mit einem sanften Rosaschimmer aufweisen. Wie bei der Chocolate, dem anderen hellen oder ›verdünnten‹ Farbschlag, dürfen die Extremitäten dunkler sein. Nasenspiegel und Pfotenballen sollen lavendelrosa sein.

Rot

›Helles Mandarinenrot‹ ist wohl die beste Umschreibung für das Fell der Burma Rot. Die Farbe darf weder zu feurig noch so hell sein, daß man sie mit der Creme verwechselt, Nasenspiegel und Pfotenballen sollen rosa sein.

BURMESEN

Rechts:
Dieser ausgewachsene Kater ist ein Burma Lilac mit dem geforderten magnolienfarbenen Fell mit rosa Schimmer. Das kräftige Kinn und die breiten Kiefer verleihen ihm den für Kater typischen Gesichtsausdruck, die sogenannten ›Katerbacken‹.

BURMESEN

Links:
Das Fell dieser Burma Creme hat einen warmen Cremeton, wobei Gesicht, Ohren und Beine wie ›gepudert‹ wirken, gerade so, als wäre die Katze ganz leicht mit Puder eingestäubt worden.

Creme

Das Fell der Burma Creme ist cremefarben, es erinnert ein wenig an die Farbe von Sahne und erscheint an Kopf und Ohren wie ›gepudert‹, als hätte man die Katze leicht mit Puder eingestäubt. Wie bei der Burma Rot sollen Nasenspiegel und Pfotenballen blaßrosa sein.

Braun-Tortie

Für diesen Farbschlag ist eine Kombination aus Braun-, Rot- und Cremetönen erforderlich, wobei sich die Farben gut vermischen müssen. Pfotenballen und Nasenspiegel sollten braun und/oder rosa sein.

Blau-Tortie

Früher wurde dieser Farbschlag als Blaucreme bezeichnet, eine exakte Beschreibung der geforderten Farben, denn das Fell der Blau-Tortie ist eine Kombination dieser beiden Farben. Pfotenballen und Nasenspiegel sollen ebenfalls eine Mischung aus Blau und Creme aufweisen.

Unten:
Diese Blau-Tortie besitzt die gewünschte Fellfarbe, eine Mischung aus Blau und Creme.

Oben:
Schildpattvarietäten wie diese Braun-Tortie gehören zu den neuen Farbschlägen; sie entstammen Zuchtprogrammen aus den sechziger Jahren, mit denen britische Züchter eigentlich Burma Rot und Burma Creme züchten wollten.

BURMESEN

Chocolate-Tortie
Die Fellfarbe soll eine gute Vermischung von Schokoladenbraun und Creme sein. Nasenspiegel und Pfotenballen sind ebenfalls creme- und/oder schokoladenfarben.

Lilac-Tortie
Fellfarben sind Lilac und Creme, Pfotenballen und Nasenspiegel von einem blassen Taubengrau.

VORTEILE

- Sehr anhänglich.
- Leicht zu pflegen.
- Mögen Kinder und andere Tiere, haben nichts gegen einen turbulenten Haushalt.
- Gesellig und sensibel für die Stimmungen ihres Besitzers.
- Verspielt.

NACHTEILE

- Sind nicht gerne allein ohne Gesellschaft.
- Sehr anspruchsvoll, verlangen viel Zeit und Aufmerksamkeit.
- Sehr geschickt im Entwischen und ›Ausbrechen‹ – man hält sie am besten nur drinnen.
- Sehr zutraulich, so daß sie sehr leicht gestohlen werden können, wenn man sie nicht entsprechend erzieht.

Rechts:
Im Profil sollte der Kopf der Burma einen deutlichen Break aufweisen. Kiefer und Kinn sind gut entwickelt, das Schädeldach soll ausgesprochen rund sein. Diese Chocolate-Tortie zeigt diese Standards in Perfektion.

Oben:
Diese Burma Chocolate-Tortie mit ihrem makellosen Fell und den typischen Rassenmerkmalen wurde zum Grand Champion gekürt.

BURMESEN

Rechts:
Das Fell dieser Burma Lilac-Tortie weist eine gute Mischung der Farben Lilac und Creme auf – selbst der Nasenspiegel zeigt Tortie-Markierungen.

219

Siamesen

Die Siamkatze ist eine der ältesten gezüchteten Katzenrassen. Im Laufe der Zeit entstanden zahlreiche Geschichten über sie – die meist ins Reich der Fabel gehören. Vielleicht ist in einigen aber doch ein Körnchen Wahrheit, und ganz sicher tragen diese Geschichten zur Attraktivität dieser höchst exotischen, orientalisch anmutenden und unergründlichen Katze bei.

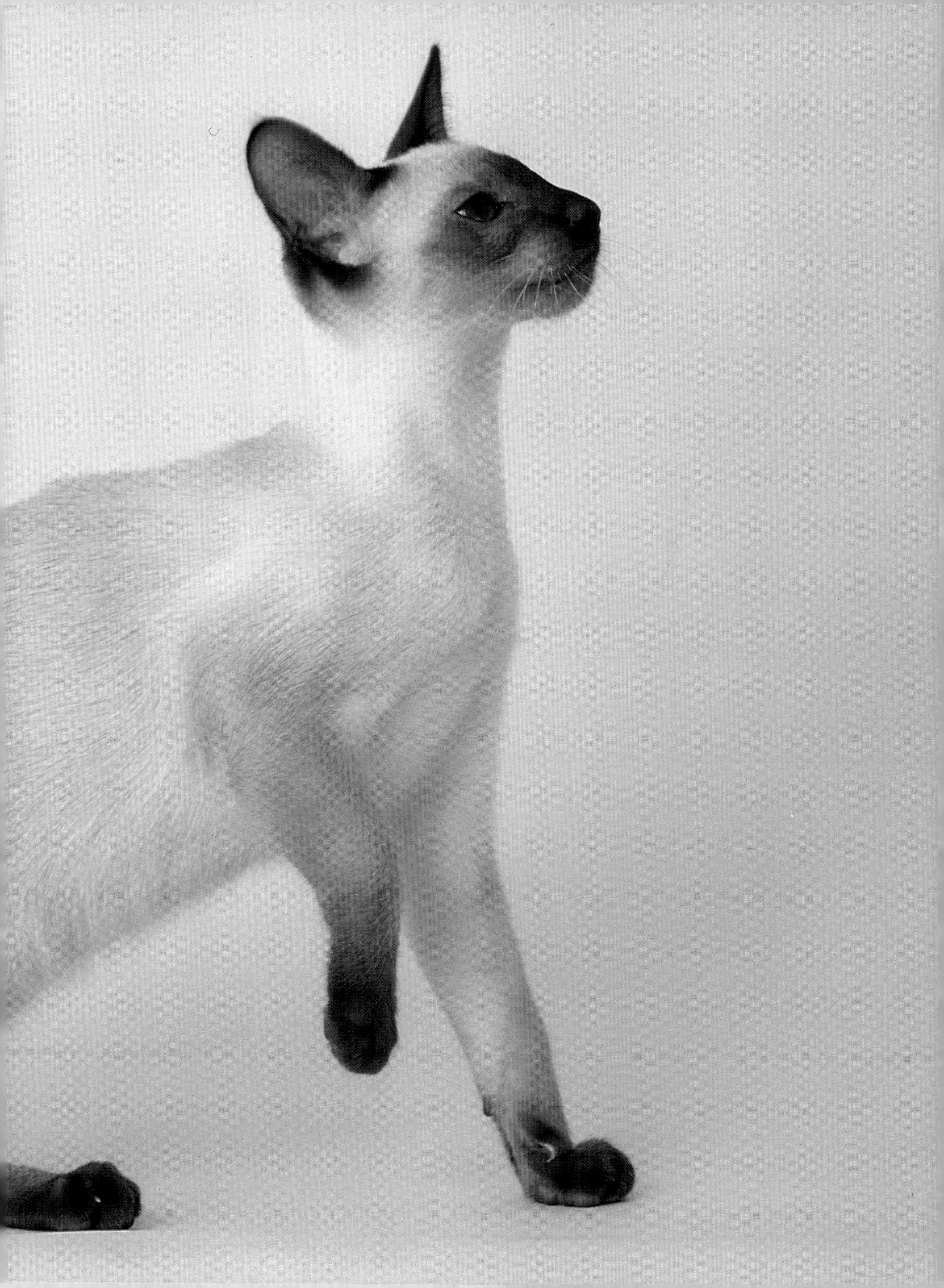

Herkunft

Von allen Edelkatzen sind die Siamesen am leichtesten zu erkennen. Mit ihrem langgezogenen, schlanken und eleganten Körper und den deutlichen dunklen Abzeichen oder ›Points‹ hat sie schon immer eine große Anziehungskraft auf Katzenliebhaber ausgeübt.

Früher schielten viele Siamesen und wiesen geknickte Schwänze auf. Diese Merkmale werden heute als schwerwiegende Fehler gewertet, und durch sorgfältige selektive Züchtung konnten sie bei der modernen Siamkatze weitgehend ausgeschaltet werden. Diese Fehler galten einst als so typisch, daß noch heute amüsante Märchen existieren, die ›erklären‹ sollen, wie die Katzen dazu kamen.

Der Legende nach waren die Siamkatzen einst heilige Tiere, die buddhistische Tempel bewachten. Eines Tages wurde ein wertvoller Kelch vermißt, und ein Katzenpaar wurde ausgesandt, um den gestohlenen Schatz wiederzufinden. Nach einer langen Reise fanden sie den Kelch, und das Weibchen blieb zurück, um ihn zu bewachen, während der Kater umkehrte, um die frohe Kunde zu Hause mitzuteilen. Die Kätzin war so besorgt, daß der Kelch erneut verlorengehen könnte, daß sie ihren Schwanz eng um seinen Fuß legte: So wurde er unwiderruflich geknickt. Viele Tage und Nächte hütete sie den wertvollen Kelch und ließ die Augen nicht von ihm, und als ihr Partner zu ihr zurückkehrte, schielte sie. Später bekam sie einen Wurf Kätzchen – alle hatten sie einen Knick im Schwanz und schielten, weil ihre Mutter den verlorengegangenen und wiedergefundenen Schatz so getreu gehütet hatte.

Eine andere Geschichte erzählt von einer Prinzessin aus Thailand (Siam), die ihre Ringe aus Angst, daß sie gestohlen werden könnten, ihrer Katze anvertraute. Damit die Katze über Nacht auf sie aufpassen konnte, schob sie ihr die Ringe auf den Schwanz. Eines Nachts schlief die Katze

Die Siam ist eine langgestreckte, schlanke und elegante Katze von mittlerer Größe. Der in den USA geltende Standard (oben) weicht etwas von dem in Großbritannien geltenden ab (links): Die Ohren sind größer und spitzer. Weltweit sollten Siamesen jedoch in jedem Fall – wie diese beiden Seal-Point-Exemplare – eine helle Haarfarbe mit ausgeprägten Points oder Abzeichen aufweisen.

jedoch ein, und alle Ringe fielen von ihrem langen, schlanken Schwanz herunter und gingen für immer verloren. Die Prinzessin beschloß, einen Knoten in den Schwanz zu machen, damit so etwas nie wieder passieren konnte – auch dies ein Grund dafür, daß die armen Siamkatzen einen geknickten Schwanz hatten.

Siamesische Kätzchen sind schon immer sehr geschätzt worden. Für Ausländer war es eine hohe Ehre, eine der Königlichen Katzen aus Siam geschenkt zu bekommen, und der Diebstahl einer dieser Katzen aus dem Königshof, ganz zu schweigen von ihrem Transport ins Ausland, war ein Verbrechen, das mit dem Tode bestraft wurde. Aber schließlich traten sie doch noch ihren Weg in die westliche Welt an, und nach vielen Generationen selektiver Züchtung gehören sie heute neben den Persern und den Burmakatzen zu den beliebtesten Edelkatzen.

Siamkatzen wiesen ursprünglich eine blasse, milchige Haarfarbe mit dunklen, sealfarbenen Abzeichen an Pfoten, Gesicht, Ohren und Schwanz auf. So kennt man sie seit gut zweihundert Jahren. Im ausgehenden 19. Jahrhundert wurde in Großbritannien ein Blue-Point-Exemplar verzeichnet, aber vermutlich gab es diese rezessive Farbe bereits einige Zeit vorher. Vielleicht war sie in Thailand nicht so sehr geschätzt und deshalb ›unter den Teppich gekehrt‹ worden, während man der ausdrucksvolleren Seal-Point-Varietät den Vorzug gab. Im Laufe der Jahre haben engagierte Züchter in harter Arbeit Siamesen in weiteren Farbschlägen gezüchtet, deren Bezeichnungen allerdings je nach Land etwas unterschiedlich sind. Neben Seal- und Blue-Point gibt es inzwischen auch Chocolate- und Lilac- (USA: Frost-Point) sowie Rot-, Creme-, Tortie- und Tabby-Points (USA: Colourpoint Shorthair).

Charakter und Temperament

Siamesen sind typische Vertreter der orientalischen Katzenrassen und ebenso wie ihre nahen Verwandten, die Burmesen, ›gesprächige‹ und eigenwillige Persönlichkeiten. Diese Katzen muß man entweder lieben oder hassen. Sie können geräuschvoll Forderungen stellen und bestehen darauf, am Familienleben teilzunehmen. Für ihre Liebhaber sind dies Pluspunkte, und sie würden sich kein anderes Verhalten wünschen. Siamesen bleiben nicht gerne allein, und für jemanden, der tagsüber außer Haus ist und nur eine Katze halten möchte, ist diese Rasse deshalb nicht geeignet. Wenn Sie jedoch eine Katze haben wollen, die Sie ihr Leben lang treu begleitet, dann ist eine Siam das Richtige für Sie.

Typus und Standard

Unabhängig von der Haarfarbe sollte der Typus der Katze stets der gleiche sein, obwohl die Standards der verschiedenen Länder und Zuchtverbände sich geringfügig unterscheiden.

Im allgemeinen soll eine Siamkatze mittelgroß, langgestreckt, schlank, geschmeidig und elegant, dabei jedoch muskulös sein. Trotz ihres (im Vergleich zur schwereren Britisch Kurzhaar) feinen Knochenbaus soll sie kräftig sein und sich bedeutend schwerer anfühlen, als sie aussieht. Andererseits sollte sie niemals stark übergewichtig sein, so daß sie schwammig wirkt. Manche kastrierten Tiere neigen zum Fettansatz – ihre Ernährung muß sorgfältig überwacht werden.

Von vorn gesehen sollte der Kopf einer Siamkatze ein Dreieck bilden, dessen Eckpunkte die großen, tief angesetzten und weit auseinanderstehenden Ohren und die spitze Schnauze bilden. Im Profil muß die Nase gerade sein und darf keinen Break oder Stop aufweisen. Das Kinn soll fest sein, weder Ober- noch Unterkiefer dürfen vorstehen. Die Augen sollen mandelförmig sein und den für Orientalen typischen schrägen Schnitt aufweisen, der ihnen den unergründlichen Ausdruck gibt. Natürlich darf die Katze nicht schielen. Unabhängig von der Fellfarbe sollen die Augen stets ein tiefes Saphirblau aufweisen. Der Schwanz soll lang, dünn und spitz zulaufend mit peitschenartiger Spitze sein, ein Knick oder eine Mißbildung wird als schwerwiegender Fehler gewertet. Die Schwanzlänge muß immer proportional zur Länge der Katze passen – als grobe Richtschnur gilt, daß er knapp bis zum Schulterblatt reichen sollte.

Die Qualität, Struktur und abgesetzte Zeichnung des Fells unterscheidet die Siamesen von anderen Kurzhaarrassen. Das Haar soll fein, das Fell kurz und glatt sein und eng am Körper anliegen. Die Abzeichen dürfen nur an der Gesichtsmaske, den Ohren, den Beinen und am Schwanz zu sehen sein. Es gilt als Fehler, wenn die Katze an diesen Stellen hellere Flecken aufweist, vor allem im Umkreis der Augen, wo sie als ›Brille‹ bezeichnet werden. Auch eine dunklere Schattierung der ansonsten hellen Körperteile wird nicht akzeptiert.

Die Färbung der Abzeichen beschränkt sich auf die kühleren Körperbereiche, und wenn eine Katze operiert wird, beispielsweise bei der Kastration, kann der Operationsschock eine vorübergehende dunklere Färbung dieser Stellen bedingen. Aus dem gleichen Grund sind Siamesen, die in einem warmen Klima leben, heller gefärbt als Tiere in kühleren Gegenden. Die Points sollen eine einheitliche Farbe ohne Bänderung oder Streifen haben, außer bei Tabby-Points, bei denen Ringe oder Streifen gefordert werden, und bei Tortie-Points, die eine ausgewogene Farbmischung aufweisen sollen.

Farbschläge

Seal-Point

Ein blasses, gleichmäßig cremefarbenes Fell mit deutlich abgesetzten sealfarbenen Abzeichen an Gesicht, Ohren, Beinen und Schwanz ist gewünscht. Nasenspiegel und Pfotenballen sollen das gleiche satte Sealbraun aufweisen.

Unten:
Der Kopf einer Siamkatze soll von vorn gesehen keilförmig sein, wobei die Ohrspitzen und die Schnauze die Ecken dieses Dreiecks bilden.

SIAMESEN

Unten:
Diese Grand Champion Siam Seal-Point weist den korrekten Kontrast zwischen Fellfärbung und den strahlend saphirblauen Augen auf.

KOPF
DER KOPF SOLL LANG, ABER IM VERHÄLTNIS ZUM ZIERLICHEN HALS GUT PROPORTIONIERT SEIN. DAS PROFIL MUSS GERADE SEIN UND DARF WEDER BREAK NOCH EINBUCHTUNG AUFWEISEN, DAS KINN SOLL FEST SEIN. DIE OHREN SOLLEN GROSS, SPITZ ZULAUFEND, AN DER BASIS BREIT UND WEIT AUSEINANDER GESETZT SEIN.

KÖRPER
DER KÖRPER SOLL LANGGESTRECKT, SCHLANK UND ZUGLEICH MUSKULÖS SEIN, DIE BEINE SIND LANG UND ELEGANT.

SCHWANZ
DER SCHWANZ SOLL LANG UND SPITZ ZULAUFEND SEIN UND KEINEN KNICK ODER MAKEL AUFWEISEN.

SIAMESEN

VORTEILE

- Lieben Gesellschaft (erwarten allerdings von ihrem Menschen uneingeschränkte Aufmerksamkeit).
- Intelligent.
- Leicht zu pflegendes Fell.
- Sind ihrem Menschen gegenüber sehr anhänglich, fast wie ein Hund (neigen allerdings dazu, sich nur an einen einzigen Menschen zu binden).

NACHTEILE

- Haben eine recht laute Stimme, die sie oft und gern einsetzen – ob Sie ein ›Gespräch‹ wünschen oder nicht.
- Haben oft ein ausgeprägtes Revierverhalten und kommen mit anderen, weniger selbstbewußten Rassen wie Langhaarkatzen und Britisch Kurzhaar nicht gut zurecht (meist vertragen sie sich jedoch gut mit Orientalen und Burmesen).
- Aufgrund ihrer eindeutigen Zeichnung sind sie leicht als Edelkatzen zu erkennen und werden häufiger gestohlen als andere Rassen.

*Die Siamkatze soll immer so hochgewachsen und elegant sein wie diese Blue-Point (**links**) und Lilac-Point (**rechts**).*

Blue-Point
Kühles Gletscherweiß ist die bevorzugte Körperfarbe, die keinen Cremeschimmer haben darf. Die Abzeichen sollen schieferblau sein, ebenso Nasenspiegel und Pfotenballen.

Chocolate-Point
Der Körper soll hell elfenbeinfarbig sein, Abzeichen, Nasenspiegel und Pfotenballen sollen eine helle Milchschokoladenfarbe aufweisen.

Lilac-Point
(USA: FROST-POINT)

Der Körper soll gletscherweiß sein, die Abzeichen sollen eine etwas dunklere Färbung mit einem leichten Rosaschimmer aufweisen. Pfotenballen und Nasenspiegel sind lavendelrosa.

Oben:
Diese Siam Blue-Point besitzt einen perfekt geformten Kopf, eine wunderschöne Augenfarbe und das geforderte schimmernde Fell.

SIAMESEN

Unten:
Die Siam Cream-Point hat cremefarbene Abzeichen und einen weißen Körper mit blaß cremefarbenen Schattierungen an Rücken und Flanken.

Rechts:
Die Siam Red-Point hat ein stumpf weißes Fell, das auf dem Rücken und an den Flanken in ein helles Apricot übergeht. Die Abzeichen sind von einem leuchtenden Orange.

Red-Point
(USA: RED COLOURPOINT SHORTHAIR)

Das Ideal ist ein weißer Körper mit kräftig apricotfarbenen Abzeichen. Nasenspiegel sowie Pfotenballen sollten fleischfarben sein.

SIAMESEN

Cream-Point
(USA: CREAM
COLOURPOINT SHORTHAIR)

Der Körper sollte weiß sein, mit hellen, rosacremefarbenen Abzeichen, den Points, sowie Nasenspiegel und Pfotenballen von der gleichen Farbe.

Tabby-Point
(USA: LYNX-POINT)
*Tortie-Point und
Tortie-Tabby-Point*
(USA: TORBIE-POINT)

Diese Varietät gibt es in einer Reihe von Einzelfarben. Der Körper sollte wie bei den ungemusterten Farben sein, ebenso Nasenspiegel und Pfotenballen. Bei den Schildpattkatzen (Torties) sollten die einzelnen Farben gut gemischt sein. Tabby-Point ist die einzige Siam, bei der eine Bänderung in den Abzeichen erlaubt ist.

Oben:
Wie alle Tortie-Varietäten ist auch die Siam Tortie-Point in der Regel ein weibliches Tier. Bei den Siamkatzen darf die Schildpattmarkierung nur in den Abzeichen auftauchen, wie bei dem hier abgebildeten Exemplar.

Rechts:
Dieser Supreme Grand Champion Siam Tabby-Point weist die geforderten langen, eleganten Beine auf, zudem ein korrektes Profil und ein Fell mit klar abgegrenzten Tabby-Markierungen an Gesicht, Ohren, Beinen und Schwanz.

Oben:
Diese Balinese Chocolate-Tabby-Point ist ein schönes Beispiel für diese Rasse mit ihrem langen, seidigen Fell, den blauen Augen und dem buschigen Schwanz.

BALINESEN (BALIKATZEN)

Balinesen sind eigentlich eine langhaarige Varietät der Siamkatze und sollten vom Typus her dem Siamstandard entsprechen. Was ihr Temperament und ihren Charakter angeht, unterscheiden sie sich etwas von den Siamesen, wahrscheinlich wegen des Gens für langes Haar: Sie sind meist ruhiger und weniger ›gesprächig‹. Der Hauptunterschied besteht indes darin, daß sie mehr Fellpflege und damit mehr Zeit erfordern.

Die langhaarige Varietät tauchte zuerst in einem Wurf in den USA auf. Sie sahen so schön aus, daß man beschloß, zwei langhaarige Siamesen zu paaren, um zu sehen, ob sich diese Eigenschaft halten würde: In der Tat waren alle Kätzchen dieses Wurfs langhaarig. Die Siamkatze mit langem, seidigem Haar wurde schnell beliebt, was die Züchter ermutigte, das Zuchtprogramm fortzuführen. 1963 wurde diese Varietät in den USA dann offiziell anerkannt. In Großbritannien und in den anderen europäischen Ländern werden Balinesen mittlerweile auch auf Ausstellungen gezeigt und prämiert.

Für Balinesen gelten alle für Siamkatzen anerkannten Farbschläge und Muster.

*Genauso wie die Siam sollen Balinesen ihre farbigen Abzeichen nur im Maskenbereich des Gesichts, an Ohren, Beinen und Schwanz aufweisen. Dies ist bei diesem Blue-Tabby-Point-Kätzchen (**links**) ebenso deutlich zu sehen wie bei dem ausgewachsenen Deckkater im Gehege (**unten**).*

HAUSKATZEN

Oben:
Diese gut gepflegte Tortie-Tabby-Katze zeigt eine wunderschöne Zeichnung.

Man sagt oft, die schönsten Katzen bei einer Ausstellung fänden sich in der Hauskatzenabteilung, wo Katzen aller Farben, Zeichnungen, Haarlängen und Typen zu sehen sind. Viele Katzenbesitzer zeigen hier stolz die von ihnen geretteten Tiere. Die oft wirklich wunderschönen Katzen haben meist in ihrer Jugend Schlimmes erlebt, und wenn man sie später in hervorragender Kondition ausgestellt sieht, wie sie vor Gesundheit strotzend und mit glänzendem Fell in ihren mit Bändern und Kokarden geschmückten Käfigen sitzen, kann man wohl sagen, daß ihre Besitzer zu Recht stolz auf sie sind. Bei einigen Hauskatzen ist auch die Abstammung bekannt, manche haben sogar teilweise ›edle‹ Vorfahren in der Eltern- oder Großelterngeneration vorzuweisen.

Wenn Sie sich für eine Hauskatze oder ein namenloses Kätzchen entscheiden, müssen Sie dies genauso gut überlegen wie die Anschaffung einer Edelkatze. Ein flauschiges, langhaariges Tier sollten Sie nur dann nehmen, wenn Sie genug Zeit für die Fellpflege aufbringen können. Wenn bekannt ist, daß eine Katze teilweise siamesische oder orientalische Vorfahren hat, ist davon auszugehen, daß sie auch das typische Verhalten dieser Rassen an den Tag legen wird, und das bedeutet: anspruchsvolle Katzen mit lauter Stimme! Bei Hauskatzen weiß man beim Jungtier meist nicht, wie groß es einmal werden wird,

Links:
Diese bildhübsch gezeichnete ›Glückskatze‹ (Tortie mit Weiß) ist zum Teil edler Abstammung. Die Mutter ist eine reinrassige Orientalin (der Vater ist unbekannt), und die Tochter hat die wertvollen Eigenschaften geerbt, die die orientalischen Rassen so beliebt machen.

Unten:
Eine liebenswerte typische Hauskatze mit grau-weißer Bicolorfärbung.

Rechts:
Dieser hübsche Silber-Tabby ist von einer reinrassigen Kurzhaarkatze kaum zu unterscheiden.

Unten:
Dieser Kater wurde heruntergekommen, schmutzig und räudig aufgefunden, und seine neuen Besitzer hatten keine Ahnung, welche Farbe ihr Schützling eigentlich hatte, ganz zu schweigen von seiner Herkunft. Es stellte sich bald heraus, daß es sich um einen roten Langhaarkater handelte, der sich durch viel Liebe und Sorgfalt zu dem gesunden, gepflegten und bildschönen Tier entwickelte, das Sie hier sehen. Er errang sogar den Titel eines Supreme Champion in der Hauskatzenklasse.

Unten rechts:
Diese Jungtiere stammen aus demselben Wurf, haben aber ganz unterschiedliche Zeichnungen. Wenn die Eltern unbekannt sind, kann man schwer sagen, wie groß das Tier wird und welches Temperament es als erwachsene Katze einmal haben wird.

aber da Katzen sich in der Größe nicht so stark unterscheiden wie beispielsweise Hunde, brauchen Sie zumindest keine Angst zu haben, daß sie Ihnen über den Kopf wächst!

VORTEILE

- In der Regel ist eine Hauskatze viel preiswerter zu bekommen als eine Edelkatze, oft wird sie umsonst in gute Hände abgegeben.
- Viele Katzenausstellungen bieten eine Hauskatzenklasse an. Sie können also auch mit Ihrem ›Stubentiger‹ teilnehmen.
- Es gibt Hauskatzen in allen nur erdenklichen Farben, Zeichnungen und Haarlängen.
- Sie sind in der Regel widerstandsfähig und unkomplizierte Esser.
- Sie geben Ihnen mindestens genauso viel Liebe und Zuwendung wie eine Edelkatze, oft sogar mehr.

NACHTEILE

- Wenn die Abstammung unbekannt ist, haben Sie keine Anhaltspunkte dafür, wie Ihr Kätzchen sich hinsichtlich Typus, Temperament und Größe entwickeln wird.
- Ein ausgewachsenes Tier braucht vielleicht einige Zeit, bis es sich an das Leben im Haus gewöhnt hat.
- Ist das Tier sehr heruntergekommen, können die Tierarztbesuche Sie ziemlich teuer zu stehen kommen.

Katzen-Ausstellungen

Die erste offizielle Katzenausstellung speziell für Edelkatzen fand am 17. Juli 1871 im Londoner Kristallpalast statt. Ihr Organisator war der Gründer des National Cat Club of the UK, Harrison Weir. Einhundertsechzig Katzen wurden bei dieser Ausstellung gezeigt und nach einem bestimmten Bewertungssystem beurteilt, das damals noch ›Ausstellungspunkte‹ hieß und ein Vorläufer unserer heutigen ›Punkteskala des Standards‹ war. Die Standards für die einzelnen Rassen haben sich zwar im Laufe der Jahre deutlich gewandelt, das grundsätzliche Verfahren bei Katzenausstellungen in Großbritannien orientiert sich jedoch noch immer an Harrison Weirs Vorstellungen.

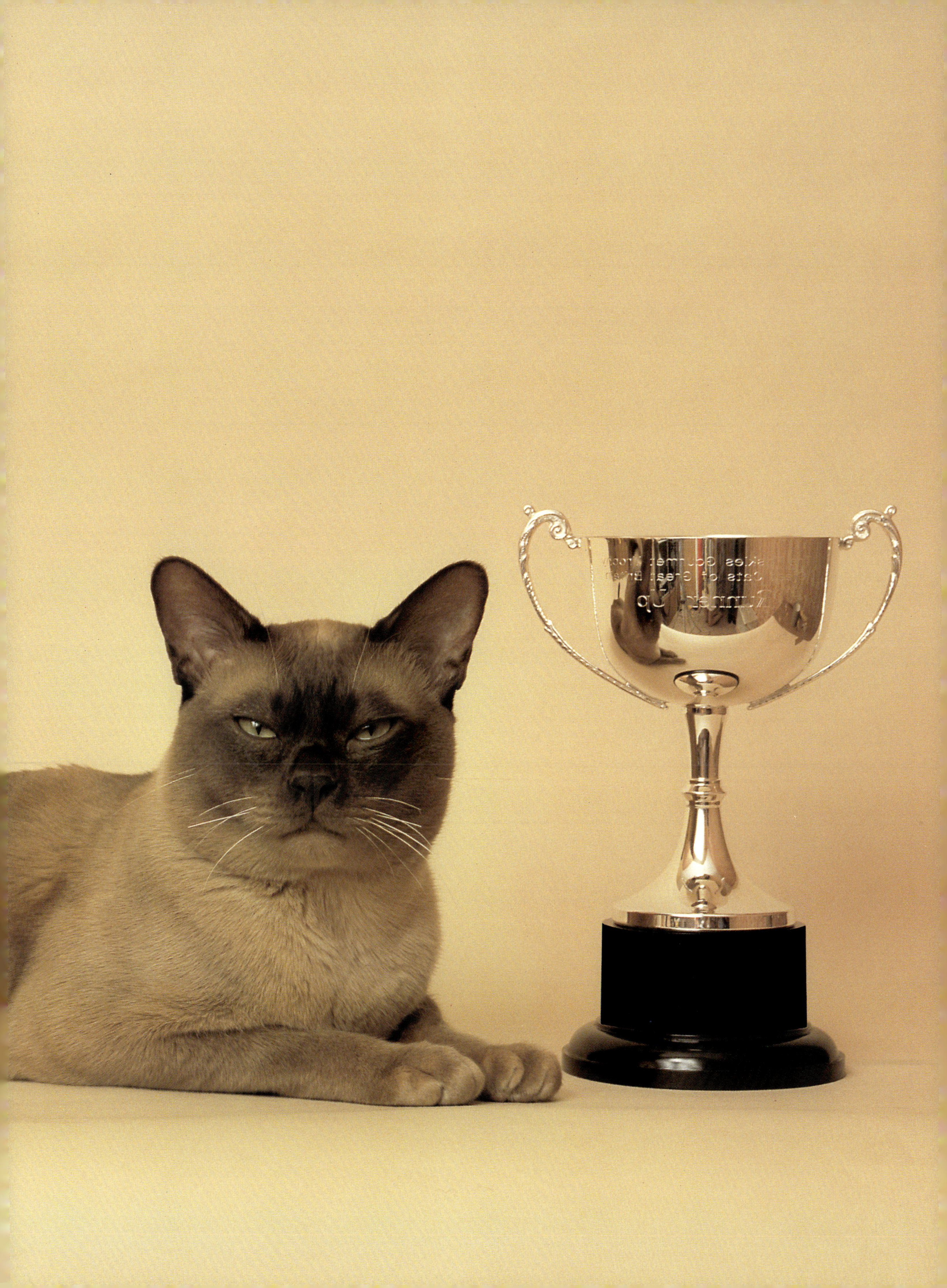

KATZENAUSSTELLUNGEN

Ursprünglich wurde der *National Cat Club* in Großbritannien als Organisation gegründet, die für Verwaltungs- und Rechtsfragen bezüglich aller Edelkatzen und ihres Nachwuchses zuständig sein sollte. Heute handelt es sich um einen reinen Katzenclub, der noch immer den größten Katzensalon der Welt veranstaltet, während die Verwaltung von Edelkatzen in Großbritannien mittlerweile in die Hände des *Governing Council of the Cat Fancy* (GCCF) übergegangen ist.

Mit zunehmender Beliebtheit der Edelkatzen wurden immer neue Katzenclubs gegründet und mehr und mehr Ausstellungen veranstaltet. Der Zweite Weltkrieg unterbrach zunächst alle Aktivitäten, und obwohl der GCCF seine Tätigkeit nach Kriegsende wieder aufnahm, wären einige Rassen beinahe ausgelöscht worden. Zum Glück sorgten Katzenliebhaber und Züchter dafür, daß diese Rassen bevorzugt gefördert wurden, so daß sie uns und den kommenden Generationen erhalten blieben.

In unserem Jahrzehnt gibt es überall auf der Welt Liebhaberzuchten, beispielsweise in Nordamerika, Südafrika, Australien, Neuseeland, Europa, Südamerika und Singapur. Es scheint, als hätten die Menschen in fast jedem Land ein Plätzchen in ihrem Herzen für die domestizierte Katze reserviert, zumindest für die Tiere, die einen Stammbaum vorzuweisen haben – die normale Hauskatze hat es leider oft nicht ganz so gut.

Überall auf der Welt erfolgt die Bewertung der Tiere bei Katzenausstellungen nach bestimmten, teils etwas verschiedenen Standards. Unterschiede bestehen auch im Hinblick auf den Ablauf des Richtens und die Organisation der Ausstellung.

AUSSTELLUNGEN IN GROSSBRITANNIEN

Die meisten Ausstellungen in Großbritannien erfolgen nach den Regeln des GCCF. Daneben werden einige kleinere Salons von einem anderen Verband veranstaltet, der zur *Fédération Internationale Féline* (FIFé) gehörenden *Cat Association of Britain* (CAB). Diese Ausstellungen werden nach kontinentaleuropäischen Richtlinien durchgeführt (siehe »Kontinentale Ausstellungen«). Ausstellungen finden das ganze Jahr über statt; es gibt Salons für alle Rassen, die von regionalen Clubs ver-

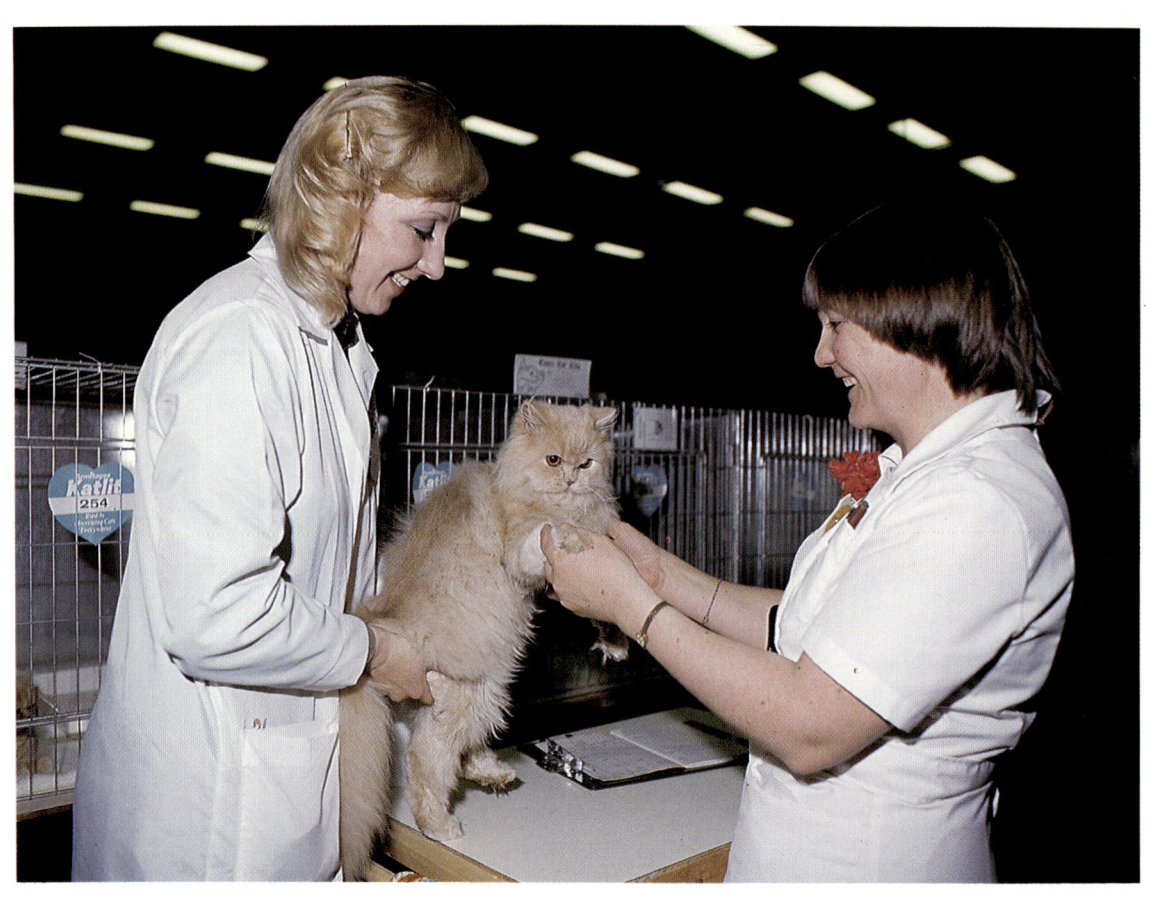

Links:
In Großbritannien fahren die Richter mit einem Wägelchen zu den Käfigen, um die Tiere zu beurteilen. Unterstützt werden sie von einem Steward, der das Wägelchen schiebt, die Katzen aus den Käfigen herausnimmt und dem Richter assistiert.

KATZENAUSSTELLUNGEN

Oben:
Die jedes Jahr in London stattfindende National Cat Show ist die älteste und größte Katzenausstellung der Welt und zieht ein internationales Publikum an. Großbritannien ist die Wiege der Edelkatzenzucht, und so verwundert es nicht, daß auch in Deutschland die Terminologie der Katzenzüchter von englischen Fachbegriffen durchsetzt ist.

anstaltet werden, während andere, von Einzelclubs organisierte Salons, speziellen Rassen vorbehalten sind. Bei den meisten Shows können auch Hauskatzen ausgestellt werden.

Ausstellungen nach den britischen Regeln

Der GCCF sieht Ausstellungen in drei Kategorien vor: *Exemption*, *Sanction* und *Championship*.

Exemption Shows sind meist recht kleine Veranstaltungen, oft im Rahmen einer Landwirtschaftsausstellung oder dergleichen. Sie halten sich an die GCCF-Regeln, müssen diese aber nicht in allen Einzelheiten befolgen.

Sanction Shows sind eine Art Generalprobe für Championship Shows. Klasseneinteilung, Ablauf und Richten entsprechen der Championship Show, außer daß bei Sanction Shows keine Challenge- oder Premior-Zertifikate vergeben werden. Die Urkunden können also nicht auf den Titel eines Champion oder Premior angerechnet werden.

Es gibt eine GCCF-Show, die zwar als Sanction Show gilt, jedoch Premior-Zertifikate an die besten Kastraten vergibt. Das erscheint unlogisch, hat aber den simplen Grund, daß es sich dabei um die jährlich stattfindende Ausstellung des *Kensington Kitten and Neuter Cat Club* handelt – eines Clubs speziell für Jungtiere und Kastraten. Da keine unkastrierten erwachsenen Tiere gerichtet werden, können auch keine Challenge-Zertifikate vergeben werden, und keine Katze kann Anwartschaften auf den Champion-Titel erwerben – also gilt diese Ausstellung nicht als Championship Show.

Championship Shows sind die beliebtesten Ausstellungen. Sie haben den Vorteil, daß die besten Katzen und Kastraten Zertifikate erwerben können.

Kategorien

In Großbritannien werden bei Edelkatzen fünf Kategorien unterschieden: *Open*, *Assessment*, *Exhibition*, *Miscellaneous* und *Club* (die beiden letzteren werden auch *Side Classes* genannt).

KATZENAUSSTELLUNGEN

In den *Open Classes* können alle Edelkatzen der jeweiligen Rassen und Farbschläge ausgestellt werden. Für nicht kastrierte und kastrierte Erwachsene sowie Jungtiere jeder Rasse und Farbe gibt es eigene Klassen, wobei die erwachsenen Tiere noch nach dem Geschlecht unterschieden werden, während dies bei Jungtieren und Kastraten nur erfolgt, wenn genügend Tiere gemeldet sind. Die Besten der Erwachsenen- und Kastratenklassen können ein *Challenge Certificate* (unkastrierte Tiere) oder ein *Premior Certificate* (Kastraten) erwerben, wenn der Richter meint, daß die Sieger insgesamt dem Standard entsprechen und für die Rasse ein Champion-Titel vorgesehen ist. Ein solches Zertifikat kann durchaus einbehalten werden, wenn das ausgestellte Tier den Anforderungen nicht genügt. Drei von verschiedenen Richtern vergebene Zertifikate qualifizieren die Katze für den Champion- oder Premior-Titel. Es gibt auch *Open Grand Classes* für Tiere, die bereits den Titel *Champion* oder *Premior* tragen.

In dieser Klasse konkurrieren sie mit Vertretern ihrer eigenen Rasse und ihres Geschlechts (erwachsene männliche Siamesen, erwachsene weibliche Burmesen etc.) um das begehrte Grand Challenge- bzw. Grand Premior-Zertifikat. Drei dieser Zertifikate von verschiedenen Richtern berechtigen zum Führen des Titels *Grand Champion* beziehungsweise *Grand Premior*. Alle Ausstellungstiere müssen in der entsprechenden Open Class gemeldet werden, außer sie sind bereits Champion oder Premior, denn dann können sie nur in der Grand Class oder sowohl in der Open als auch der Grand Class konkurrieren.

Die *Assessment Classes* stehen neuen Rassen offen, die vom GCCF vorläufig anerkannt sind. Sie werden ebenso wie in der Open Class gerichtet, oben an ihren Käfigen wird jedoch eine vorläufige Punkteskala des Standards angebracht, um den Richtern die Bewertung der neuen Rassen zu erleichtern. Katzen, die diesen Standards entsprechen, wird ein *Merit Certificate* zuerkannt.

Bei den meisten Ausstellungen stehen überdies reine Ausstellungskäfige für Tiere zur Verfügung, die außer Konkurrenz an der Ausstellung teilnehmen (*Exhibition Class*). Darin werden meist Katzen oder Jungtiere eines neuen Farbschlages oder einer importierten Rasse gezeigt, die noch nicht vom GCCF anerkannt ist. Ausgestellt werden können auch preisgekrönte Tiere, die von ihrem Besitzer nicht mehr zum Richten vorgestellt werden, aber für andere Züchter von Interesse sind. In Großbritannien dürfen nur diese Ausstellungskäfige dekoriert werden und den Namen der Katze sichtbar tragen.

Die *Side Classes* bieten die Gelegenheit, Ihre Katze statt nur von einem für die entsprechende Open Class zuständigen Richter von mehreren verschiedenen Richtern bewerten zu lassen. Es gibt verschiedene Kategorien, beispielsweise die *Debutante* (für Katzen, die noch an keiner Ausstellung teilgenommen haben) und *Limit* (für Katzen, die nicht mehr als vier erste Preise gewonnen haben). Ihre Katze kann also mit anderen Katzentypen und Farbschlägen innerhalb der eigenen Kategorie konkurrieren. *Club Classes* sind den jeweiligen Clubmitgliedern vorbehalten.

Hauskatzen haben ihre eigene Abteilung, die ebenfalls als Open Classes be-

Links:
Bei GCCF-Shows in Großbritannien dürfen die Käfige nur bei außer Konkurrenz startenden Katzen dekoriert werden, nicht jedoch bei Tieren, die gerichtet werden. Eine Ausnahme bildet nur die jährliche Supreme Show, bei der alle Käfige geschmückt werden können.

zeichnet werden. Sie sind meist nach Haarlänge und -farbe unterteilt und haben eine besondere Klasse für Edelkatzenbastarde. Diese Side Classes sind in der Regel eher locker gehalten: Prämiert wird die Katze mit den größten Augen, dem ausdrucksvollsten Gesicht bis hin zu der Katze, ›die der Richter am liebsten mit nach Hause nehmen würde‹!

Kontinentale Ausstellungen

Überall auf der Welt ist das Anliegen von Ausstellungen, unter den bewerteten Katzen das schönste Exemplar jeder Rasse zu ermitteln. Die Sieger erhalten Urkunden, die sie nach und nach für einen Champion-Titel qualifizieren. Die Unterschiede zwischen Großbritannien und den meisten anderen Ländern liegen im Ablauf der Ausstellungen, der Art des Richtens, den anerkannten Rassen und den Titeln. In Großbritannien wird nicht das in den USA übliche Ringrichten oder das kontinentale offene Richten praktiziert, sondern die Bewertung erfolgt unter Ausschluß der Öffentlichkeit. Die Käfige dürfen dabei nicht dekoriert sein, um die vollständige Anonymität zu wahren. Die Vorbereitung auf die Ausstellung, Zeitpläne, Anmeldeformulare und Kataloge sowie die erforderliche Ausrüstung dürften in allen Teilen der Welt vergleichbar sein.

Die meisten kontinentalen Clubs unterstehen dem größten Verband Europas, der *Fédération Internationale Féline* (FIFé). FIFé-Ausstellungen werden nach den Regeln dieses Verbandes durchgeführt. Die Bewertung erfolgt nach der Methode des offenen Richtens, die Käfige sind meist aufwendig dekoriert. Neben der FIFé, die in Deutschland durch den 1. Deutschen Edelkatzenzüchterverband (1. DEKZV) vertreten ist, gibt es hier verschiedene andere Verbände, z. B. die zur *World Cat Federation* (WCF) gehörende Deutsche Edelkatze e. V. und die Deutsche Rassekatzen Union (GCCF).

Bei kontinentalen Ausstellungen erwerben die jeweiligen Sieger beispielsweise ein *Certificat d'Aptitude au Championnat* (CAC), das dem Challenge Certificate des GCCF entspricht – für Kastraten das *Certificat d'Aptitude au Premior* (CAP) – oder das *Certificat d'Aptitude au Championnat International de Beauté* (CACIB), das etwa dem Grand Challenge Certificate entspricht – für Kastraten das *Certificat d'Aptidude au Premior International de Beauté* (CAPIB). Genauso wie in Großbritannien qualifizieren drei Urkunden von drei verschiedenen Richtern die Katze für den Titel eines *Champion*. Für einen *International Champion* sind drei CACIB erforderlich, von denen eines im Ausland erworben sein muß; er entspricht dem Grand Champion in Großbritannien.

Es ist üblich, daß Richter verschiedener Nationalitäten bei den Ausstellungen tätig sind. Wenn auch Ablauf und Klassen verschieden sind, sind die Punkteskalen der Standards doch annähernd gleich.

Kontinentale Ausstellungsklassen

Jede Katze kann in einer von derzeit insgesamt neunzehn Klassen gemeldet werden. Jungtiere im Alter von drei bis sechs bzw. von sechs bis zehn Monaten werden in zwei *Jugendklassen* vorgestellt und getrennt nach Rasse, Farbe und Geschlecht beurteilt. Neben der *Offenen Klasse* für

Rechts:
Zum Abschluß der Show wird das schönste Tier jeder Rasse für den Titel Best in Show ermittelt. Die Sieger werden in speziellen Käfigen den Bewunderern vorgeführt. Das hier gezeigte Tier war die ›beste gerettete Hauskatze‹.

Katzenausstellungen

WAS SIE BEI DER AUSSTELLUNG BENÖTIGEN

Bei den meisten Katzensalons gibt es zwar Stände, wo es alles, was man für die Ausstellung benötigt, zu kaufen gibt, aber verlassen Sie sich lieber nicht darauf. Besorgen Sie alles, was Sie brauchen, vorher. Vergessen Sie sich selbst dabei nicht: Die meisten, aber eben doch nicht alle Hallen verfügen über Gaststätten, und oft ist es besser, sich selbst zu verpflegen und auch einen Klappstuhl mitzunehmen, weil nicht alle Hallen über genügend Sitzgelegenheiten verfügen.

- Als erstes brauchen Sie eine stabile Transportbox, denn ohne sie werden Sie mit der Katze nicht eingelassen.
- In Großbritannien dürfen die Tiere nur in Käfigen untergebracht sein, die sich bis auf die Nummer in keiner Weise unterscheiden. Im kontinentalen Europa und in den USA dürfen die Käfige dekoriert werden und die Näpfe etc. bunt sein, auch Spielzeug ist erlaubt.
- Alle Katzen müssen eine Marke mit ihrer Käfignummer tragen. Zum Befestigen der Marke an Ihrer Katze sollten Sie selbst eine dünne weiße Kordel oder ein elastisches Band mitbringen, in Großbritannien beispielsweise wird es nicht gestellt.
- Der Käfig, in dem Ihre Katze nun bleiben soll, ist zuvor gereinigt und desinfiziert worden, doch viele Besitzer ziehen es vor, ihr eigenes Desinfektionsmittel mitzubringen und den Käfig noch einmal zu reinigen, um jede Gefahr auszuschließen.
- Vergessen Sie nicht, Katzenstreu und Futter mitzubringen – und natürlich einen Dosenöffner, wenn die kulinarischen Vorstellungen Ihrer Katze in Richtung Dosenfutter gehen. Wasser steht immer zur Verfügung, kommt aber oft nicht aus dem Leitungsnetz, so daß viele Aussteller lieber eine kleine Flasche stilles Mineralwasser für ihre Katzen mitbringen.
- Schließlich müssen alle Katzen einen gültigen Impfschutz vorweisen können, um an der Show teilnehmen zu können, in Großbritannien gegen Katzenseuche. In Deutschland ist beim WCF eine Impfung gegen Katzenseuche und Tollwut Pflicht, gegen Katzenschnupfen empfohlen, bei der FIFé muß das Tier auch gegen Katzenschnupfen geimpft sein. Der Impfpaß muß bei der Veterinärkontrolle vorgezeigt werden, vergessen Sie ihn also nicht. Bei amerikanischen Shows werden meist keine Veterinärkontrollen mehr durchgeführt.

Oben:
Bei GCCF-Shows müssen die Katzenkäfige absolut anonym bleiben und unterscheiden sich äußerlich nur durch die Nummer. Die Katze muß auf einer schlichten weißen Decke ausgestellt werden, Wassernapf und Katzenklo müssen ebenfalls ganz weiß sein. Der auf diesem Bild zu sehende Futternapf muß vor dem Richten in den Open Classes herausgenommen werden, denn er könnte als Unterscheidungsmerkmal gewertet werden.

Rechts:
Perfekte Kondition für die Ausstellung bedeutet bei einer Britisch Kurzhaar-Katze ein kurzes, dichtes, adrettes Haarkleid. Viele Besitzer gestatten ihrer Katze deshalb vor der Ausstellung etwas Auslauf, damit das Fell schön frisch aussieht.

Rechts:
In den meisten Ländern muß die Katze in einem Transportbehälter in die Halle gebracht werden. Dieses exklusive Ledermodell mag zwar die eleganteste Lösung sein, eine einfache, stabile Kunststoffbox tut es aber genausogut.

KATZENAUSSTELLUNGEN

KATZENAUSSTELLUNGEN

Rechts:
Alle Katzen werden vom Tierarzt untersucht, bevor sie in die Ausstellungsräume gelassen werden.

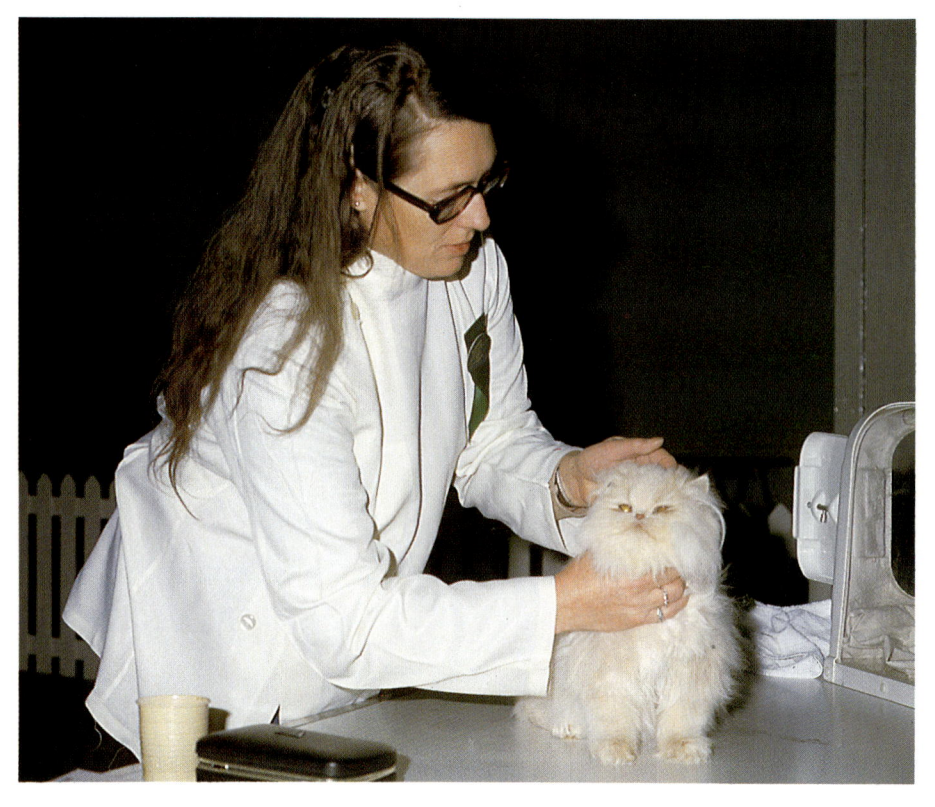

Unten:
Ein Supreme Grand Champion Creme-Colourpoint mit dem typischen langen, üppigen Haarkleid, das bei dieser Katze von perfekter Pflege zeugt. Bei so langem Haar ist eine perfekte Kondition das Ergebnis regelmäßiger täglicher Fellpflege und kann nicht über Nacht erzielt werden.

unkastrierte Tiere ab zehn Monaten, die ebenfalls nach Rasse, Farbe und Geschlecht unterteilt ist, gibt es fünf Bewertungsklassen für unkastrierte Katzen: *Champion* und *International Champion*, *Grand International Champion*, *Europa-Champion* und *Grand Europa-Champion*. Für kastrierte Tiere stehen neben der *Kastratenklasse* für Tiere ab zehn Monaten die prämierten Klassen *Premior*, *International Premior*, *Grand International Premior*, *European Premior* und *Grand European Premior* zur Verfügung. In den Klassen *Welt-Champion* und *Welt-Premior* werden nur die Ehrenpreise *Best in Show* oder *Rassesieger* vergeben. Für Tiere, die noch nicht in anerkannten in- oder ausländischen Zuchtbüchern verzeichnet und mindestens zehn Monate alt sind, gibt es die *Novizen-Klasse*, ferner die *Hauskatzen-Klasse*, gelegentlich einen *Babysalon* für Welpen zwischen zehn Wochen und drei Monaten sowie *Außer Konkurrenz*.

Teilnahme an einer Ausstellung

Zu Beginn der Ausstellungssaison veröffentlichen die Katzenzuchtverbände Listen der geplanten Ausstellungen aller Katzenclubs mit Datum, Ort und Art der Ausstellung sowie den Namen und Anschriften der Veranstalter. Die meisten Clubs schalten darüber hinaus Anzeigen in den Katzenzeitschriften mit Angaben zum Erscheinen der Anmeldeformulare und zu den Anmeldefristen. Die Nennung muß frühzeitig erfolgen, denn bei vielen Ausstellungen steht nur begrenzt Platz zur Verfügung. Alle Anmeldungen werden deshalb nach dem Eingangsdatum bearbeitet, und Clubmitglieder erhalten die Anmeldeformulare zuerst.

Füllen Sie die Anmeldung sehr sorgfältig aus, und machen Sie sich zunächst mit

Rechts:
Ein letzter Bürstenstrich, ein letztes Kämmen, bevor das Richten beginnt. Bei Langhaarkatzen müssen Puderspuren restlos aus dem Fell entfernt werden, denn sie könnten zu einer Disqualifikation führen.

den Regeln vertraut – aufgrund falscher Angaben kann Ihre Katze disqualifiziert oder der Preis aberkannt werden. Sie müssen den Namen der Katze und ihrer Eltern sowie ihre Registriernummer angeben, und die Katze muß auf Ihren Namen eingetragen sein.

Die Formulare werden meist zwei bis drei Monate vor der Ausstellung ausgegeben: Achten Sie deshalb bei Jungtieren darauf, daß sie zum Datum des Katzensalons nicht älter als zehn (in Großbritannien neun) Monate alt sein dürfen, denn sonst müssen sie in den Erwachsenenklassen gemeldet werden. Wenn Sie selbst nicht züchten, kommt in diesem Alter vielleicht sogar eine Kastration in Betracht.

Ermitteln Sie die der Rasse und dem Geschlecht Ihrer Katze entsprechende Klasse. Erfahrungsgemäß werden hier oft Fehler gemacht, beispielsweise ein Kastrat in der Erwachsenenklasse oder ein Jungtier in der Kastratenklasse gemeldet. Im Zweifelsfall sollten Sie den Züchter Ihrer Katze fragen, der Ihnen sicher weiterhelfen kann. Rufen Sie bitte außer in dringenden Notfällen nicht den/die Veranstalter/in an, denn er oder sie wird neben Berufstätigkeit und Familie mit den Nennungen bereits alle Hände voll zu tun haben. Fügen Sie einen Scheck mit der Nenn-

gebühr bei, andernfalls wird man Ihre Anmeldung nämlich nicht akzeptieren.

Schließlich legen Sie noch einen Freiumschlag oder eine Antwortpostkarte bei, damit die Veranstalter Sie über die erfolgte Anmeldung benachrichtigen können – es ist nicht sehr spaßig, Hunderte von Kilometern mit einer quengelnden Katze im Auto zu fahren, um dann festzustellen, daß die Anmeldung verlorengegangen oder zu spät eingetroffen ist!

Was bei der Ausstellung zu tun ist

Ausstellungen beginnen für Katze und Besitzer um 7.30 Uhr, wenn die Halle geöffnet wird. Am Eingang erhalten Sie zunächst einen Umschlag mit Ihrer Käfignummer und der Marke sowie der Preiskarte (in Großbritannien). Bei den größeren Ausstellungen werden diese Dinge den Besitzern oft eine Woche vor der Ausstellung zugesandt, falls nicht, müssen Sie sich als erstes darum kümmern.

Als nächstes folgt die Veterinärkontrolle: Alle gemeldeten Katzen müssen von einem der offiziellen Tierärzte untersucht werden, bevor man sie in die Halle läßt. Der Tierarzt sucht nach Anzeichen für Parasiten, Pilzbefall und Infektions-

Katzenausstellungen

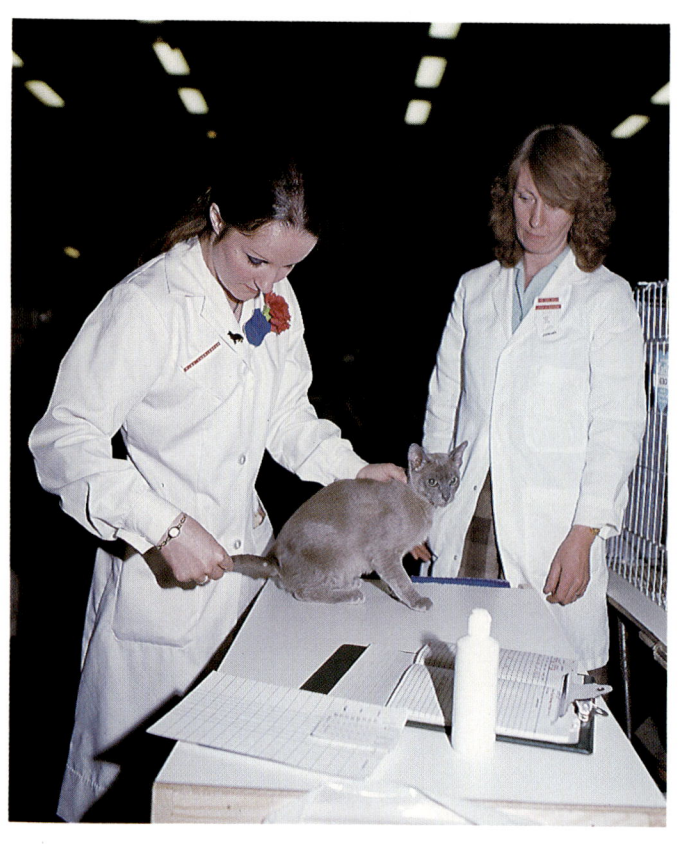

Oben:
Auch der Schwanz wird vom Richter untersucht. Hier wird geprüft, ob er einen Defekt oder Knick aufweist.

krankheiten, die während der Ausstellung übertragen werden könnten. Jede Katze, die irgendwelche Symptome zeigt, wird entweder nach Hause geschickt oder muß in einem Isolierraum untergebracht werden. Nach der Tierarztkontrolle erhalten Sie in Großbritannien eine ›V-Karte‹, die Sie am Käfig anbringen müssen, oder der Tierarzt zeichnet den Umschlag mit Ihrer Marke ab und hakt die Nummer auf einer Tafel ab.

Als nächstes suchen Sie den Käfig mit Ihrer Nummer, reinigen ihn mit mitgebrachtem Desinfektionsmittel und lassen die Katze zunächst auf ihrer vertrauten Decke zur Ruhe kommen. Stellen Sie ihr ein Katzenklo, Wasser und vielleicht etwas Futter hin.

Wenn die Katze sich eingelebt hat, bleibt Ihnen noch etwas Zeit für eine letzte Fellpflege. Achten Sie bei einer Langhaarkatze darauf, daß keine Puderreste mehr im Fell zu sehen sind. In Großbritannien legen Sie dann die saubere weiße Ausstellungsdecke in den Käfig und nehmen die Reisedecke und das Futterschälchen heraus. Auch Spielzeug und alles, was den Käfig unterscheidbar macht, muß in britischen Shows entfernt werden, kann aber bei kontinentalen Ausstellungen im Käfig bleiben, der zudem dekoriert sein darf, denn die Anonymität ist durch das offene Richten mit Stewards gesichert. Vergessen Sie nicht, der Katze das Band mit der Marke umzulegen. Ist Ihre Katze nicht an ein Halsband gewöhnt, kann der Veranstalter auch zulassen, daß die Marke am Käfig befestigt wird, aber ohne Marke wird die Katze nicht gerichtet.

Gegen 10 Uhr treffen die Preisrichter ein, und in Großbritannien bedeutet das, daß Besitzer und Besucher die Halle bis etwa 12.30 Uhr verlassen müssen, denn in dieser Zeit erfolgt das Richten in den Open Classes. Sobald die Besitzer die Halle verlassen haben, werden die Ausstellungskataloge ausgegeben, nicht jedoch an die Richter und Stewards. Dem Katalog entnehmen Sie, gegen welche Konkurrenz Ihre Katze antritt und wie viele Tiere in den jeweiligen Klassen vertreten sind.

In Deutschland bleiben Besitzer und Besucher in der Halle. Die Richtertische stehen in einem abgegrenzten Teil des Raums, und die Tiere werden von den Stewards (neuerdings bei einigen Ausstellungen von den Besitzern selbst) zu den Richtern gebracht. Das Richten ist öffentlich, Zuschauer sind erlaubt. Meist dauert die Show zwei Tage und findet am Wochenende statt. Am ersten Tag wird gerichtet, und am zweiten Tag werden dann die Tiere, die für die Titel *Best in Show* und *Rassesieger* in die engere Wahl kommen, ausgesucht und eventuell noch einmal begutachtet. Diese Titel werden am Nachmittag des zweiten Tages bekanntgegeben, es werden Ehren- und Clubpreise verliehen.

Die Bewertungen erfolgen wie in Großbritannien nach einer für jede Rasse festgelegten ›Punkteskala des Standards‹. Es sind maximal 100 Punkte zu vergeben, was jedoch praktisch nie erreicht wird. Es gibt die Bewertungen ›vorzüglich‹ (Kürzel ›v‹, mindestens 88 Punkte), ›sehr gut‹ (›sg‹, mindestens 76 Punkte), ›gut‹ (›g‹, mindestens 61 Punkte) und als unterste Kategorie ›ziemlich gut‹ (›zg‹, mindestens 46 Punkte). Für das CAC sind 93 Punkte nötig, für das CACIB sogar 95 Punkte.

Ausstellungen in den USA

In den USA gibt es viele verschiedene Organisationen, die alle nach unterschied-

DIE ARBEIT DES RICHTERS

In Großbritannien geht der Richter oder die Richterin in Begleitung des Stewards zu den Käfigen. Der Steward schiebt ein Wägelchen vor sich her, so daß die Katze innerhalb und außerhalb des Käfigs begutachtet werden kann. Der Steward nimmt die Katze aus dem Käfig und hält sie nach den Anweisungen des Richters oder der Richterin. Im kontinentalen Europa und in den USA, wo das offene Richten bzw. Ringrichten praktiziert wird, muß der Steward die Katze auch aus dem Käfig holen und zum Richter in einen abgeteilten Bereich der Halle bringen. In Großbritannien wird das Verfahren des offenen Richtens nur bei der Supreme Cat Show angewendet.

Die Katzen werden zum Richter gebracht, und Besitzer und Besucher dürfen ihm bei der Arbeit zuschauen. Da hier der Richter nicht zu den Käfigen geht, dürfen sie dekoriert sein; alle früher erworbenen Kokarden können zur allgemeinen Bewunderung angeheftet werden. Um zur Supreme Show zugelassen zu werden, muß die Katze bereits Champion oder Premior sein oder mindestens eine Urkunde in der vorangegangenen Saison erworben haben. Bei Jungtieren reicht eine Urkunde bei einer Championship Show für die Zulassung. Höhepunkt des Tages ist die Ermittlung der drei Supreme Sieger für die Klassen Erwachsene, Jungtiere und Kastraten.

Edelkatzen werden nach dem für die jeweilige Rasse und Farbe geltenden Standard beurteilt, aber auch ihre Kondition, ihr Temperament, ihr Allgemeinzustand und der Gesamteindruck werden berücksichtigt. Sind zwei Katzen qualitativ gleichwertig, eine davon ist jedoch besser gepflegt oder freundlicher oder sitzt einfach nur auf einer reineren Decke, könnte sich dies im Urteil des Richters niederschlagen. Da es bei Hauskatzen keine ›Punkteskala des Standards‹ gibt, sind diese Dinge hier ausschlaggebend für die Beurteilung – neben den ganz persönlichen Vorlieben des Richters, der vielleicht eine Tortie- einer Tabby-Zeichnung vorzieht!

Unten:
Der Richter muß auch die Augenfarbe jeder Katze begutachten. Auf diesem Bild hält der Steward die Katze so, daß die Richterin sie genau in Augenschein nehmen kann.

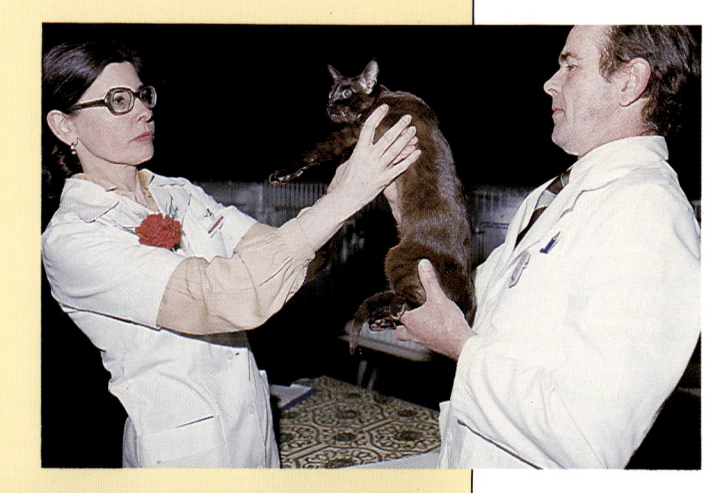

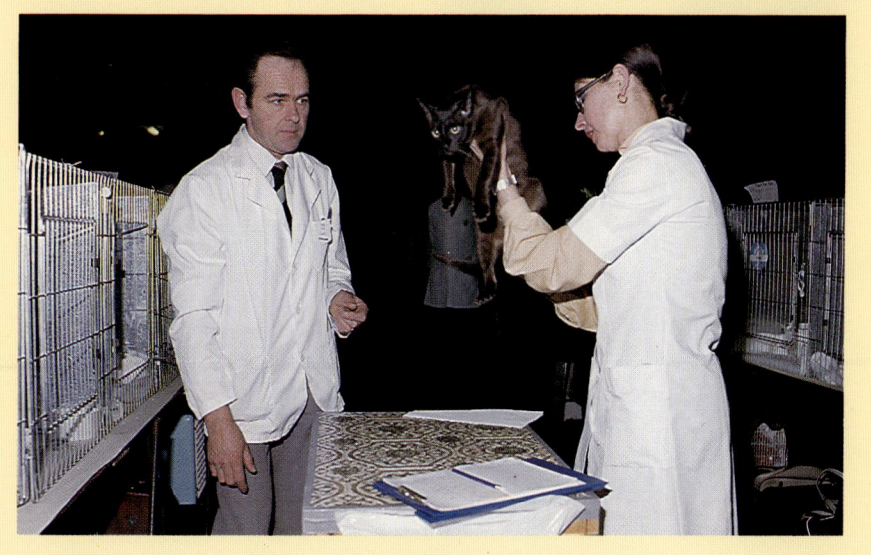

Links:
Nach der Beurteilung der einzelnen Rassenmerkmale wird der Richter die Katze selbst aufnehmen, um sich ein Bild von Gewicht, Kondition und Allgemeinzustand der Katze zu machen.

KATZENAUSSTELLUNGEN

UNTERSCHIEDE ZWISCHEN AUSSTELLUNGEN IN GROSSBRITANNIEN, DEN USA UND DEM KONTINENTALEN EUROPA	UK (GCCF)	USA (generell)	EUROPA (generell)
Das Tier muß auf den Namen des Ausstellers registriert sein	✓	✓	✓
Register der aktiven / nicht aktiven Katzen	✓	Auf dem ›blauen Zettel‹ kann der Vermerk ›nicht zur Zucht‹ stehen	✗
Veterinärkontrolle	✓	✗	✓
Tiere müssen geimpft sein	✓	✓	Impfung gegen Katzenseuche und Tollwut Pflicht; Katzenschnupfen s. S. 240.
Impfpaß erforderlich	✓	✗	✗
Transportbox erforderlich	✓	✗	✓
Weiße Ausrüstung erforderlich	✓	✗	✗
Dekoration des Käfigs zulässig	Nur bei Supreme Show	✓	✓
Offenes Richten / Ringrichten	Nur bei Supreme Show	✓	✓
Richten am Käfig	✓	✗	✗
Offene Klassen	✓	✓	✓
Gemischte Klassen (Miscellaneous)	✓	✗	✗
Erteilung von CC-, CAC-, CACIB-Urkunden etc.	✓	✗	✓
Erteilung des Champion/Premior-Titels (3 Shows / 3 verschiedene Richter)	✓	✗	✓
Champion-Titel in einer Show möglich	✗	✓	✗
Schriftlicher Richterbericht am Tag der Ausstellung erhältlich	Nur bei Supreme Show	✓	✓
Schriftlicher Richterbericht in Fachzeitschrift veröffentlicht	✓	✗	✓
Katzen / Jungtiere können während der Ausstellung verkauft werden	✗	✓	✓

Unten:
Im kontinentalen Europa und in den USA dürfen die Käfige dekoriert werden, denn das Richten findet in einem separaten Teil der Halle statt.

lichen Regeln und Richtlinien verfahren. Bestimmte Rassen und Farbschläge werden bei den einen anerkannt, bei anderen jedoch nicht. Die wichtigsten Verbände sind die *Cat Fanciers' Association* (CFA) und *The Independent Cat Association* (TICA). In der Regel wird das System des Ringrichtens angewandt, so daß die Käfige meist prachtvoll ausstaffiert sind. Das Richten ist öffentlich, Aussteller sowie Besucher können zuschauen und zuhören, wie der Richter unmittelbar bei der Bewertung der Katze seine Kommentare abgibt. Anders als bei britischen Shows wird die Katze nur in ihrer Rasseklasse angemeldet. Bei der CFA kann eine Katze in einer einzigen Ausstellung Champion werden: Wenn der Hauptrichter sie für geeignet hält, werden zwei andere Richter zur Bestätigung hinzugezogen und der Titel zuerkannt.

Ausstellungen in Australien

In Australien laufen Ausstellungen ähnlich wie in Großbritannien ab, das heißt, auch hier wird die Katze nicht zum Richter gebracht, sondern dieser fährt mit dem Wägelchen zum Käfig hin, der nicht dekoriert werden darf. In Australien wird derzeit das System des Ringrichtens geprüft, im Moment gilt jedoch nach wie vor das GCCF-System, wie es das *Coordinating Cat Council of Australia* (CCCofA) vorschreibt.

RICHTERBERICHTE

Der Sinn einer Teilnahme an einer Ausstellung ist ja, eine ehrliche Beurteilung Ihrer Katze durch die Richter zu erhalten. Deshalb ist das Richten der wichtigste Teil der Ausstellung. In Großbritannien werden alle Richterberichte in der wöchentlich erscheinenden Zeitschrift ›Cats‹ veröffentlicht. In dem Monatsmagazin ›Cat World‹ erscheint eine Liste der Sieger nach Kategorien, jedoch ohne die Kommentare der Richter. Während der britischen Show können Sie eventuell mit dem Richter direkt sprechen, Sie dürfen ihn aber niemals beim Richten unterbrechen, denn das könnte zu einer Disqualifikation Ihrer Katze führen. Die meisten Richter schicken Ihnen auch gerne eine Kopie des Berichts nach der Ausstellung in einem frankierten Rückumschlag zu. Bei der jährlich stattfindenden Supreme Show und bei den Assessment Classes anderer Shows werden hingegen die schriftlichen Berichte jeweils am Käfig angebracht.

Bei FIFé-Ausstellungen und anderen Katzensalons in Deutschland und den übrigen europäischen Ländern wird am Tag der Ausstellung ein schriftlicher Richterbericht herausgegeben und kann nach Ermessen des Richters auch mündlich erteilt werden. In den USA wird das für den Aussteller beste System praktiziert: Während der Bewertung gibt der Richter mündlich sein Urteil ab, gleichzeitig wird zur besseren Information auf einem Blatt angekreuzt, wie viele Punkte wofür vergeben wurden.

Katzenausstellungen

Vorbereitung für die Ausstellung

Eine Katze optimal für eine Ausstellung vorzubereiten ist keine Sache, die man von einem Tag auf den anderen oder durch wundersame Wandlungen erzielen kann. Eine optimal gepflegte Katze sollte immer gut aussehen, kerngesund wirken und glänzende Augen sowie ein schimmerndes Fell aufweisen. Voraussetzung dafür sind richtige Ernährung und Fellpflege. Viele ansonsten hervorragende Zuchtkatzen werden in dieser Hinsicht vernachlässigt, woran die Katze nun wirklich keine Schuld trägt. Vor der Ausstellung können allerdings einige zusätzliche Pflegetricks angewendet werden: Sie sollten aber bedenken, daß dies lediglich eine bereits sehr gut gepflegte Katze noch vorteilhafter aussehen läßt und ihrem Fell den letzten Pfiff gibt – das Wichtigste ist jedoch eine regelmäßige Fellpflege.

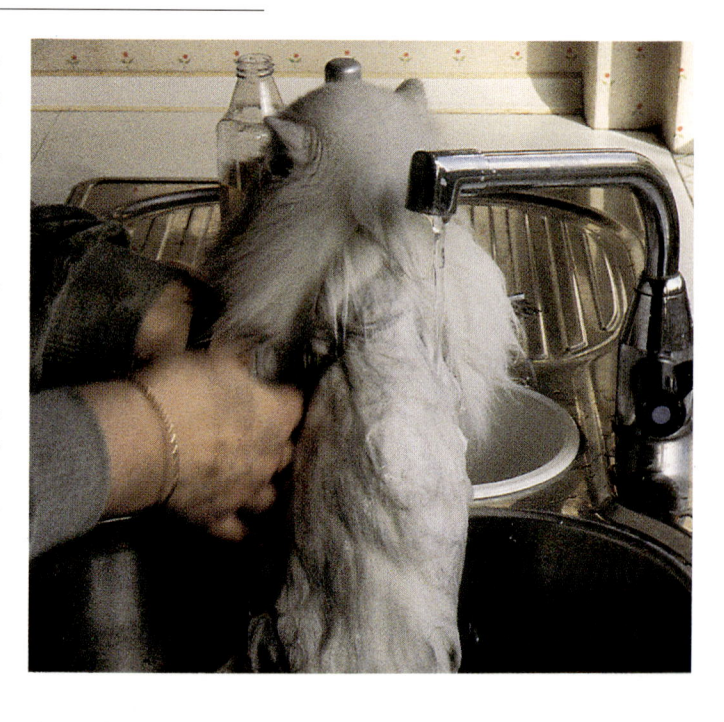

Unten:
Befeuchten Sie das Fell der Katze mit warmem Wasser – es darf nicht zu heiß sein.

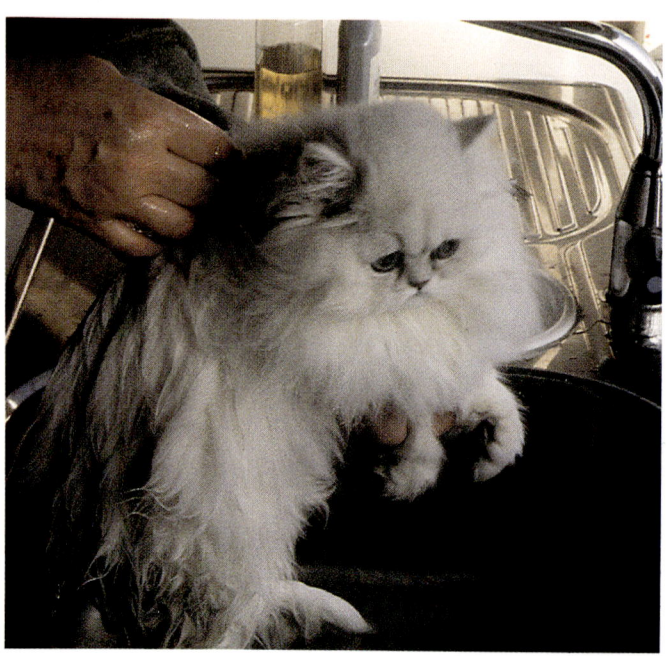

Oben:
Ein mildes Shampoo wird gut einmassiert.

Wie man eine Katze badet

Für alle Langhaarkatzen und für einige hellfarbige Kurzhaarkatzen ist ein Bad einige Tage vor der Show genau das Richtige. Ist Ihre Katze nicht an das Baden gewöhnt, sollten Sie einen Freund oder eine Freundin bitten, Ihnen zu helfen. Meist ist die Küchenspüle am besten geeignet, denn die Badewanne ist zu groß und das Waschbecken oft zu flach.

• Füllen Sie das Spülbecken etwa zu einem Drittel mit warmem Wasser. Schließen Sie einen Schlauch mit einem Duschkopf an den Wasserhahn an, und befeuchten Sie das Fell der Katze.

• Nehmen Sie eine kleine Menge mildes Shampoo, beispielsweise Babyshampoo oder eines speziell für Katzen, massieren Sie es sanft ins Fell ein, und spülen Sie es gründlich aus. Bei hartnäckigen Verfärbungen nochmals shampoonieren.

• Verwenden Sie eine hochwertige Pflegespülung, achten Sie aber darauf, daß sie nicht zu stark parfümiert ist, denn das könnte allergische Reaktionen auslösen. Bei Langhaarkatzen ist eine Spülung ein absolutes Muß, denn sie macht die Haare gut kämmbar und das anschließende Bürsten einfacher. Bei Kurzhaarkatzen sorgt ein wenig Pflegespülung dafür, daß das glatt anliegende Fell nach dem Waschen nicht allzu flauschig wird.

• Arbeiten Sie die Spülung mit einem grobzinkigen Kamm gut ein, und achten Sie darauf, daß keine verfilzten Stellen zurückbleiben. Gründlich ausspülen. Wickeln Sie die Katze in ein Handtuch, und rubbeln Sie sie gut ab.

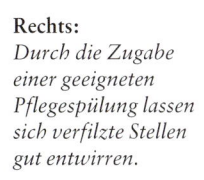

Katzenausstellungen

Rechts:
Durch die Zugabe einer geeigneten Pflegespülung lassen sich verfilzte Stellen gut entwirren.

Unten:
Kämmen Sie das Fell gut durch, während die Spülung einwirkt.

Unten:
Spülen Sie das Fell gut aus, und wickeln Sie die Katze zum Abtrocknen in ein Handtuch.

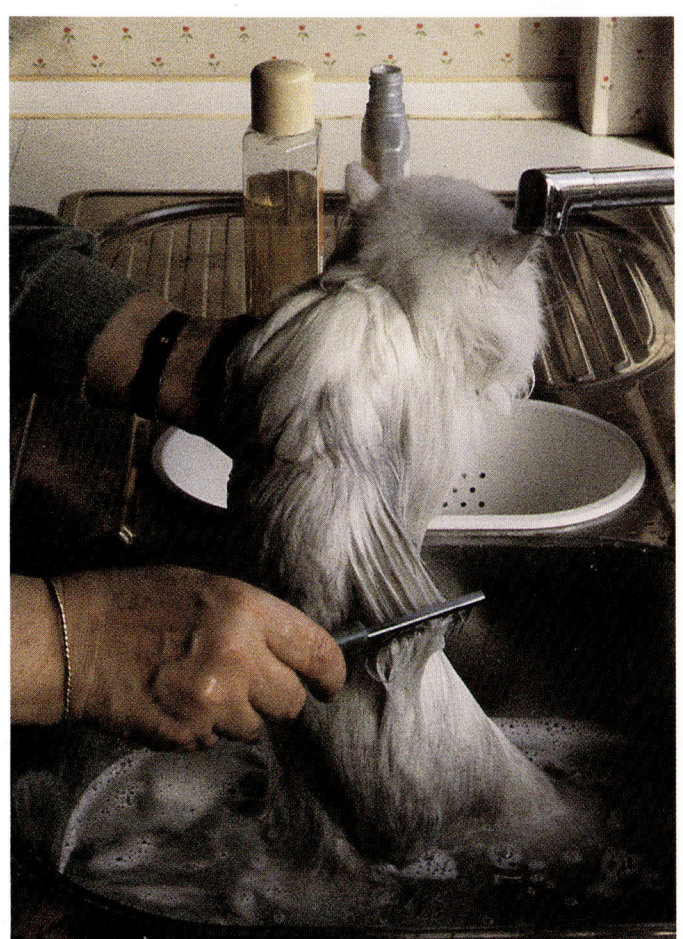

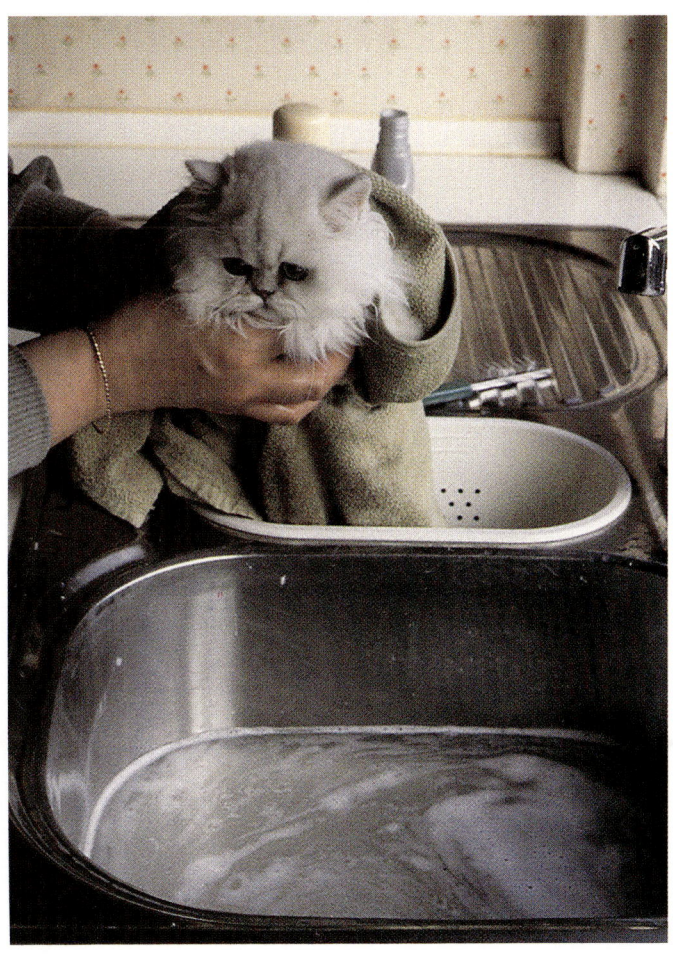

DIE KLEIEABREIBUNG

Für Kurzhaarrassen ist eine Kleieabreibung oft sehr vorteilhaft. Erwärmen Sie etwas Kleie im Backofen oder in der Mikrowelle, bis sie sich angenehm warm anfühlt – natürlich darf sie nie so heiß sein, daß Sie sich die Finger verbrennen! Rubbeln Sie damit sanft durch das Fell. Die Kleie nimmt alles überschüssige Fett und etwaige Schuppen auf, das Haarkleid wird glänzend sauber. Die Kleie gründlich ausbürsten und mit einem Fensterleder oder einem Seidentuch nachpolieren – dies sorgt für zusätzlichen Glanz.

1 Rubbeln Sie das Fell sanft mit der warmen Kleie ab.

2 Bürsten Sie die Kleie gut aus, und Ihre Katze wird ein glänzend sauberes Haarkleid aufweisen.

KATZENAUSSTELLUNGEN

Trocknen der Katze

Aufgrund der unterschiedlichen Fellstruktur werden Langhaarkatzen anders getrocknet als Kurzhaarrassen. In jedem Fall aber muß das Trocknen so schnell wie möglich erfolgen, damit die Katze sich nicht erkältet.

Viele Züchter von Langhaarkatzen schaffen sich trotz des hohen Preises einen freistehenden Haartrockner an. Ein ganz normaler Fön leistet jedoch ebenso gute Dienste, wenn jemand ihn für Sie festhält.
● Richten Sie den Fön auf das Fell der Katze, halten Sie ihn aber nicht so nah, daß die heiße Luft ihr unangenehm wird. Kämmen Sie mit einem grobzinkigen Kamm, arbeiten Sie sich dabei vom Rücken aus zum Bauch vor.
● Wenn das Fell fast trocken ist, stäuben Sie etwas Showpuder darüber und arbeiten es mit einer festen Bürste ein. Bürsten Sie immer gegen die Wuchsrichtung, dadurch bekommt das Haar mehr Volumen.
● Fahren Sie fort, bis die Katze völlig trocken ist, und stäuben Sie bei Bedarf noch etwas Puder auf das Fell. Achten Sie darauf, daß das Fell an der Halskrause und am Schwanz gut aufgebürstet und flauschig ist.

Kurzhaarkatzen lassen sich viel leichter trocknen, denn sie brauchen kein Puder, und das Fell soll ja glatt anliegen.
● Sie brauchen keinen Fön zu benutzen. Wenn die Katze den Fön nicht mag, können Sie sie einfach an der Heizung oder vor einem Heizlüfter mit einem Handtuch trockenrubbeln.
● Bürsten Sie eine Kurzhaarkatze immer in Wuchsrichtung des Haars, damit das Fell schön glatt anliegt.

Letzte Kontrollen

Prüfen Sie zum Schluß, ob Augen und Ohren sauber sind. ›Schlafdreck‹ in den Augenwinkeln können Sie mit dem – sauberen – Finger entfernen. Die äußeren Ohrmuscheln werden mit einem Wattebausch ausgewischt. Alle Körperöffnungen sollten absolut sauber sein – es gibt bestimmte Dinge, die Richter lieber nicht an ihren Händen wiederfinden! Schließlich beschneiden Sie die Krallen an den Spitzen gerade soviel, daß sie stumpf sind, denn kein Richter läßt sich gern kratzen, und selbst die friedlichste Katze kann versehentlich Wunden verursachen, wenn die Krallen lang bleiben.

Oben:
Nach dem Bad muß vor allem bei Langhaarrassen das Fell so schnell wie möglich getrocknet werden, damit die Katze sich nicht erkältet.

NACH DER AUSSTELLUNG

Trotz aller Vorsichtsmaßnahmen, die eine Übertragung von Infektionen von einer Katze zur anderen verhüten sollen, besteht immer ein gewisses Risiko, daß Ihre Katze etwas von der Ausstellung mitbringt, was sie vorher nicht hatte, und damit meine ich nicht nur eine Urkunde! In einem Haushalt mit mehreren Katzen, vor allem mit noch nicht geimpften Jungtieren, ist deshalb Vorsicht geboten. Einige Aussteller gehen sogar so weit, daß sie jede zurückkehrende Katze zunächst isolieren, was durchaus sinnvoll sein kann. Wenn Sie die Ausstellungskatze rasch mit etwas Flohspray besprühen, bevor sie mit den übrigen Tieren des Haushaltes in Berührung kommt, verhindern Sie, daß diese ungebetenen Besucher über Ihre Schwelle gelangen.

Eine etwas altmodische, aber bewährte Methode besteht darin, einen Wattebausch mit Whisky oder einer anderen Spirituose zu tränken und der Katze damit das Maul auszuwischen und über die Pfoten und den Analbereich zu streichen. Der Alkohol tötet die meisten Keime ab, und diese Körperregionen sind am ehesten für Infektionen anfällig.

Wenn man als Aussteller junge, noch nicht geimpfte Katzen hat, ist es überdies sinnvoll, sich die Hände und Schuhe zu desinfizieren, bevor man nach Hause kommt. Noch besser ist es, Schuhe und Kleider zu wechseln.

Weiterführende Literatur

Aiken, J.S.: *Solos Reise,* Krüger, Frankfurt/Main 1990 (Katzenfantasy)

Allaby, M./Burton, J.: *Katzenleben. Ein Tagebuch,* Mosaik, München 1986

Alterman, I.: *Spiele mit Kätzchen ... und andere nicht immer ernstgemeinte Anregungen für Freunde des Etagenpanthers,* Cadmos, Bempflingen 1988

Aust, U.: *Türkisch-Angora-Katzen. Kauf – Haltung – Pflege,* Parey, Hamburg 1991

Brown, R.M.: *Schade, daß du nicht tot bist,* Rowohlt, Reinbek 1991 (Katzenkrimi)

Brunner, F.: *Die unverstandene Katze,* Naturbuch 1991

Deutsche Rassekatzen Union e.V., Köln: *Leitfaden für Katzenfreunde*

Donay-Weber, A.: *Russisch-Blau-Katzen,* Parey, Hamburg 1983

ders.: *Siamkatzen,* Parey, Hamburg 1991

Eggebrecht, A.: *Katzen,* Arche, Zürich 1990

Franken, L. (Hg.): *Katzenparadies. Das Große Buch der Katzengeschichten,* Goldmann, München 1992

Gallico, P.: *Meine Freundin Jennie,* Rowohlt, Reinbek, rororo 0449 (Katzenabenteuer)

Howey, O.M.: *Die Katze in Magie, Mythologie und Religion,* Fourier, Wiesbaden 1991

Kaplan, E. und M.A.: *Katzenerziehung leicht gemacht,* Müller Rüschlikon, Cham 1986

Kraft, W./Dürr, U.M. (Hg.): *Katzen-Krankheiten, Klinik und Therapie,* Schaper, Alfeld-Leine 1991

Lessing, D.: *Doris Lessings Katzenbuch,* Klett-Cotta, Stuttgart 1991

Lawson, T.: *Kochen für die Katz',* Müller Rüschlikon, Cham 1989

Leyhausen, P.: *Katzen – eine Verhaltenskunde,* Parey, Hamburg 1982

Loxton, H.: *Katzen,* Delphin, Köln 1989

Maas, J.: *Katzen. 120 Rassen in Farbe,* Ulmer, Stuttgart 1992

Morris, D.: *Catwatching. Die Körpersprache der Katze,* Heyne, München 1991

ders.: *Katzen. Ihr Mythos – Ihre Sprache – Ihr Verhalten,* Heyne, München 1991

Müller, U.: *Langhaarkatzen,* Gräfe und Unzer, München 1991

ders.: *Perserkatzen,* Gräfe und Unzer, München 1992

Piechocki, R.: *Die Wildkatze. Felis sylvestris,* Urania, Leipzig 1990

Pirinçci, A.: *Felidae,* Goldmann, München 1990 (Katzenkrimi)

Radke, A.M.: *Wenn Katzen reden könnten...,* Franckh-Kosmos, Stuttgart 1990

Rakow, B.: *Der homöopathische Katzendoktor. Eine Naturheilkunde für Katzen,* Franckh-Kosmos, Stuttgart 1989

Schär, R.: *Die Hauskatze. Lebensweise und Ansprüche,* Ulmer, Stuttgart 1991

Schmitt-Hausser, G.: *Der Tag, an dem die Katzen verschwanden,* Ullstein, Berlin 1992

ders.: *Katzen. Ein Kosmos-Ratgeber,* Franckh-Kosmos, Stuttgart 1991

Spangenberg, R.: *Katzenkrankheiten erkennen und behandeln,* Falken, Niedernhausen 1991

Streitenfeld, R.: *Katzenkultur. Kitsch, Kunst, Kommerz,* Rasch und Röhring, Hamburg 1987

Teichmann, P.: *ABC der Katzenkrankheiten,* Naturbuch 1989

Theilig, H.: *Unser Katzenkind,* Franckh-Kosmos, Stuttgart 1988

Turner, D./Bateson, P.: *Die domestizierte Katze. Eine wissenschaftliche Betrachtung ihres Verhaltens,* Müller Rüschlikon, Cham 1988

Wagner, O.: *Scottish-Fold-Katzen,* Parey, Hamburg 1991

Wester, T.: *Katzen. Mit einem Vorwort von Doris Lessing,* Rasch und Röhring, Hamburg 1992

Williams, T.: *Traumjäger und Goldpfote,* Krüger, Frankfurt/Main 1987 (Katzenfantasy)

Wilson, A.N.: *Der Streuner. Eine Geschichte,* Schneekluth, München 1991

Zeitschriften

A Tout Chat, hrg. von der FIFé, Abonnements: BP 205, F-78003 Versailles

Das Tier, Hallwag Verlag, Nordring 4, CH-3001 Bern

Der Katzenkurier, Fachorgan mehrerer unabhängiger Katzenvereine, hrg. von der Gemeinschaft für Katzenfreunde e.V. (Adresse s. S. 253)

die Edelkatze, Illustrierte Fachzeitschrift für Katzenfreunde, Verbandszeitschrift des 1. DEKZV (Adresse s. S. 253)

katzen, Magazin für Katzenfreunde, hrg. von der Deutsche Rassekatzen Union e.V., (Adresse s. S. 253)

Katzenecho, hrg. von Deutsche Edelkatze e.V., (Adresse s. S. 253)

Katzen extra, Symposium Verlag, PF 33, 73701 Esslingen

Unsere Katze, Albrecht Philler Verlag, Stiftsallee 40, 32425 Minden

Nützliche Adressen

Allein in Deutschland gibt es über dreißig verschiedene Katzenzuchtvereine, die teils nicht eben gut aufeinander zu sprechen sind. Der größte europäische Dachverband ist die FIFé (Fédération Internationale Féline, c/o Secretary, Mme R. van Haeringen, Boerhavelaan 23, NL-5644 BB Eindhoven), der in Deutschland der 1. DEKZV (1. Deutscher Edelkatzenzüchterverband) angeschlossen ist. Mit dem GCCF (Governing Council of the Cat Fancy), dem größten britischen Verband, ist die autonome DRU (Deutsche Rassekatzen Union) verbunden. Daneben gibt es eine Reihe von unabhängigen, zum Teil regionalen Vereinen, die untereinander zusammenarbeiten. Die folgende Auswahl erhebt keinen Anspruch auf Vollständigkeit. Ist keine weitere Angabe vorhanden, handelt es sich um einen unabhängigen Katzenverein.

Deutschland

1. Deutscher Edelkatzenzüchterverband e.V. (1. DEKZV)
Berliner Straße 13
35614 Aßlar
✆ 0 64 41/84 79
(Der 1. DEKZV vermittelt über 80 regionale FIFé-Gruppen und Treffs für Katzenliebhaber.)

Deutsche Edelkatze (DE)
Hubertstraße 280
45307 Essen
✆ 02 01/55 31 86
(World Cat Federation, WCF)

Deutsche Rassekatzen Union e.V. (DRU)
Hauptstraße 56
56814 Landkern
✆ 0 26 53/62 07
(Die DRU urteilt nach den Standards des GCCF und arbeitet weder mit der FIFé noch mit den unabhängigen Vereinen zusammen. Bei dieser Adresse erhalten Sie die Anschriften von über dreißig regionalen Niederlassungen der DRU.)

Berliner Pro Kat e.V. (BPKaV)
Burkhard Appelt
General-Woyna-Straße 60
13403 Berlin
✆ 0 30/4 13 90 18

Bund für Katzenzucht und Katzenschutz (BKK)
Eichenweg 4
31535 Neustadt am Rübenberge
✆ 0 50 32/37 02

Deutscher Rex-Katzen-Verein e.V. (DRKV)
Gunter Grobe
Saarstraße 5
50677 Köln
✆ 02 21/24 52 16

Gemeinschaft für Katzenfreunde e.V. (GdK)
Joachim Schule
PF 10 34 20
50474 Köln
✆ 02 21/52 22 83

Katzen-Freunde-Germania e.V. (KFG)
Hans-Jo Appold
Aloys-Ruppel-Straße 1
63517 Rodenbach
✆ 0 61 84/5 46 89

Katzen Verein Berolina e.V. (KVB)
Harald Eckelmann
Schloßstraße 71
12165 Berlin
✆ 0 30/8 34 63 89

Regional Verband Deutscher Edelkatzenzüchter Nord e.V. (RVDE)
Dirk Gremmel
Sprengerteich 10
24220 Flintbek
✆ 0 43 47/39 16

Bundesverband Praktischer Tierärzte e.V.
Hamburger Allee 12
60486 Frankfurt/Main
(Auskünfte, auch über elektronische Tiermarkierung, siehe unten.)

Dachorganisation der Katzenschutzvereine Deutschland (DKV)
Rudi Wolff
Grafenberger Allee 147
40237 Düsseldorf
✆ 02 11/66 32 06
(Hier erfahren Sie die regionalen Adressen von Cat-Sitter-Clubs und Katzenschutzvereinen.)

Deutscher Tierschutzbund
Zentrales Haustierregister
Baumschulallee 15
53115 Bonn
✆ 02 28/63 10 05
(Im Computer des Zentralen Haustierregisters sind alle mit Ohrtätowierungen versehenen Haustiere registriert. Versuchslabore haben sich verpflichtet, kein solcherart markiertes Tier zu verwenden. Auch wenn Ihre Katze entlaufen ist, bietet die Ohrtätowierung eine gute Möglichkeit, das Tier wiederzufinden.)

Großbritannien

The Cat Association of Britain (CA)
75 Westwood Green
Cookham, NR. Maidenhead
Berkshire SL6 1DE
(FIFé)

Governing Council of the Cat Fancy (GCCF)
4–6 Penel Orlieu
Bridgewater
Somerset TA6 3PG

GCCF Cat Welfaire Liaison Committee
c/o Secretary
Mrs. Barbara Harrington
79 Pilgrim's Way
Kemsing, Near Sevenoaks
Kent TB15 6TD

Feline Advisory Bureau
350 Upper Richmond Road
Putney, London SW15 6TX

Österreich

Klub der Katzenfreunde Österreichs (KKÖ)
Castellezgasse 8/1
A-1020 Wien
✆ 1/3 57 04 93
(FIFé)

Österreichischer Verband für die Zucht und Haltung von Edelkatzen (ÖVEK)
Lichtensteinstraße 126
A-1090 Wien
✆ 1/31 64 23
(FIFé)

Austrian Cat Club (ACC)
Bruggerwiesen 16/19
A-6890 Lustenau
✆ 55 77/20 31

Schweiz

Helvetischer Katzenverband
Sekretariat/Präsident
Solothurner Straße 83
CH-4053 Basel
✆ 61/31 87 63
(FIFé)

Swiss Cat Club (SCC)
Michael Altmann
Auf der Schanz 11
CH-4303 Kaisersaugst
✆ 61/8 11 27 14

USA

The Independent Cat Association (TICA)
PO Box 2988
Harlingen TX 87550

Cat Fanciers' Association (CFA Inc)
PO Box 1005
Manasquan NJ 087361005

REGISTER

Kursiv gesetzte Seitenzahlen beziehen sich auf Bildunterschriften.

A

Abessinier 132, 188–191
   Somali 188
   Sorrel *190, 191*
   Wildfarben *190*
Abszesse 115
Abtrocknen von Katzen 251
Aggressives Verhalten 17
Ägypten
   Katzen, Nachweis von 8f.
Ägyptische Mau *131,* 197
Allergien *117*
Alternde Katzen
   Pflege und Training 66f.
American Curl *siehe* Amerikanisch Curl
American Shorthair *siehe* Amerikanisch Kurzhaar
American Wirehair *siehe* Amerikanisch Drahthaar
Amerikanisch Curl 132, 193
Amerikanisch Drahthaar 132, 193
Amerikanisch Kurzhaar 131, 166–175
   Schwarz *170*
   Tabby *171*
Analdrüsen, Infektion der 116
Analprolaps 116
Anfälle 119
Angorakatze 13, 138, 185
›Arbeitende Katzen‹ 68f.
Arthritis 116
Asian Cats 194f.
   Tabby *195*
Asthma 116
Augen 54
   Nickhaut 54
   Pflege 54
Ausstellungen 234–251
   Ablauf 243–247
   Anmeldung 242 f.
   Assessment Class 238
   Ausrüstung 240
   Ausstellungsarten 236–242
   Australien 247
   Best of Breed *siehe* Rassesieger
   Besuch einer Ausstellung 30
   Champion-Titel 238–242
   Ergebnisse 244
   Erste Ausstellung 234
   Europa (kontinental) 239–242
   Europa (kontinental) und Amerika, Unterschiede 246
   Exemption Shows 237
   Fellpflege *243,* 244
   Großbritannien 236–239
   Hauskatzenklasse 238, 242
   Käfige zur reinen Ausstellung 238, 240, 244
   Kategorien 237–242
   Rassesieger 242
   Richten 245
   Richterbericht 247
   Sanction Shows 237
   Side Class 238
   Transportbox *240*
   USA 244–247
   Veterinärkontrolle 240, 243 f.
   Vorbereitung der Katze 248–251
   Vorsichtsmaßnahmen nach der Ausstellung 251
Ausstellungskatzen 32f.
Autos, Gefahren durch 76

B

Baden von Katzen 248f.
Badezimmer, Gefahren im 85
Balinese (Balikatze) 230, *231*
Balkons 85
Bäume, Klettern auf 78
Bengalkatze 132, 196
Birma *130,* 131, 156f.
   Seal-Point *157*
Botschaften, von Katzen hinterlassene 16f.
Britisch Kurzhaar 131, 166–175
   Bicolor 174, *175*
   Blau 168
   Blau-Creme *172*
   Chocolate 168
   Colourpoint 172
   Creme 168, *169*
   Lilac 170
   Schwarz 167
   Smoke 174, *175*
   Tabby (getigert, gestromt, getupft) 166
   Tabby-Farben 171
   Tipped 174
   Tortie (Schildpatt) 172
   Tortie mit Weiß 172
   Übergewicht *58,* 59
   Weiß *166,* 167
British Shorthair *siehe* Britisch Kurzhaar
Burma 9f., *11, 13,* 132, *133,* 210–219
   Amerikanischer Typ *213*
   Blau 213
   Blau-Tortie 217
   Braun 213
   Braun-Tortie 217
   Champagne 213
   Chocolate *211,* 213
   Chocolate-Tortie 218
   Creme *216,* 217
   Lilac 135, 214, *215*
   Lilac-Tortie 218, *219*
   Rot 214
   Sable 213
   Tortie (Tortoiseshell) *217*
Burmilla 132, 135, 194f.

C

Cat Association of Great Britain 132
Chemikalien 82, 85
Chinchilla 135, 139, 146
   Golden 148
   Pewter 148
   Shaded Silver 148, *149*
Chlamydien 108, 111
Cornish Rex 132, 188, 201–203
   Braun-Tortie *202*
Cornish Si-Rex *202*
Cymric 177

D

Deckkater, Auswahl 92–94
Desinfektionsmittel 82, 85
Devon Rex 132, 188, 201–203
   Braun-Tortie *203*
   Smoke *203*
Diabetes 117
Diebstahl von Katzen 76–78
Domestizierte Katze
   Entwicklung 10–13
   Geschichte 8–10
Dschungelkatze 12
Duftdrüsen 16
Durchfall 118

E

Ekzeme 118
Elektrische Geräte, Gefahren durch 82, 85
Entwurmen *siehe* Wurmkur
Erkrankungen (*siehe auch* ›Krankheiten‹)
   Abszesse 115
   Akne 115
   Allergien 117
   Analdrüsen, Infektion der 116
   Analprolaps 116
   Anfälle 119
   Arthritis 116
   Asthma 116
   Diabetes 117
   Durchfall 118
   Ekzeme 118
   Feline Dysautonomie 118
   Haarballen 119
   Hämatome 119
   Hautpilze 120
   Ohrbeschwerden 118
   Parasiten 112f.
   Schuppen 117
   Verstopfung 117
   Zahn- und Mundhöhlenprobleme 120
Ertrinken 124
Exotic Shorthair 132, 153

F

Fallen 78
Feline Dysautonomie 118
Feline Immunschwäche (FIV) 108, 110
Feline Infektiöse Anämie (FIA) 118
Feline Infektiöse Peritonitis (FIP) 108, 111
Felines Leukosevirus (FeLV) 108, 110
Fell
   Farbe 134f.
   Klimaanpassung 13
   Länge 135
   Vererbungsgänge 134f.
Fellpflege *19,* 24
   Ausrüstung 61
   Ausstellungen 244
   Gewöhnung der Katze an Fellpflege 60f.
   Kurzhaarkatzen 62f.
   Langhaarkatzen 64f.
   Perser 139
   Regelmäßige Fellpflege 51
   Gegenseitiges Putzen *14,* 46, 60
Fellwechsel 60
FeLV *siehe* Felines Leukosevirus
FIA *siehe* Feline Infektiöse Anämie
FIP *siehe* Feline Infektiöse Peritonitis
FIV *siehe* Feline Immunschwäche
Flehmen 21
Flöhe 113
Foreign White (Orientalisch Kurzhaar) 181
Freilaufende Katzen, Gefahr für 72–80
Fütterung
   Dosenfutter 58
   Entwöhnungskost 102
   Essensreste 59
   Feste Fütterungszeiten 56
   Frisch zubereitetes Futter 58f.
   Futterauswahl 57–59
   Futtermenge 59
   Futtersorten 57
   Näpfe 36f., 56, 57
   Trockenfutter 58
   Utensilien 56f.
   Vitamin- und Mineralpräparate 59
   Welpenkost 59, 102

G

Garten, Einzäunen 74f.
Garten-Spritzmittel 74, 76
Gartenhäuschen und Nebengebäude 73f.
Gebärmutterentzündung *siehe* Pyometra
Gehör 20
Genetik 134f.
Gesäugeentzündung *siehe* Mastitis
Gesundheitsüberprüfung, jährliche 108, *109*
Gift, Verschlucken oder Aufnahme durch Pfotenballen 126
Giftpflanzen 84
Governing Council of the Cat Fancy (GCCF) 30, 130, 236

H

Haarballen 60, 119
Halsband und Nummer 36, 37, 76f.
Halten der Katze 46
Hämatome 119
Halblanghaar *siehe* Langhaar
Haus, Gefahren im 80–85
Hausabfälle, Gefahren von 72f.
Hauskatzen 232f.
   Ausstellung 238f.
   Tortie-Tabby *232*
   Tortie mit Weiß *232*
Haustiere, Bekanntmachen der Katze mit 42–47
Hautpilze 120
Havana, Orientalisch Kurzhaar 181
Heilige Birma *siehe* Birma
Hexengefährtin, Katze als 9
Himalaya-Faktor 132, 146, *147*
Hunde, Bekanntmachen der Katze mit 47

I

Insektenstiche 126
Intussuszeption 105

J

Jacobsonsches Organ 21
Jagdinstinkt 18
Japanische Stummelschwanzkatze (Japanese Bobtail) 9, 10, 198
Jungtiere/Welpen
   Angriffe durch Kater 73
   asoziales Verhalten 102
   Edelkatze 28–33
   Entwicklung *100,* 101
   Entwöhnungskost 102
   Fellpflege *24,* 60
   Flaschenaufzucht *104,* 105
   Fütterung 59, 102
   Geburt 97–99
   Geschlechtsbestimmung *91*
   Hauskatze 26–28
   Katze als Geschenk 25
   Kinder, Behandlung durch 32
   Küche, Gefahren in der *103*
   Lungen, Entfernen von Flüssigkeit aus den 98
   Milchmangel 105
   Nachsorge 99
   Sauberkeitserziehung 102
   Schutzimpfung 102, 108
   Spielen 38f.
   Verantwortung für 88
   Verhalten erwachsener Katzen 46

REGISTER

Verkauf 102
Zoohandlung, Kätzchen aus der 25f.
Zwei Kätzchen kaufen 26
Jungtierkäfig 46, 97

K
Kastration 18, *90*, 91f.
Finanzielle Förderung 28
Katzenakne 115
Katzenbetten *37*, 41, 42
Katzengehege 79
Katzengras 36, 119
Katzenklo 36, 41
Katzenschnupfen 109
Katzensinne
Flehmen 21
Gehör 20
Geruchssinn 21
Sehvermögen 20
Katzenverhalten 13–18
Katzenzucht
Deckkater, Auswahl 92–94
Gebärmutterentzündung *siehe* Pyometra
Geburt 97–99
Kosten 88, 91
Milchmangel 105
Nestbau 97
Paarung 94
Paarungszertifikat 94
Plazentafunktion 97–99
Pyometra (Gebärmutterentzündung) 105
Rolligkeit 94
Trächtigkeit, Pflege während der 94, 97
Trächtigkeit, Probleme während der 104f.
Unterlagen 94
Katzenzucht, Kosten der 88, 91
Kinder und Katze 44
Kleieabreibung 250
Koratkatze 9, *133*, 188, 198f.
Körpersprache 17
Krallen 51–53
Krallenamputation 39
Krankenversicherung für Katzen 24
Krankheiten 72
Chlamydien 108, 111
Feline Immunschwäche (FIV) 108, 110
Feline Infektiöse Anämie (FIA) 118
Feline Infektiöse Peritonitis (FIP) 108, 111
FIP *siehe* Feline Infektiöse Peritonitis
FIV *siehe* Feline Immunschwäche
›Katzen-AIDS‹ *siehe* FIV; Leukose
Katzenschnupfen 109
Katzenseuche (Panleukopenie, Parvovirose) 109
Leukose 108, 110
Panleukopenie *siehe* Katzenseuche
Parvovirose *siehe* Katzenseuche
Tollwut 111
Toxoplasmose 112
Kratzbaum 38, 39
Küche, Gefahren in der 80–82, *103*
Küchenspüle, Ertrinken in der *81*, 82
Kurzhaar
Amerikanisch 131, 166–177
Britisch 131, 166–177
Europäisch 131
Exotisch 131, 153
Fellpflege 62f.
Orientalisch 132, 180–185

L
La-Lang-Katze 12
Langhaarkatzen
Fellpflege 64f.
Semi-Langhaar, Halblanghaar 130, 156–163
Perser 130, 138–153
Leopardenkatze (Leopard Cat) 12, 196
Leukose 108, 110

M
Maine-Coon 130, 158f.
Silber-Tabby *158*
Tortie mit Weiß *159*
Tortie-Tabby, Braun *159*
Manx 10, 130, 176f.
Cymric 177
Rumpy Manx *176*
Stumpy Manx *176*
Tailed Manx *176*
Mastitis (Gesäugeentzündung) 105
Mäusefang 68f.
Mendel, Gregor 134
Mikrosporie *siehe* Hautpilze
Milben 113
Mineralpräparate 59
Mumien von Katzen 8f.
Mundhöhlenbeschwerden 120

N
Nacktkatze *siehe* Sphinx
National Cat Club 236
National Cat Show 237
Nickhaut 54
Norwegische Waldkatze *15*, 130, 160, *161*
Blau-Tabby mit Weiß *160*
Braun-Tabby mit Weiß *160*
Smoke *161*

O
Ocicat 132, 200f.
Offene Fenster, Gefahren durch 85
Offener Kamin 83
Ohren 20, 55
Ohrbeschwerden 118
Orientalisch Kurzhaar 132, 180–195
Blau 181
Blau-Tortie *182*
Chocolate getupft 184
Cinnamon 183
Creme *183*
Getupft *184*
Havana 181
Lilac 183
Schwarz *180*, 181
Shaded 185
Smoke 185
Tabby 184f.
Tipped 185
Tortie 183
Weiß 181

P
Parasiten, Anzeichen für 51
Parasitenbefall 72
Ektoparasiten 112f.
Endoparasiten 112
Flöhe 113
Milben 113
Toxoplasmose 112
Würmer 112
Zecken 113
Peke-Faced, Perser 161
Perser 13, 130, 138–153
Bicolor 144, *145*
Blau *138*, 139
Blaucreme 144
Blau-Tabby mit Weiß *152*
Braun-Tabby *150*, 152
Cameo *144*, 145
Chinchilla 146
Chocolate 140
Creme 140, *141*
Creme Colourpoint 242
Fellpflege *24*, 139
Golden 148
Lilac 140, *141*
Pewter 148
Rot-Tabby *150*
Tortie (Tortoiseshell, Schildpatt) 152
Tortie mit Weiß 152, *153*
Schwarz 139
Silber-Tabby *150*
Smoke *150*, 151
Tabby 151
Tabby mit Weiß 152
Weiß 143
Pestizide 74, 76
Pflanzenschutzmittel *siehe* Pestizide
Pille, Verabreichung einer 114
Pulsmessen 127
Putzen, gegenseitiges *14*, 46, 60
Pyometra 105

R
Ragdoll 162
Reviermarkieren 14–17
Russisch Blau 13, 204

S
Schiffskatzen 10
Schlafgewohnheiten *40*, 41f.
Schlangenbisse 127
Schmerzlose Tötung 67
Schnitt- und Schürfwunden 126
Schnurren 21
Schottische Faltohrkatze 205
Schottische Wildkatze *12*, 13
Schuppen 117
Schutzimpfungen 28, 102
Auffrischungsimpfung 50, 108
Scottish Fold *siehe* Schottische Faltohrkatze
Sehvermögen 20
Si-Sawat *siehe* Koratkatze
Siamese, Siamkatze 9, 13, 132, 222–229
Blue-Point *133*, 226, 227
Chocolate-Point 227
Colourpoint Kurzhaar 228f.
Cream-Point *228*, 229
Jungtiere *89*, 223
Lilac-Point *226*, 227
Red-Point 228
Seal-Point 224, *225*
Tabby-Point 229
Tortie-Point 229
Tortie-Tabby-Point 229
Singapura 205
Snowshoe *132*, 206
Somali 188
Sorrel *190*
Sphinx 188, 206
Spielzeug 37f.
Spritzen 14f.
Stromstöße 124
Stürze 124, *125*

T
Tarnfarbe 10, *11*
Thailand
Wertschätzung von Katzen 9
Tierarzt 50
Kosten 24
Unfälle und Notfälle, Fahrt zum Tierarzt 121
Tierbisse 122
Tierheime 29
Tiffanie 135, *195*
Tollwut 111
Tonkanese 207
Toxoplasmose 112
Trächtigkeit, Pflege während der 94, 97
Tragzeit 97
Trichophytie *siehe* Hautpilze
Türkische Katzen 130
Türkische Van-Katze 163

U
Übergewicht *58*, 59
Unfälle und Notfallsituationen
Ertrinken 124
Insektenstiche 126
Pulsfühlen *127*
Schlangenbisse 127
Schnitt- und Schürfwunden 126
Schockbehandlung 121
Stromstöße 124
Stürze 124, *125*
Tierarzt, Fahrt zum 121
Tierbisse 122
Verbrennungen 122
Vergiftungen 126
Verkehrsunfälle 127
Wiederbelebung 123
Untersuchung von Katzen 55
Utensilien für Katzen 36f.

V
Verbrennungen 122
Verkehrsunfälle 76, 127
Verschwinden einer Katze 77
Verstopfung 117
Vitaminpräparate 59, 97

W
Wahl einer Katze
Abholen 33f.
Edelkatzen 28–33
Eingewöhnung 36, 41f.
Gesundheitsprüfung 35f.
Hauskatzen 26–28
Katzenausstellung, Besuch einer 30
Merkmale, zu beachtende 34–36
Züchter, Besuch beim 30–33
Waschmaschine, Prüfen der 82, *83*
Wasser, Gefahren von 78, 80
Weir, Harrison 68f.
Werfen 97–99
Wiederbelebung 123
Wildkatzen 12
Wildkatzenverhalten 18
Wohnungshaltung 18
Wurmkur 112
Wüstenkatze *12*

Z
Zähne
Zahnerkrankungen 120
Zahnpflege 55
Zahnprobleme 66f.
Zäune 72
Zecken 113
Zimmerpflanzen, Gefahren durch 84
Zoohandlungen 25f.
Züchtervereine 30, 253

Erläuterung der Fachbegriffe (Glossar)

Abzeichen	dunklere Fellfärbung um die Schnauze, an Ohren, Schwanz und Beinen, auch Points genannt
Agouti	Fellticking: abwechselnd dunkle und helle Bänderung des einzelnen Haars
Bicolor	Zweifarbigkeit: Weiß mit einer zweiten Farbe
Blue	Blau
Break	Einbuchtung des Nasenprofils
Cattery	Katzenzwinger
Caramel	Karamelfarben
Chocolate	Schokoladenbraun
Cinnamon	Zimtfarben
Classic	Gestromter Tabby: horizontale Streifen entlang des Rückgrats, konzentrische Kreise an den Flanken
Colourpoint	Langhaarkatze mit → Abzeichen
Fawn	Rehbraun
Felidae	lateinischer Gattungsname für Katzen
FIFé	Fédération Internationale Féline, europäischer Dachverband für Katzenzüchter
GCCF	Governing Council of the Cat Fancy, britischer Dachverband für Katzenzüchter
Himalaya-Faktor	→ Abzeichen bei Siamkatzen
Kätzin	Fachterminus für die weibliche Katze
Leithaare	aus der Unterwolle herausragende einzelne Haare
Lilac	Taubengrau mit leichtem Rosaschimmer
Mackerel	Getigerter Tabby: Streifen ziehen sich vertikal nebeneinander über die Flanken
Mitted	englisch für ›Fausthandschuh‹: weiße Füße
odd-eyed	verschiedenfarbige Augen, meist eins blau, das andere kupferfarben oder bräunlich
Pewter	Zinnfarben
Points	→ Abzeichen
Queen	Zuchtkätzin
Red	Rot
Rumpy	Manxkatze ohne Schwanz, mit einer kleinen Einbuchtung, wo bei anderen Katzen der Schwanz sitzt
Sable	Zobelfarben
Seal	Schwärzlichbraun (›Seehund‹)
Shaded	Schattiert, das → Ticking erfaßt nur die oberen Haarspitzen
Smoke	Rauchfarben, das → Ticking geht bis fast auf die Haarwurzel herunter
Sorrel	Zimtbraun mit leichtem Rotschimmer, bei Somalis und Abessiniern
Spotted	Getupfter Tabby
Stop	Naseneinbuchtung im Profil (→ Break) erreicht einen 90°-Winkel, nur bei Perserkatzen
Stumpy	Manxkatze mit Stummelschwanz
Tabby	Oberbegriff für gestromte, getigerte und getupfte Fellmuster
Tailed	Manxkatze mit Schwanz
Ticking	abwechselnd dunkle und helle Bänderung des einzelnen Haars
Tipping	→ Ticking, bei dem die dunklere Farbe auf die oberen Spitzen des einzelnen Haars beschränkt ist
Torbie	Kombination von → Tortie und → Tabby
Tortie	Tortoiseshell, Schildpatt: Fellmuster, das nicht gestromt, getigert oder getupft (→ Tabby) ist; meist nur bei weiblichen Katzen, weil das entsprechende Gen geschlechtsspezifisch ist
Unterhaar	kurze Unterwolle im Haarkleid
Usual	Wildfarben bei der Abessinier
Varietät	›Unterabteilung‹ einer Rasse, die verschiedenen Farbschläge und Fellmuster einer Rasse